谢涛说真三国

谢涛　昊天牧云　著

肆

浙江工商大學出版社
ZHEJIANG GONGSHANG UNIVERSITY PRESS
杭州

图书在版编目（CIP）数据

谢涛说真三国 . 肆 / 谢涛，昊天牧云著 . — 杭州：
浙江工商大学出版社，2019.11
ISBN 978-7-5178-3249-2

Ⅰ . ①谢… Ⅱ . ①谢… ②昊… Ⅲ . ①中国历史—三
国时代—通俗读物 Ⅳ . ① K236.09

中国版本图书馆 CIP 数据核字 (2019) 第 098645 号

谢涛说真三国 （肆）
XIETAO SHUOZHENSANGUO (SI)
谢 涛 昊天牧云 著

责任编辑 徐 凌
封面设计 新艺书文化
责任印制 包建辉
出版发行 浙江工商大学出版社
（杭州市教工路 198 号 邮政编码 310012）
（E-mail: zjgsupress@163.com）
（网址：http://www.zjgsupress.com）
电 话 0571-88904980 88831806（传真）
排 版 程海林
印 刷 北京晨旭印刷厂
开 本 787mm × 1092mm 1/16
印 张 16.75
字 数 196 千
版 印 次 2019 年 11 月第 1 版 2019 年 11 月第 1 次印刷
书 号 ISBN 978-7-5178-3249-2
定 价 42.00 元

目录

第一章　西川也有点乱

第二章　孙权与黄祖的死磕

第三章　曹操的野心

第四章 军师的价值

第五章 谁借了东风

第六章 大势初定

第七章　各有各的算计

第八章　西凉是个火药桶

第九章　丑人不可貌相

第十章　成都我来了

第一章

西川也有点乱

刘焉入益州

诸葛亮在《隆中对》中把天下格局分析得很透彻，明确指出了刘备现在的对手是曹操和孙权，刘璋、张鲁不值一提。那这两位到底是什么样的呢？

此时益州的主人是益州牧刘璋，刘璋是个典型的官二代，他能成为益州一把手，全靠老爸刘焉打下的基础。

刘焉，字君郎，江夏竟陵（今湖北天门）人。他算起来是汉景帝的后人，根正苗红，凭借汉室宗亲的身份，官运亨通，先后担任过中郎、冀州刺史、南阳太守等职务。后来刘焉调回朝廷机关工作，被任命为太常，级别比太守高了好几个档次。但刘焉很快发现，这个职务虽然级别很高，但什么好处没有，正所谓县官不如现管，还不如当太守油水多。刘焉在朝为官的时候正是汉灵帝在位，眼看汉灵帝越来越不像话，刘焉凭借多年官场经验，知道皇帝昏庸奸佞当道，天下迟早要乱。刘焉这个人，没什么报国救民的理想，唯一的想法就是自保，长享荣华，保住富贵。他也明白，如果还在朝廷为官，迟早会有危险，不是源自宦官，就是源自大众，说不定还有皇帝，他们都有可能给他带来危险，还是赶紧溜比较稳妥。

当时天下确实挺乱。朝廷派到地方任职的刺史、太守动不动就被杀，并州刺史、凉州刺史先后被地方大族叛军杀掉，眼看刺史权力太轻，压不住地方势力，局势越来越混乱，刘焉向朝廷提了个建议：增加地方刺史的权力，现在地方势力太大、太腐败，很难控制，得从中央调拨大臣空降各地。刺史的权力被加大后，改叫州牧，让州牧去管一管地方腐败分子。

汉灵帝是个没远见的人，看这个建议挺好就准了。结果刘焉这个馊主意加快了汉朝的崩溃。州牧、刺史不都是官吗？加大权力为什么要改名字呢？甚至连制度都改了，有必要吗？汉朝最初设置的刺史不是行政官员，而是监察官员，是中央政府派到地方监督地方行政的，相当于现在的纪委干部。一个刺史负责几个郡，下基层走地方。刺史管的是官而不是政，权力说大也大，说小也小。刺史归丞相调遣、对丞相直接负责。

当初为了便于监察，明确职责，朝廷把全国划成几个区域，这些区域开始叫部，后来称为州。最初刺史的级别很低，俸禄只有六百石，地方太守的俸禄是两千石。也就是说，刺史的工资只有太守的百分之三十。刺史监督太守，官位反而比监督对象低，资历也浅，如何监督呢？当时也有人有这个疑点，所以刘焉才建议将刺史改为州牧，用资历深的人去当州牧，用德高望重的人来监察，太守能不服吗？

看上去挺有道理的，其实这是错的。有这种想法的人要么不懂政治，要么心里在打小算盘。汉朝设立这个制度是有深意的。行政和监察是两个系统，负责地方行政的官员之所以选有资历的人，是因为行政需要经验和手段，更需要丰富的阅历。这些人在官场里混迹多年才培育出这种能力，拿他们当太守是因才施用；负责监察行政官的监察官需要的不是经验，而是锐气，必须雷厉风行，所以认死理的书呆子、初入官场的小青年是最合适的人选，他们血气方刚，初生牛犊不怕虎。这种设计颇为科学合理，符合当时的国情。

偏偏汉灵帝采纳了刘焉的馊主意，他可没想过刘焉是出于私心。地方大员见朝廷朝政混乱，政局不稳，早有称霸一方的野心，这时朝廷的大胆放权，加剧了地方军阀割据的形势，天下大乱已不可避免。

州牧制受益最大的莫过于刘表和刘焉。刘表得了荆州，成了荆州之主。刘焉成了益州牧。刘焉来到益州才发现这里并非世外桃源。中原各地有很多黄巾军余党在活动，偏僻的益州也有山贼土匪对外报称为黄巾军。领头的名字叫马相，聚集了一批不堪朝廷压迫的平民，攻到绵竹杀了县令，队伍发展到了上万人，把益州刺史也杀了。不到一个月这些民间武装已经把蜀郡、犍为等地闹了个天翻地覆，有的干脆自称皇帝。有这些土皇帝，刘焉想进来也很难。

还好，益州还有一些地方豪强，比如益州从事贾龙，把家族势力聚集起来，派出家兵扫平了马相这些土匪，刘焉这才安全进入蜀地。

刘焉入蜀后，将大本营设在绵竹。当时这里还有五斗米道，五斗米道的第一代领导人叫张陵，就是张天师，张陵的孙子是张鲁。张鲁是当时五斗米道的首领，粉丝非常多。

刘焉后来也信了五斗米教，对张鲁格外照顾，任命他为都邑司马，任命另一个五斗米道首领张修为别部司马，让他们带部队屯驻汉中。刘焉派他们带兵去攻打汉中是在下一盘很大的棋。张鲁和张修干掉汉中太守苏固后，封锁了益州到长安的交通要道斜谷。后来蜀汉和曹魏势力抗争的时候，诸葛亮还曾在这里用兵。除了封路之外，刘焉还特别交代，但凡中央朝廷派来的使者都直接杀头。

张鲁真这么做了，刘焉一本正经给朝廷上书说："米贼断道，不得复通。"道路被邪教组织五斗米道给截断了，信息不通，以后很难和中央政府取得联系了，等于说以后不听从中央的命令，这和宣布独立没有区别了，由此可见刘焉的两面三刀。

甩开了中央政府，刘焉大刀阔斧地把精力投入到经营独立王国的事业中去了。事业做得如火如荼，一天比一天旺。刘焉决定卸磨杀驴，对曾经帮助过自己的本地豪族下手，搞不定这些人，他在蜀地的根就不稳，不杀几个土豪，就服不了众——但是这些土豪是想杀就杀得了的吗？

刘璋上位

刘焉和本地势力翻脸后，随便找了个借口，前后杀了十几个地方豪强，也在全州广大人民群众面前树立了绝对权威。本地官员都看不下去了，当初用家族力量尽心尽力帮助刘焉扫平土匪的贾龙、犍为太守任岐决定出兵打刘焉出口恶气，没想到，这两人精神可嘉，但是军事能力太差，打不过刘焉，却被刘焉打得连命都丢在战场上了。

刘焉之所以敢这么做，是因为这时他已经有了一支忠于自己的武装力量，就是赫赫有名的东州兵。

东州兵是由流民组成的。因为战乱，从长安、南阳地区逃出不少难民，这些人东躲西藏，最后选择停留在益州躲避战火。这些人的数量越来越多，为了能活下去，就和本地人抢生存资源。本地人哪肯吃这个亏，双方就开始发生冲突，矛盾逐渐加深。刘焉也是外地人，又想铲除本地势力，于是把这些外来流民拉到自己这一边，称为东州人士，从中选取一些精英，训练成精兵、谋士。

东州兵就成了刘焉的嫡系部队。这很像曹操在兖州时收留的青州兵，区别是东州兵素质要比青州兵高。青州兵会打仗的人比较多，但东州兵来自长安、南阳地区，这些地区非常富裕，曾经是故都，当地人整体文化素质高，能打仗的、脑子活络的大有人在。比如三国中后期发挥过很大作用的东州派，东州派里的士人被称为东州士，包括李严、法正、费祎、董允等，他们后来都为蜀汉政权做出了贡献。

刘焉万万没想到，自己来到益州后，事业发展如此迅猛，心情相当激动，于是脑子一热制作了大批天子用品，以及只有天子才能坐的御车。

这件事被荆州刘表知道了。刘表上书告了刘焉的状，一脸大义凛然。可是没过多久，刘表做得比刘焉还过分。

刘焉有四个儿子，分别是刘范、刘诞、刘璋和刘瑁。刘焉来益州的时候，刘范、刘诞、刘璋在长安当公务员，为中央朝廷打工，刘瑁跟着老爸一起到了益州。汉献帝收到刘表的告状信后相当生气，于是派出特使代表皇帝到益州跟刘焉讲道理，派出的使者正是刘焉的儿子刘璋。刘璋一来，刘焉就不让他走了。刘璋本来就是没什么主见的人，于是就不回去了，留在了益州。

兴平元年（194），马腾和西凉军阀发生冲突。刘焉在首都的两个儿子刘范、刘诞被牵扯进去，死了。刘焉有个朋友庞羲很够意思，就带着刘范、刘诞的几个孩子来益州投奔刘焉。孙子回来了，刘焉多少有点安慰，但就在儿子死讯传来的时候，刘焉在绵竹的办公楼被雷劈了，造成了百年不遇的特大火灾，把办公场所彻底烧毁。

刘焉觉得太邪门了，把益州首府设在绵竹一定有问题，于是他决定把首府迁到成都去。可到了成都以后，他的运气并没有转好，在成都没过几天逍遥日子，他就“疽发背而卒”。刘焉虽然有做土皇帝的远大理想，但没想到自己会这么早死，所以也没立个遗嘱、指定个接班人。

两个儿子谁合适接班呢？

这时的益州集团中，权力最大的是赵韪。赵韪为人自私，不想为老刘家尽心尽力打工。把刘瑁和刘璋一对比，他发现差距太大了。刘瑁优秀，招人喜欢，而且还有头脑。刘璋相比之下智商低多了。如果聪明人当领导，手下人自然没多少权力。如果让一个笨人来当领导，那权力自然就落在自己手里了。所以赵韪力挺刘璋。其他人见赵韪这么说，都不敢反对，于是联合上表请朝廷任命刘璋为益州牧。

刘璋，字季玉，江夏竟陵人。说好听一点是为人仁厚，说难听一点就是有点窝囊。这份表奏到了朝廷，汉献帝不同意，他听说刘焉死了，心里高兴，想任命自己人扈瑁去当益州牧。

与此同时，益州发生了一件大事。刘焉手下几个的“愤青”——沈弥、娄发、甘宁等人原本就对他的行为不满，现在看到是软弱无能的刘璋来接班，明白跟着益州刘家没希望了，于是突然反叛，向刘璋发动进攻，结果出师不利，被刘璋打败，只好逃往荆州。

甘宁，字兴霸，益州巴郡临江（今重庆忠县）人。他原来是益州小官。从益州逃出来后，投了刘表，跟了黄祖，都没有受到重用。甘宁在黄祖手下时，射死了东吴校尉凌操，救了黄祖的性命。凌操是凌统的父亲。即便是立下这样的大功，甘宁还是不被重用，最后到了孙权那里，才成为东吴一代名将。

朝廷知道益州发生了大事，明白刘家在益州根基已稳，手下反叛都打不过刘家，朝廷再派人去也是无能为力，所以重下文件任命刘璋为益州牧。刘璋不知道的是，这个任命生效后，对后来的历史会产生多大的影响——尽管刘璋本人算不上对历史有影响的人物。

益州乱局

刘璋当上了益州牧，除了赵韪，很多人都不乐意，其中就包括张鲁。张鲁看不起刘璋，认为刘璋比他爹弱多了，听这种人指挥实在太丢脸，于是张鲁决定单干。刘璋接任后颁布的新法令张鲁不听，刘璋来打招呼，张鲁也不搭理。刘璋是没本事，但是要面子，老实人也是有脾气的。这时，张鲁把别部司马张修杀了，收编了张修的部下，宣布独立。

刘璋再软弱也怒了，要报复张鲁。刘璋把张鲁的母亲连同张鲁的弟弟都抓来杀了。这下，他俩结下血仇了。张鲁以最快速度占领了汉中地区。刘璋把庞羲派出去抵挡张鲁，可惜庞羲没讨到任何便宜，双方打了个平手。刘璋看汉中抢不回来了，就把庞羲派去巴西当太守。本来派庞羲去巴西是为了恶心张鲁，庞羲也按照计划在当地招兵买马，壮大自己的力量。但很快有人到刘璋这里告密，说庞羲天天拉壮丁，图谋不轨。三人成虎，再加上刘璋是个没主见的人，慢慢地，他也开始怀疑庞羲了。益州真正的实力派人物赵韪多次对刘璋解释，让他不要怀疑庞羲。可刘璋就是不信。赵韪不高兴了，心情也开始复杂。

当时赵韪除了权力大，还任刘璋的征东中郎将，专门负责对付荆州的刘表。刘表和刘璋虽然都是汉室宗亲，但祖宗归祖宗，利益归利益，他们一点都不亲，时不时还兵戎相见。对付这种人，当然要派最信赖的下属了，人选非赵韪莫属。当初赵韪帮助刘璋镇压了甘宁等人的叛乱，是有功之臣。现在连赵韪也觉得刘璋望之不似人君，他也想着，找个机会把刘璋和外来势力赶出去。

中原一带战乱频生，益州的维稳工作做得相对好一点。所以南阳和长安附近的老百姓都跑来益州避难。根据有关部门统计，益州的外来户有数万家之多。刘璋当权后一点威信都树立不起来，东州兵开始放肆，无组织无纪律，报复以前欺负过自己的原住民。刘璋知道这样下去不妥，多次发文要求东州兵遵守纪律，可是没人听。这样下去，益州老百姓就有意见了，他们不能对东州兵发脾气，就把怒气全转到刘璋身上了。

赵韪发现了这一点，利用民间对刘璋的不满，突然起兵反叛刘璋。建安五年（200），曹操和袁绍在官渡纠缠得你死我活的时候，赵韪带领几万人马向刘璋叫板。为了能彻底打倒刘璋，赵韪还专门给刘表送去大批礼品，请刘表帮忙一起打。也有一些郡县响应他的号召，刘璋陷入了最危险的处境。

建安六年（201）三月，赵韪大军把刘璋死死包围在成都城里。刘璋事先一点准备都没有，吓得发懵，一点办法都没有。不出意外的话，刘璋必死无疑。

眼看着城池不保，意外还真发生了。东州兵虽然无组织无纪律，但不是傻子，他们知道如果被本地人占了优势，杀掉刘璋，自己也不能活。如果不拼死抵抗，只能等人来屠杀了。于是东州兵很快组织起来，玩命作战。一番拼死力战后，硬是把赵韪的围城部队打败。赵韪撤走后，东州兵一路猛追猛打，把他追到江州围住杀了。

原本已经准备抹脖子的刘璋捡回了一条命，保住了益州。庞羲听说赵韪死了，也害怕了，他知道这事儿和自己有干系，于是派程郁给汉昌县令程畿传达命令，让程畿带人马来汇合，与刘璋决战。哪知程畿说自己是刘家的忠臣，拒绝出兵。庞羲大怒，派人过去传话威胁。没想到程畿一点儿也不在乎。

庞羲手下没有多少兵马，也不敢动手，叫人拿了一大堆礼品送给刘璋，写了检讨书，把自己狠批了一顿。

刘璋想了想，庞羲毕竟帮过刘家，或许当中有误会，于是这事儿就过去了。但经过这事，刘璋发现程畿很忠心，危急情况下能六亲不认，于是提拔他为江阳太守。不过后来，庞羲和程畿都投降了刘备，庞羲最高官职为左将军，程畿对刘备也是忠心耿耿。夷陵之战刘备战败撤退了，程畿不肯撤，最后在混战中力竭而死。

益州一片混乱的消息传到北方时，曹操刚打完官渡之战，权力空前，认为天下的事都是自己的事，便任命五官中郎将牛亶为益州新主。曹操想把牛亶派到益州去，把刘璋调回中央任职。刘璋没那么傻，果断拒绝了，曹操也没办法。益州从此进入了刘璋时代，为蜀汉政权的建立打下了深厚的基础。刘璋在益州勉力支撑了十年，直到刘备到来。

张鲁的把戏

张鲁在这个阶段也很爽。他打的旗号是五斗米道，乱世之中，老百姓最怕的不是曹操，不是刘璋，而是战火，是自己死于非命。张鲁利用他们这种心理到处传教，拉了不少人入伙。这种形式和黄巾军很相似，张鲁靠这一套把戏很快把汉中地区搞定了，成了名副其实的汉中一把手。为了保证自己的势力稳固，他还用宗教方式对当地政治体制进行了改革，整个政府架构不设官吏，所有领导干部都叫祭酒。当地文化素质不高的百姓更容易接受这种形式，简单明了，老百姓认张鲁，他就是天师。转眼间，张鲁粉丝暴涨，不久，他又拿下了巴郡，实力越来越雄厚。

对于张鲁，中央朝廷居然看不顺眼，但是山高皇帝远，也拿他没什么办法，干脆承认他了，任命他为镇民中郎将兼汉宁太守。张鲁没想到自己居然成了朝廷命官，手下人讨好他，要他自称汉宁王，张鲁心动了。阎圃反对说："现在汉中地区已经是你说了算了，为啥一定要称王？枪打出头鸟，称王会惹出祸事来的。"张鲁想想也是，于是放弃了这个想法。

第二章

孙权与黄祖的死磕

混乱的扬州

现在的天下形势是曹操和袁家打得不可开交，长江一线的益州、荆州和扬州一带处于割据状态，我们先讲一下扬州。

早些时候，刘备为曹操打工，奉命南下，成功阻止了企图北上自称皇帝的袁术。袁术抑郁而亡后，扬州刺史没人当了，曹操便任命严象担任扬州刺史。严象来到了扬州九江郡治所寿春，屁股还没坐热，就被孙策手下的大将李术领兵扫平了。曹操任命的官被杀了，相当于他在扬州的势力受到了打击，他一时顾不上这里，扬州便陷入了无政府状态。袁术的旧部、地方大族纷纷割据，各占山头，梅乾、雷绪、陈兰等人各自聚集起一批人做起了山大王，淮河以南到处是乱兵土匪。

曹操打赢官渡之战后，任命刘馥为扬州刺史，收拾残局。刘馥，字元颖，沛国相县（今安徽濉溪）人。刘馥接到任命，立刻走马上任。当时扬州只有九江还在曹操的势力范围内，刘馥这个扬州刺史和九江太守也没区别了。没有人和他交接工作，他单枪匹马来到了合肥。

刘馥不敢偷懒，马不停蹄四处奔走，很快着手组建了新的州府，各衙门新员工到位，重新开始办公，政府机构进入正常运转状态，一切恢复如初。紧接着，刘馥派出使者到各地招安，梅乾、雷绪、陈兰都收到了刘馥发出的公开信，这些人原本就是趁乱世打酱油的，于是纷纷下山向刘馥投降。他们不是怕刘馥，而是怕刘馥的后台曹操。

官渡之战让曹操声威大震，连袁绍都败得这么惨，虾兵蟹将们敢对抗吗？选择做顺民虽说无奈，但至少是安全的。这样当地秩序恢复，社会稳定，躲避战乱的老百姓纷纷回归家园。对于重返故里的老百姓，刘馥的政策是各回各家，如果无家可归，由州府来安置，现在的情况是田多人少，给穷人们分土地，州府求之不得。流民被刘馥就地安置，垦荒种田、恢复农耕。短短两年时间，合肥一带就恢复了昔日的繁华气象。

正所谓仓廪实而知礼节，刘馥知道这个道理，所以开始兴办教育，重建学校，这让知识分子欣喜若狂。战乱时，很多士人跑到南边去了，现在看江淮稳定了，纷纷北上回到故乡，教书的教书，开讲坛的开讲坛，做学问的做学问。人文气氛变好了，民间整体素质提高了。江淮一带河流纵横，水资源丰富，刘馥因地制宜兴修水利，利用水资源灌溉大片农田，粮食产量大幅度提升。有了水利工程，江河泛滥问题得到了控制，交通也顺畅了。虽然四面战火，但是扬州——确切地说是九江——在刘馥的治理下成了世外桃源。

除了内修民政外，刘馥也勤于备战，毕竟这里是边防前线，东南不远就是孙权的地盘。为了备战，刘馥率领合肥百姓加高城墙，囤积木材、石块，还编织了几万条草袋，万一东吴来攻打自己，可以拿草袋装上泥土补充缺口。

城防工事做好后，刘馥还不放心。守城除了城池要坚固，还得有吃的。仗一打起来，对方可是要断自己的粮道的。怎么储蓄战备口粮？刘馥不囤积粮草，而是做鱼膏。当地鱼资源丰富，刘馥让人把鱼做成鱼膏。鱼膏保存时间相对长，缺口粮的时候，鱼膏能充饥。《三国志·魏志·刘馥传》中提及："益贮鱼膏数千斛，为战守备。"

合肥是重要的军事据点，孙权如果想北上，这是第一个重要节点和补充粮草的地方。即便不想北上，孙权也不可能容忍一个钉子扎在自己身边。合肥前后发生过五次大型战役，其中第一次就是赤壁之战。建安十三年（208）十二月，孙权率领十万大军围攻合肥，刘馥的苦功没有白费，孙权攻了一百多天都没能攻下来。当时曾经连降大雨有几处城墙被冲垮，守城士兵用草袋填上泥巴披在城墙上，最终城墙没有被暴风雨冲垮。为了防止孙权在晚上偷袭，他们用鱼膏做成火把，城头灯火通明。东吴军队在城下有任何举动，守城士兵都能看得清清楚楚。孙权只能望城兴叹。

守住合肥对曹操意义重大，曹操刚在赤壁大败而逃，如果让孙权趁势拿下合肥继续北上，北方格局可能会被打破。

扬州江北的部分在刘馥的治理下井井有条，生机勃勃。江南在孙权的治下却内乱不断，让他最头疼的就是山越。山越指的是居住在古扬州地区山区里的民众，除了古越族人也有汉族人，他们也被称为百越族山民，山越是对当时江南地区古越族人或汉族人占山为王武装势力的统称。

东汉末年天下大乱，江南地区有很多这样的武装，像潘临、彭绮、彭式、费栈、祖郎、严白虎等武装势力，社会因此非常动荡。山越有地域性，相互之间比较松散，没有组织性，虽然数量很多，但很少团结在一起向某股势力发出挑战，比如祖郎、严白虎等武装势力都是自己给孙策找麻烦。所以学者们认为山越也可以称为山民或山贼，平时耕田劳作，和一般老百姓没差别，自己利益被侵犯，或者想去侵犯别人利益的时候才会临时凑在一起，由头领带着跟不同的人打仗。

山越在山里，山上出铜铁，所以史书上说他们能自铸兵甲，能做武器。平时大分居小聚居，没事舞枪弄棒，以山险作为依托，组成了不同的武装集团，头领有的称为帅，有的称为大帅，有的称为宗帅。对于朝廷来说，他们基本处于半游离状态，和黄巾军有点相似。不过中央朝廷对黄巾军特别忌讳，所以重点打击。山越山高皇帝远，平时也没见有多大野心，所以朝廷便放任不管。直到孙家来了，一切都改变了。

孙策离开袁术去江东投靠舅父丹杨太守吴景时，在路上被当地山贼大帅祖郎袭击。祖郎后来又与袁术联合试图彻底打败孙策，还好孙策已经站稳脚跟，大破祖郎。

孙策死后，他们来骚扰孙权。山越擅长山地作战，而且占据的地方地理位置比较偏，孙权想搞定这些人也很难。

鲁肃来了

建安五年到建安十三年（200—208），可谓是曹、刘、孙三家发展实力的黄金时间。曹操这一阶段面临的主要矛盾来自内部不愿意合作的士大夫，比如孔融。刘备最大的麻烦是到哪里去招兵买马。刘璋的麻烦是如何稳固地位。刘表根本没有麻烦，因为他不思进取，不过他也安逸不了多久了。自从建安五年（200）孙策意外身亡、孙权接掌大业以来，孙权一直没闲着，要处理的麻烦和那两家完全不一样——孙权的地盘上有让其闹心了一辈子的山越，曹操又经常找借口来要东西显示权威，刘表和黄祖对孙权来说不是麻烦，是孙权要去找对方的麻烦，父兄之仇不报，这口气怎么咽得下去?

孙权这时接管了六个郡的地盘，包括会稽郡、庐江郡、吴郡、丹杨郡、豫章郡和庐陵郡，之前他只占领了这些郡的部分，人心还没恢复，所以既要安抚内部，又要对付各路诸侯，工作千头万绪。孙权也非等闲之辈，在应付各方势力的过程中，充分显示了王霸之才。

孙权的母亲对儿子太了解了，孙权的作战能力、经验和哥哥孙策相比差了一大截，她心里七上八下，私下把东吴心腹大臣张昭、董袭他们找来问:“诸位，以你们来看，江东能不能保住?”孙夫人实际上是想让江东元老表态，到底支不支持孙权。董袭率先表态，他自信满满地说:“江东地势险要，现在文有张昭，武有我董袭。保全江东没问题。”这话没大毛病，现在江东确实有人才，孙权掌权后，又吸引了不少人才。新选拔的人才文有鲁肃、诸葛瑾，武有吕蒙等人，这些日后赫赫有名的人物都是这时投奔孙权或被孙权发现重用的。

其中最有名的是鲁肃。在罗贯中笔下，鲁肃老实，反应有些迟钝，在《三国演义》里的作用似乎是润滑油，调和孙刘两家的矛盾。光看《三国演义》，难免让人对鲁肃爱不起来也恨不下去，但历史上的鲁肃可不是这样的。

鲁肃，字子敬，临淮东城县（今安徽定远）人。他是周瑜的至交，三国时期有名的政治家，东吴的主要谋士之一。他很小的时候父亲就去世了，一直和祖母一起生活。鲁肃家里有钱，属于当地土豪，为人相当大方。

周瑜当年为袁术打工的时候碰到粮食危机，带人到鲁肃家去拜访，希望鲁肃能够赞助。鲁肃家里有两个巨型粮仓，一个能装三千斛，以现在的计量标准来算是四十多吨。鲁肃直接把一个粮仓的粮食送给了周瑜。从此以后，鲁肃与周瑜成了至交好友。

把钱财都藏起来的吝啬鬼不叫土豪，敢于拿出来和大家分享的才是真正的土豪。据民间传说，当时周瑜和鲁肃曾经挖地接泉水，以水代酒，表示双方君子之交淡如水。现在鲁肃的家乡还有一口井，当然这只是传说。

鲁肃的兴趣不是发家致富，也不是把家业做大做强，继续敛财。他散财卖地，把家里的钱财派发出去，组织饥饿的年轻人习武护家。当时世道很乱，鲁肃组织三百男女迁居到相对比较安定的江东。走的时候，老幼病残走在前面，青壮年走在后面，不出意料，后面很快有了追兵。鲁肃对追兵说："现在世道这么黑暗，你们立功了，国家也不赏。如果你们不追，也不会受到惩罚，何苦对我们苦苦相逼？"追兵觉得有道理，但是命令在身，不追不行。为了让他们死心，鲁肃在地上立了一个盾牌，然后弯弓搭箭，一箭把盾牌射穿了。这就叫先礼后兵。追兵觉得这个人不好惹，有头脑有身手，就不继续追了。

鲁肃安全到了江东，在孙策时代，他没怎么展示自己的才能，留在了曲阿。祖母去世后，他把祖母的遗体迁葬回老家东城。有个老乡刘子扬劝他去投奔郑宝带领的土匪组织。这个团伙当时有几万人，活动地盘很大，名气也很响。鲁肃嘴上答应了，处理完事情后就动身北上。如果事情真这么发展，三国历史上就没有政治家鲁肃了。这时，周瑜把鲁肃的母亲接到了吴郡，鲁肃也赶到了吴郡。鲁肃把自己的计划告诉了周瑜，周瑜很吃惊，郑宝怎么比得上孙权？孙权当时也在吴郡，周瑜二话不说就把鲁肃推荐给了孙权。孙权太需要人才了，见到鲁肃后，感觉他果然是个奇才，便把鲁肃单独留下来谈话。两人一边喝酒，一边说事。这次谈话关系到东吴的命运，有点像诸葛亮和刘备的《隆中对》。孙权很谦虚地问："子敬先生，现在汉室衰弱，我想学习齐桓公尊重王室，敢问先生对时局有何看法？有没有什么好主意？"鲁肃把酝酿已久的想法和盘托出："据我观察，汉室岂止是衰弱，已不可复兴了，曹操也不可能一下铲除。站在将军您的角度考虑，唯有立足江东，以观天下大势才是上上之策。"［"肃窃料知，汉室不可复兴，曹操不可卒除。为将军计，惟有鼎足江东，以观天下之衅。"(《三国志·鲁肃传》)］他接着说："将军是不可能当齐桓公的，现在只有利用曹操与袁绍相互争斗的机会，消灭荆州的黄祖、刘表，控制长江流域，与曹操抗衡，就可以像当年汉高祖一样成就帝业。"这和诸葛亮的《隆中对》有异曲同工之妙。

孙权谦虚地摆摆手说："我的打算没有您想象得那么远，我一门心思只想拥护汉室而已。"［"今尽力一方，冀以辅汉尔，此言非所及也。"(《三国志·鲁肃传》)］这就是孙权比刘备高明的地方了。刘备太需要证明自己了，而孙权是天生的政治高手，现在他是领导，领导的心思怎么能随便让下属猜透，年轻的孙权比年长的刘备城府还要深。这不是孙权狡猾，孙权也有难处，鲁肃说得对，但毕竟需要一步一步来，万一实现不了，传出去影响不好。现在他们家还算是汉臣，所以还是低调一点韬光养晦比较好。不管表面上有没有同意鲁肃的话，从此以后，孙权对鲁肃另眼相看，不仅给了他大量赏赐，还把他作为心腹谋士。自此，鲁肃在东吴有了一席之地。

吴下阿蒙

东吴的兵制特点是将领世袭领兵。不管将领是自己组织部曲，抑或是分配军队，反正士兵到你手里就归你管了，而且代代相传，这些士兵永远是你家的，比如鲁肃死后，就是他儿子继续领兵，相当于军队私有化了。当然国家给你这么多好处，也得有限制，否则你会把国家的军事力量蚕食了，限制是将领在前方打仗的时候，家属必须交给组织照顾。相比于其他势力，东吴士兵的待遇是比较好的。军属一直随军搞生产，不用分居，不用当人质。

孙权上任后，考虑改革，要把战斗力不强的部队进行整编合并，这一整顿端掉了很多人的饭碗。虽然不利于部队稳定，却整出了一个人才，正是赫赫有名的吕蒙。

吕蒙，字子明，东吴的四大统帅之一（东吴四大统帅是周瑜、鲁肃、吕蒙和陆逊）。吕蒙年少时没啥文化，胆子不小，脾气很大，不喜欢读书。东吴一带人称呼对方时为了表示亲切，喜欢在名字前面加个“阿”字，因此很多人把吕蒙称为阿蒙。

吕蒙从小就想要去当兵。当时天下正乱，总不能随便挑个势力就投奔。吕蒙思来想去，渡过长江，投奔姐夫邓当去了。邓当是孙策的手下，主要军事任务是讨伐山越。吕蒙年纪小却私下参加了战斗。邓当觉得战场危险，就劝他离开，可吕蒙偏偏油盐不进要留下。但因为他年纪比较小，很多老兵认为他是走后门来混饭吃的。有个军官说：“彼竖子何能为？此欲以肉喂虎耳。”意思是说，这小子有啥能耐？依他看，打起仗来，等于拿自己去喂老虎。这话很快被吕蒙知道了，他肚子里的火直往外冒，但是对方又不是当面骂他，也不可能听到传言就跑过去找人算账。没过多久，那个军官说上瘾了，到吕蒙面前拼命挖苦他。双方争吵了几句，吕蒙抽刀把军官给砍了。

在军营里把同僚杀了，是要杀头的，搞不好还要灭族。吕蒙知道自己惹祸了，于是跑到老乡郑长家里避祸，但考虑到这终归不是长久之计，就找了个叫袁雄的校尉带他去找孙策自首。孙策看他挺有特点，再加上袁雄拼命为他说好话，最后便把他留在了身边。

几年后，邓当死了，孙策也死了。张昭把他推荐给孙权，让他接替了邓当的职务。孙权上台后要进行军事制度改革，整顿队伍。邓当的队伍属于剿匪部队，不属于战功赫赫的主力，所以面临改制。一般人遇到这种情况只能唉声叹气地等待命运裁决，但吕蒙脑袋好使，他明白这时候不能坐着傻等，于是向别人赊账为自己的士兵置办了统一的服装和绑腿，军事训练也抓得比以前更紧了。

要裁军合并的时候，孙权也会到基层走一走，看看哪些军队要留，哪些军队要合并。孙权来到吕蒙这里，看到的是严整的部队和精神抖擞的士兵，操练起来也有板有眼，和一般的剿匪部队完全不一样，孙权印象非常深刻，所以不但没裁撤吕蒙的部队，反而还给他增加了编制。

孙权劝学

孙权此后就开始留意这个年轻人的表现，慢慢地就发现，吕蒙做事风风火火、雷厉风行，但有个大毛病，不太好学，没见过他读书。于是孙权就对吕蒙说了一番话，这番话被记载于《资治通鉴》中。“初，权谓吕蒙曰：‘卿今当涂掌事，不可不学！’蒙辞以军中多务。权曰：‘孤岂欲卿治经为博士邪！但当涉猎，见往事耳。卿言多务，孰若孤？孤常读书，自以为大有所益。’蒙乃始就学。及鲁肃过寻阳，与蒙论议，大惊曰：‘卿今者才略，非复吴下阿蒙！’蒙曰：‘士别三日，即更刮目相待，大兄何见事之晚乎！’肃遂拜蒙母，结友而别。”这段话的意思是当初孙权把吕蒙叫来跟他说：“你已经开始掌握大权了，办理公务得加强学习，只有学习才能进步，不可以不读书。”可是吕蒙从小就不爱读书，看老大这么说，心里不是滋味儿，所以想了个借口推脱，说军务繁忙，哪有时间看那些东西。孙权说：“我难道是希望你苦读儒家经典，成为教书匠或是大学问家吗？不是那个意思。你只需要粗略读一读，了解一下历史就可以，起码得知道以前发生过什么事。你说没有时间，那东吴上下有谁能比我忙？我百忙之中还在学习各种书籍，而且自我感觉很有用处。我都是这样，何况是你。”

既然领导指示下来了，那学就学吧。吕蒙还真行，要么不做，要做就一定要比别人做得好。回去以后，他还真把书本捧了起来，埋头苦读。功夫不负有心人，只要用心去做，没有什么困难可以挡住你。生活是这样，读书也是这样。一转眼到了建安十五年（210），周瑜病逝，鲁肃要去接任，途中经过寻阳（今湖北省武穴），便去拜访了吕蒙。双方寒暄一番，坐下来，吕蒙就问鲁肃：“先生现在已经是统帅了，要和关羽这样的猛将为邻居，敢问有什么应对的预案没有？”

鲁肃没当回事，随口就答，到时候再想办法吧。吕蒙赶紧献计：“孙刘名义上是一家，而关羽是虎、熊一样的人，何不早做打算？”接下来，吕蒙为鲁肃分析了当前局势，最后提出了自己早已想好的三条计策。鲁肃惊讶得合不拢嘴，跃席而起，靠近吕蒙，亲切地用手拍着他的背，像遇到了知音一般，由衷地赞叹："你如今已经不是当年吴郡那个吕蒙了。"听见原先看不起自己的鲁肃如此赞扬自己，吕蒙说："士别三日，就当刮目相待。"鲁肃去拜见了吕蒙的娘亲。东吴很兴登堂拜母，孙策和周瑜就是因为登堂拜母才结下了兄弟般的情谊，现在鲁肃和吕蒙也做了同样的事情，就意味着双方成了至交。

吕蒙的这段发奋勤学的故事也成了中国古人将勤补拙、认真学习的典型。

孙权得了鲁肃、吕蒙，地位仍然没有稳固。孙权是个聪明人，他很明白自己的武略、个人魅力没法和哥哥孙策相提并论。他整顿队伍、笼络老臣，为的就是树威，但是很多人认为孙权年纪太轻，不可能成事，私下都想着改换门庭，这些人中甚至包括孙权的堂兄孙辅。

孙辅当年跟着孙策东奔西跑，立下不少汗马功劳，被封为庐陵太守。孙权当政后没多久开始走基层，有一次离开总部去了东野。没想到孙辅起了歪心思，连夜写了一封密信让人递交给曹操。内容是请求曹操派兵南下解放江东父老，只要曹操打过来，他孙辅就帮助曹操拿下孙权。按说这种信应十分保密，一旦落到别人手里，就相当于把一碗水倒进滚油里，会炸锅的。可是，这封信偏偏到孙权手里了。孙权大吃一惊，内部生变，他立刻从基层赶回总部。孙辅并不知道密信已经被曝光，还在傻乎乎地等着曹操的消息。终于等来两个人，却不是曹操的人，而是孙权和张昭。

看到他们来了，孙辅心里有点吃惊。怀疑已经露了马脚，可孙权脸上好像啥事都没发生一样，于是孙辅乐观地认为，这么秘密的事哪能说泄露就泄露呢？

没想到孙权劈头盖脸问："兄厌乐邪，何为呼他人？"这话的意思是：哥，你好日子过腻了吗，为什么要私通他人？这把孙辅吓得够呛，赶紧辩解。

见堂兄这时还不老实，孙权脸色大变，把那封书信掏了出来直接扔到他面前。张昭见孙权生气了，赶紧把信捡起来递到孙辅面前。史书说："昭示辅，辅惭，无词"。既然证据确凿，处理起来就简单多了。孙权下令把孙辅身边的亲信全杀掉，手下部队充公分流。而对孙辅本人，孙权倒没下狠手，只是找个地方软禁起来，孙辅的儿子不受牵连，照常封赏。就这样，孙权恩威并重，搞定了庐陵。但孙权心里并不轻松，接下来他得把目光投向庐江，因为庐江也反了。

三征江夏（一）

庐江太守李术也是孙策平定江东的元老，和孙辅一样，他也很瞧不起新领导，觉得孙权太嫩了，干不出什么事来。不同的是，孙辅的反叛是秘密进行的，悄悄给曹操写信，算是阴谋。李术是大张旗鼓地公开反叛，这可是赤裸裸地打脸，而且李术不仅自己反叛，还大肆接纳其他叛将，准备搞叛军联合战线。史料记载："不肯释权而多纳其亡叛。"只要是反对孙权的，李术都欢迎接纳。

孙权当然不能容忍，决定先礼后兵。既然你曾经对我们孙家有功劳，就先写信警告你悬崖勒马，把叛将遣送回来。李术却给脸不要脸，态度恶劣，还说了理由："有德见归，无德见叛，不应复还。"就是你要是有德行，大家自然归附你，你人品有问题，大家当然反叛了。

对堂兄，孙权可以诱捕；对李术，孙权的应对方针只有一个——武力解决。如果不解决，其他郡县可能会模仿他，所以这次绝对不能失手。考虑到孙辅和曹操暗地联手，李术也少不了走这条路。孙权想到，如果自己去动李术，曹操突然在背后出手，那么自己就没好果子吃了，于是先给曹操写了封信。信中说："严刺史昔为公所用，李术害之，肆其无道，宜速诛灭。今术必复恶说求救，明公居阿衡之，海内所瞻，原敕执事，勿复听受"。

曹操对南方地区很重视，扬州的地盘他不愿意放弃，结果最早派来的扬州刺史严象被干掉了。是被谁干掉的？就是李术。孙权这是在忽悠曹操，意思是：李术把您的人干掉了，所以必须把这个祸国殃民的家伙诛灭。现在我去执行这个任务，帮您除掉他。只是担心我出兵的时候，他会跑到您那里请求支援，请您务必不要听他的谎话，并给各级政府领导下发指示，不要插手这件事，体谅我的难处。您看看风景就好，千万不要支持叛将。

孙权也没撒谎，李术确实杀了严象。但深挖下去，这件事幕后推手不正是孙策吗？现在孙权把责任推给李术，确实是忽悠。没想到曹操对这话很受用，他估计也是忙，心里还为这事生气，脑子一糊涂就答应了。

孙权得到曹操的允诺后，立刻率军进发皖城围攻李术。李术当然挡不住，一看孙权玩真的，果然向曹操求救了。李术哪知道孙权早就把曹操忽悠了。任凭李术如何求救，曹操都无动于衷。不能怪曹操冷血，他此时正屯兵北方，一心防着袁绍死灰复燃，怎么可能为了一个无名之辈得罪孙权呢？

李术没有了外援，孙权对付他就简单多了，很快便攻下了皖城。对李术反叛这件事，孙权很生气，所以进入皖城后，下令屠城。

曹操最喜欢屠城，孙权有时候也好这一口，只有刘备从来没这么干过，相反有时候逃难还把老百姓带上，也许这是大家心目中刘备形象最好的原因之一。

建安八年（203）秋，处理完内部反叛后，孙权位子坐稳了，再次把矛头对准了仇人黄祖。黄祖是刘表麾下的首席大将。孙家从孙坚死的那天开始，就把黄祖当成了头号死敌，一有时间、精力就过来揍黄祖。以前孙策是这样，现在孙权也是如此。鲁肃之前和孙权分析天下形势时，也一直把黄祖、刘表作为首要消灭对象，之后才能和曹操划江而治。所以毫无疑问，东吴上上下下都非常支持打黄祖，大家团结一心，这种力量无可阻挡。

这一年十月，孙权亲率大军水陆并进，逆流而上，西征黄祖，手下大将程普、韩当、周泰、董袭、凌操、凌统等随同远征。这是孙权三征黄祖的第一次，也是孙权掌权来第一次率军出征。之前打李术只是小打小闹，算不上正式的战役。

提起黄祖，孙家兄弟从来都是钢牙咬碎。杀父之仇，不共戴天，无论是要报仇，还是扩张地盘，树立威信，黄祖都非打不可。以前孙策率军围攻黄祖的沙羡（今湖北武昌附近），现在孙权再次率领大军向杀父仇人发动猛攻。为了这次大战，孙权调集了所有能调集的主力，几乎倾巢而出，这样大动干戈，目标就不只是黄祖的人头了，砍下他的头后，顺便把江夏给吃掉，才是孙权的野心。

黄祖彻底傻了。孙家兄弟的厉害他是领教过的，几年前那场沙羡之战，黄祖手下的水军几乎全军覆没，陆军损失惨重。当年惨败的情景历历在目，已成为他挥之不去的噩梦。四年后，黄祖好不容易拼凑出一支水军，但与当年那支水军相比，无论是规模还是战斗力都大打折扣。能打的精兵强将在四年前就拼光了，新招的士兵缺乏实战经验。明知不是对手，但黄祖只能硬着头皮迎战。不出所料，江东水军很快控制了长江水面，陆军开始抢滩，再次围攻沙羡。

沙羡如果被攻破，黄祖基本就完了。孙权年纪轻轻第一次指挥大兵团作战就如此顺利，心里的得意自不必说。就在孙权陶醉于即将到手的胜利时，一个变故打乱了他的部署，后院起火了。

山越又来捣乱了。孙权虽然握有江东六郡，但是山越依然在六郡的山区非常活跃，时不时来攻城略地，只不过在山地战专家贺齐的穷追猛打下已经老实一些，只能小打小闹。但这次机会不同。这回孙权把全部家当征集起来了，大部分主力都到前线去了，后方空虚，兵力不足。消息传出后，山越闻风而动，趁机大肆捣乱。孙权得到急报，只好放弃了到嘴边的肉，率军回撤江东。第一次讨伐黄祖就这样不了了之了。

三征江夏（二）

孙权带兵撤回豫章，面对山越如火如荼的造反形势，调兵遣将：让吕范平定鄱阳，程普进讨乐安，建昌都尉太史慈坐镇海昏。把吕蒙、韩当等人派到地方客串县长，让这些领兵大将当小小的芝麻官是迫不得已，山越闹得这么厉害，文官实在镇不住，只能出此下策。这个方法是对的，太史慈、吕蒙等人擅长冲锋陷阵，不要说是山越军队了，就连黄祖这样的正规军也不是他们对手。

孙权这么部署后没多久，山越的叛乱被平定了。建安十二年（207），孙权在暂时搞定了山越后，又开始惦记黄祖这个老冤家了，他非常希望一劳永逸解决问题。

听说孙权再次率军西征，黄祖不敢怠慢，亲自带兵上阵，想着这回打场胜仗，挽回点面子。可惜黄祖的水军还是没什么长进，依然不是江东水军的对手。两军在长江上混战一场，黄祖大败。一看被打得落花流水，黄祖也顾不上名将风度了，率领残兵败将玩命划船往回跑。孙权军得胜之后，不依不饶，猛追不舍。双方距离越来越近，眼瞅着黄祖就要变成孙家的俘虏，一个猛人闪亮登场了。黄祖想起了一个叫甘宁的人，甘宁骁勇善战，让他来断后应该没问题。甘宁善战，而且箭术很好。

后面紧追不舍的是孙权的校尉凌操，也是孙权麾下的猛将，每战都冲在前。这正好给甘宁创造了施展箭法的好机会。甘宁很明白，射死几个士兵没有用，只有把对方的将官给射死，才能阻挡对方的追兵。在射死几个军官后，凌操进入了甘宁的视线。甘宁抽箭搭弓，对准凌操一箭就射了过去。凌操虽然勇猛，但躲暗器的功夫不行，加上距离不远，这一箭又急又凶，正中要害。凌操当场大叫一声倒地身亡。士兵一看主将倒下了，赶紧一拥而上来救，都没有心思继续追黄祖了。

可以说，这一战是甘宁救了黄祖一命。凌操死了，他儿子凌统痛不欲生，从此恨透甘宁，发誓一定要为父报仇。凌统子承父业，后来成为孙权帐下赫赫有名的大将。

甘宁在关键时刻救了黄祖的命，但凡懂点人情世故，都会对救命恩人感恩戴德，大加封赏。偏偏黄祖忘恩负义，不通人情，过了河就拆桥。回到江夏后，黄祖像什么事都没发生一样。甘宁在此战中表现卓越，可惜黄祖对他一点表扬和感谢的意思都没有。跟这种领导混下去，还有什么意思？

前文提到，甘宁曾是政府公务员，但因为过不惯枯燥生活，扔下铁饭碗不干了，召集了一群古惑仔跟自己混。他从小爱好武艺，勇武过人，却读不进书，又喜欢惹是生非，跟他混的都是亡命之徒。

当时蜀地盛产织锦，甘宁虽说身在江湖，但也爱美，把自己和手下都打扮得相当时髦，不管到哪儿都是一身锦罗绸缎，所以当地老百姓送给甘宁这帮人一个花号“锦帆贼”。甘宁每次出来抢劫都要在身上挂个大铃铛，声音传得很远。老百姓一听到铃铛声，就知道他又要来抢了，吓得四散而逃。

甘宁要的就是这个效果，当地官员也让他三分。就这样折腾了好多年，甘宁慢慢成熟，也玩够了，居然拿起书本开始学知识了。考虑到自己在当地名声不好，他决定到外地发展，他相中了江东的孙策。但益州和江东中间隔着个荆州，所以甘宁先到了荆州刘表那里。不过这次他拜错了码头，刘表晚年特别不喜欢打仗，没事就喜欢和读书人谈天说地。

甘宁眼瞅着在刘表这里难有出头之日，又带着兄弟们投奔江夏太守黄祖。黄祖是武将，可惜也不重用他。而且黄祖也一把年纪了，早就没心思打打杀杀了，一心只想在江夏安度晚年。所以甘宁在黄祖手下待了三年，坐了三年冷板凳。这次甘宁为黄祖立下大功，黄祖反而对他起了疑心，私下派人分化瓦解甘宁的部下。甘宁带来的兄弟，有些看跟着甘宁也没啥前途，纷纷叛离。

乱世里，士兵就是本钱，没有士兵，还有跟别人讲价钱的资本吗？这真是太让人郁闷了。甘宁的萎靡不振，被黄祖手下的一员大将苏飞看在眼里，他倒是很欣赏甘宁。有一天，他把甘宁请到自己帐里喝酒，酒席上苏飞开门见山地说：“我多次向主公推荐你，但主公不听，人生苦短，岁月如梭，兄弟你在此虚度光阴，我看着也于心不忍，要不你还是另投明主吧。”甘宁听了苏飞的话，沉默了。其实甘宁何尝没有这个心思，都说到这个分上了，苏飞也不是外人，甘宁就把自己的担忧说了出来，说自己也有这个意思，只是找不到机会。苏飞笑了笑：“这个好办，我请示主公把你调到边境，你找到机会随时走人。”甘宁大喜。

不久，苏飞请求黄祖给甘宁一个邾县（今湖北黄冈）县长的职位。黄祖没拒绝，毕竟一个县长的职位在乱世中小得可怜。他十分爽快地卖了一次人情，把甘宁调到邾县。

甘宁组织了一些人马前去赴任，走到半道趁机渡江，跑到了江东，投到了孙权帐下。甘宁一来就得到了周瑜、吕蒙的推荐。相比于之前在刘表、黄祖那里遭受的冷遇，甘宁感受到了久违的温暖，简直有点受宠若惊。孙权早就听说过甘宁的大名，亲自接见，并且给予他元老的待遇。这就是明主和昏主的区别了，碰到这样的主子，初来乍到的甘宁能不感动吗？

三征江夏（三）

甘宁得到孙权的厚待以后，急于立大功以稳定自己在东吴集团的地位。于是，甘宁向孙权分析了当前曹操已经平定北方，将来一定会南下荆州的大局势。他对孙权说：“主公，现在汉王朝只剩下一块招牌。曹操迟早会把这块招牌扔到历史的垃圾箱里去，我们必须提前为自己着想。现在荆州南部地形复杂，也很险要，而且在我们西面控制长江上游。荆州之主刘表没有什么远大理想，他那几个儿子还不如他，主公必须抢在曹操动手之前拿下荆州。当然拿下荆州的前提是搞定黄祖。黄祖年纪大，又没钱，又没粮草，手下都是一些腐败人士，除了吃喝玩乐之外没什么想法。如果咱们现在出兵，拿下黄祖易如反掌，搞定黄祖后，就可以逐步拿下巴蜀之地了。”

孙权一听，两眼放光，甘宁这话太对他的胃口了。巧的是，在这当口，长史张昭也在，但张昭认为，抢地盘固然重要，休养生息、建德立政才是根本，而战争和德政是冲突的。这样一来，甘宁的观点和张昭的观点势必水火不容，而且张昭对这位强盗出身的刘表旧将也是看不上的，于是就泼凉水。“眼下江东内部政局不稳，民心不定，现今工作的重中之重仍是维稳，假若大军出征，山越必趁机扰乱地方，到时该如何是好？”

张昭是孙策的托孤之人，是东吴政治集团地位最高的“打工皇帝”。可甘宁不是看别人脸色做事的人，也不愿意给张昭面子。虽说甘宁是武将，但也曾经苦心专研书本，听到张昭这番话，他毫不留情地用书本知识反击张昭：“主公将后方交给你了，你相当于咱们的萧何，你现在却怕出动乱，这对得起主公和东吴百姓吗？”甘宁这番话先褒后贬，张昭脸红了，无法反驳，当场愣住了。孙权赶紧打圆场，举起一杯酒对甘宁说：“讨伐黄祖的事，我就交给兴霸你了。只需要筹谋军纪，他日为孤扫平江夏，建功立业，不必与张长史计较一言一语，他也是为江东着想。”

这场争论就此平息。孙权按照甘宁的建议去做，孙权、周瑜都很高兴，只有凌统气得双眼喷火，恨不得杀了甘宁。甘宁之前射杀了凌统的父亲凌操，现在归顺了，而且看起来很得老板的欢心，凌统一时也找不到报仇的机会。

凌统，字功绩。凌操被甘宁射死的那年，凌统年仅十五岁。凌统很有其父之风，骁勇善战，加上孙权怜悯凌操为自己战死，战后破格将凌统提拔为别部司马，统领其父亲旧部。但凌统可不是那种靠爹吃饭的人，在得到父亲的旧部后，他继续跟随孙权讨伐山贼。孙权大军将山越大部分击败以后，只留下凌统和督军张异等人围攻山越残部盘踞的麻屯。

张异他们约好总攻的时间后举办了宴会，打算喝酒壮行。当时喝酒跟现在喝酒不太一样，那时酒会上会有个督酒官，督酒官的作用和现在足球比赛里的裁判差不多，主要是看谁犯规。在足球场上犯规了要被罚红牌，在酒宴上犯规了也被罚酒。督酒官陈勤平时性情非常刚烈，在军中地位又高。本来这只是一场军中的宴会，在打仗之前轻松轻松，偏偏碰上了陈勤，他非但不按酒会规定去罚酒，反而仗着自己在军中的威势欺压众人。凌统当时还是血性少年，对官场那一套从来就看不上。看着陈勤欺负别人，凌统心里很不舒服。没过多久，轮到陈勤欺负凌统了。想不到凌统和别人不一样，没有笑脸巴结，反而当场站起来顶撞。这可把陈勤给惹毛了，盛怒之下，当众痛骂凌统，见凌统没有激烈反抗，还把凌统亡父凌操也顺便污损了一顿。凌统忍不住当众流泪。其他军官纷纷上来劝和，酒会不欢而散。

陈勤回自己军营的路上，继续辱骂凌统的父亲。凌统拔出佩刀把陈勤砍成重伤，还好没有直接砍死。不过，虽当场没死，后来还是因为伤势过重不治而亡。这下事情闹大了。

凌统知道，自己过不了这一关了。对山越发起总攻那天，凌统对部下说："我不死难以谢罪。"于是，他将生死置之度外，亲自率军冲在第一线，士兵看当将官的都如此玩儿命，自己还有什么理由退缩呢？各个拼死奋战。城里的守军哪里扛得住凌统军的凌厉攻势，全线溃败。就这样，凌统攻克了麻屯。

这事儿就这么过去了吗？当然不可能。袭击上级是大罪，何况凌统还把上司给砍死了。

凌统回军后，主动找到主管军纪的部门去领罪。这件事一直上报到孙权。孙权是个爱才的人，觉得凌统勇武刚烈，是个将才，而且他父亲也是为自己战死的，就免了他的刑罚，让他戴罪立功。从此，凌统对孙权感激不尽，在多次战役中表现得极为勇猛出色。正是因为凌统敢打敢冲，骁勇善战，所以在第三次征讨江夏的战役中，孙权让凌统当了先锋。

三征江夏（四）

建安十三年（208）正月，孙权第三次西征黄祖。这次孙权做好了充分准备，倾注全力，手下精兵猛将全部登场。江东军团的灵魂人物周瑜被任命为前军都督，负责具体指挥。少壮派核心人物吕蒙冲在最前面，精通水战的大将凌统、董袭，新人甘宁全部随军出征。江东大军水陆并进，旌旗蔽日，剑戟如林，一路向江夏杀了过去。

孙权踌躇满志，这次他志在必得。为东吴军打头阵的是水军。三国时代，东吴水军一直都是最厉害的。当然荆州也在训练水军，水平也不低，黄祖也不那么容易对付。带领东吴的先锋水军冲在最前面的是凌统。凌统初生牛犊不怕虎，孙权不杀他，他觉得这条命就是孙权给的，所以经常带着几十名随从，赶在本部军队之前到几十里外侦察敌情。有一次凌统的船开到右江，正好碰上了黄祖的部将张硕。按理说在局势不明的情况下和敌军相遇，凌统应该趁早撤退才对。但凌统不但没有后退，反而督促手下奋勇向前。幸好张硕也是来刺探消息的，不是全军出动。狭路相逢勇者胜，张硕在凌统的猛烈攻击下无法抵挡，当场被斩杀，剩下的船只部众也都被俘虏了。

张硕被杀的消息很快传到黄祖那儿，黄祖吓得汗毛都竖起来了，看来东吴军来者不善，他立刻开展全军总动员。经过头两次的失败，黄祖也吸取了经验教训。他改变了硬碰硬的战术，特意找来两艘艨艟战船。艨艟战船船体非常狭长，平时在水面上不是靠风力航行，而是靠船桨用人力行船，这种战船特别适合江东一带的狭长的水道。战船表面蒙有生牛皮，防护性相当好，四周开有小窗子，可以用来射箭。这次黄祖没把战船正面铺开，摆成战斗队形，和东吴水军硬扛，而是找到江面最窄的地方把这两艘艨艟战船横了过来。艨艟战船体积很大，每艘有三层，可以容纳五百多军士。这样，整个水道都被堵住了。黄祖考虑得很周到，为了平稳战船，不至于被湍急的江水冲乱阵脚，他特意命令水军找来棕榈树皮搓成大绳子，一头捆住巨石，另一头绑在战船上，把石头扔到江里，这样任大风大浪吹过来，战船也不会乱了阵脚。再蒙上厚厚的生牛皮，敌军的箭射过来，力道不足的会被弹开，就算偶尔有力道十足的能射穿生牛皮，伤害也小多了。

两艘艨艟战船的弓箭兵带的都是硬弩，只要东吴水军靠近，就一通乱箭射过去。一开始，黄祖这招还是很有用的。吕蒙指挥前锋战舰冲过来几次都被射回去了，舰队被困在沔口，动弹不得，双方陷入僵局，各在弓箭的射程之外吹胡子瞪眼骂娘。

这下黄祖得意了，有艨艟战船挡道，孙权就甭想进来了。孙权远道而来，继续耗下去，总有吃不上饭的一天，到时候就别怪自己对孙权不客气了。

但黄祖明显低估了江东水军的战斗力，这一趟江东上下志在必得，士气高涨，打仗最后还是要靠人的，人的因素才是最重要的因素。

见水军受阻，偏将军董袭、别部司马行破贼都尉凌统主动请缨，要求带兵冲阵，上司吕蒙立即批准。为攻破黄祖的巨船，董袭和凌统做了充分的准备，每人各选一百名精壮士兵作为敢死队，乘坐两条船出发。士兵里外披了两重重甲，即便中箭，伤害也不会太大。两艘敢死战船向着黄祖的艨艟战船硬闯过去了。

黄祖设置的艨艟战船类似于在陆地上的城池。实际上双方现在玩的是水上版的攻城战，所以凌统、董袭的任务不是带二百人把两艘战船给夺下来，而是把这水上城池给拆了，把棕榈绳斩断。绳子断了，战船没了固定物，东吴水军不用打，战船自己就漂走了。

黄祖能守得住，东吴水军就没辙；凌统、董袭能得手，东吴水军就赢了一半。为了鼓舞士气，吕蒙亲自擂响战鼓以壮声威，董袭和凌统也豁出去了，身披重甲，手持盾牌战刀，站在最前面指挥敢死队划动船桨奋力向前。黄祖的士兵看这两艘船如此凶猛，不敢怠慢，纷纷弯弓搭箭。顿时，乌云蔽日般黑压压的箭云像恶魔一样扑向两艘战船。董袭、凌统的手下虽然手持盾牌，但大多数被射成了刺猬。还好，他们穿的是重甲，虽受伤的不少，但阵亡的不多。很快两艘战船冲到了艨艟战船前面。凌统和董袭都是身经百战的猛将，董袭在这一战中表现尤为出色，没有因为箭雨感到恐惧，对方的箭射得越猛，他的船冲得越快。他首先来到了黄祖大船附近，靠近了船舷，抽出佩刀将棕榈绳斩成两段。船失去了固定物，在江面上缓缓开始转动。凌统一看董袭得手，也冲到另一艘战船前，毫不犹豫地斩断棕榈绳。

至此，黄祖精心研究设计的用来封锁江面的神器被董袭、凌统彻底破坏，江面的缺口被打开。督战的吕蒙看得真真切切，立刻挥动令旗，号令全军出动，大军一拥而上，冲入沔口。沔口防线死守不成，黄祖见势不妙，命令水军都督陈就率领江夏船队出击，与吕蒙的船队在江面上来一场生死决战。陈就虽然兵多船多，但是打起决战来却没什么优势。一来吕蒙的前锋军个个都是精兵悍卒，加上他指挥相当杰出，一个打几个是没问题的。二来黄祖刚刚被打破防线，士气十分低落。此消彼长，这一仗就没悬念了。

看到陈就来了，吕蒙披好铠甲，亲自上阵，率领手下冲锋。主帅如此，部下能不奋勇向前吗？陈就军很快吃不住劲，全线溃败。

主将陈就平时是个贪污受贿、只顾吃喝玩乐的主，打起仗来实在是不行，逃都逃不掉。吕蒙指挥手下战舰贴近了陈就的战船，等两船接舷，吕蒙纵身一跃，跳上敌船，挥刀就砍。交手没几个回合，陈就被砍翻在地。

江东水军一看主将取胜，士气大振，纷纷效仿，也跳上敌船一阵乱砍乱杀。江夏水军本来就对江东水军有心理阴影，现在全线溃败，连主将都被杀了，自然心惊胆战，纷纷逃跑。督阵的黄祖一看前军大败，手下开始乱了阵脚，派人喝令败兵不许后退，死战到底。但是兵败如山倒，哪是一两句话就能喝得住的。很快，后军就被前方败兵冲乱。黄祖见大势已去，无法阻挡孙权水军前进了，只能灰溜溜地率领残军弃舟登岸，逃进了江夏城。

在孙权的水军主力和陈就在打一场仗的时间，黄祖跑了。但是之前攻破艨艟战船的凌统可没闲着。他没和陈就打，也没有停下脚步，直接登岸去打敌人的老巢。凌统水战勇猛，带陆军攻城依然有模有样。虽说江夏城城高墙厚，黄祖曾经据此和孙权交手多次，这次不同了，黄祖军已经溃败了，还能有几个人有心思守城，凌统带士兵攻打江夏。这座曾经让孙权头疼不已的城池，在凌统的刚猛之下变得十分脆弱。吕蒙的主力还没来，凌统已经率先攻破了江夏。黄祖逃跑的速度相当快，在城破之前就顺利溜了出去。

不过，黄祖没能顺利逃到荆州刘表那里，逃到半路，他就被孙权麾下一名叫冯则的将领追上了。黄祖一来惨败之余心闷气促，二来年纪也大了，怎么打得过年富力强的猛将？打不过又逃不了，只能让人砍下脑袋。

孙权三攻黄祖，终于在曹操南下之前，将黄祖彻底击败。一来报了父仇，二来得到了进攻荆州的基地。江夏数以万计的老百姓成了他的俘虏和资源。这为后来的赤壁之战打下了坚实的基础。

两个纯爷们儿

孙权这次打黄祖之所以这么顺利，和甘宁有很大关系。甘宁之前在黄祖手下多年，对江夏水军知根知底。黄祖有多少兵，布置在哪里，什么水道容易过，什么水道比较湍急，甘宁一清二楚。不过，甘宁虽有献策，却没有参加具体战役，不是他怕死，而是他要避嫌。

一是他曾经是黄祖的部下，很多认识的朋友在黄祖手下工作，如果他冲在前面挥刀砍去，有可能杀的是昔日的好兄弟。不管在政治上有什么选择，感情还是有的，看着往日一起喝酒的熟悉面孔，真下得去手吗？难哪。

二是甘宁有点担心凌统在背后捅刀子。凌统与他有杀父之仇，不共戴天。凌统没什么城府，仇恨都写在脸上。大家都知道，凌统时时刻刻都在打主意杀掉甘宁。冰炭不同器，水火不相容，有这样的仇恨肯定不能待在一起，更别说配合作战了。这一点甘宁也很明白，所以时时防备，尽量避免和凌统见面。“宁常背统，不予相见。”

基于这两个原因，甘宁基本没出现在战斗中，功劳都归了凌统、董袭他们了。不过战后甘宁却及时出现了，他是来求情的。

孙权这个人在正史里挺冷血的，跟曹操一样心狠手辣，他也喜欢屠城。黄祖杀死了他父亲，还抵抗了这么久，所以打破江夏后，东吴军大开杀戒，很多无辜的人命丧屠刀之下。

孙权提前叫人打造了两个木盒子专门用来放人头，其中一个用来放黄祖的人头，另外一个用来放黄祖的副帅苏飞的人头。仗打完了，黄祖的人头已经装到木盒子里了。苏飞很快也被生擒了。苏飞自知大难临头，连忙找机会派人密告甘宁，请他务必看在昔日情分上，为自己求情。甘宁非常爽快，说：“就算苏兄不说，难道我能忘记你的恩德吗？”滴水之恩当涌泉相报，何况是性命攸关的头等大事，甘宁是不会置之不理的。

孙权大摆筵席与众将举杯相庆。酒席之上，大家热闹非常，酒过三巡，甘宁看机会来了，于是瞅准孙权心情大好的时候到他面前跪倒拼命磕头，磕得鲜血直流，一边磕头还一边放声大哭，涕泪横飞。

孙权定了定神，收敛了笑容，问：“兴霸这是为何？不会是因为打仗打赢了，太过激动吧？再激动，也不能到这个地步。你瞧瞧，多扫兴！”甘宁抬起头来，声泪俱下地把当年苏飞救他的过程，进行了感情深厚的描述，并说当年若是没有苏飞，自己早就死在水沟里了，何谈今日为主公效力，请主上务必饶他一命！

现场很多人都感动了，孙权的心也怦怦直跳，没想到这两人还有这么曲折感人的故事，不过答应了甘宁，放走苏飞好像也不妥。毕竟苏飞也是一名猛将，搞不好这就是放虎归山。犹豫了一会儿，孙权问：“若是放了他，他立刻跑了，此事该当如何？”甘宁毫不犹豫就赌誓保证，拍着胸脯保证：“若苏飞跑了，我甘宁情愿以命相抵，就请主公把我的头放进那个盒子里去。”什么是真正的友谊？就是在最危难的时候可以以命相托的兄弟。听甘宁这么说，孙权无言以对了。这正是收买人心做顺水人情的好机会，孙权当然不能错过，于是下令赦免了苏飞。

除了甘宁如愿以偿救了好兄弟外，其他人也得到了应得的奖赏。孙权对立下大功的董袭、凌统说：“今日我等能在这里喝庆功酒，全赖两位的功劳。”两人叩谢不已。孙权又转身走到吕蒙面前，对他说：“剿灭黄祖，孤父仇得报，全赖将军统筹有方，并斩陈就，功劳最大，请满饮此杯。”随后亲自给吕蒙斟酒。吕蒙受宠若惊，感动得连话都说不出来了。

孙权当然不是说说而已，喝完庆功酒，他开始论功行赏。吕蒙被晋升为横野中郎将，赏钱千万。吕蒙、甘宁、董袭这几位领功得赏，都很兴奋。唯独凌统虽然也得了赏，但心里依然非常不痛快，特别是主公厚待甘宁这点，更让他咬牙切齿。主公的父仇报了，我的父仇还报不报？杀父仇人就在自己眼前，却不能亲手宰了他，这份折磨该有多痛苦！凌统的心像被千刀万剐一样。

有一次，吕蒙请客，甘宁和凌统都是被邀请的上宾，刚见面的时候也没啥，不想见也见了，也没必要在主帅面前翻脸。可是酒喝多了，人就放松下来，开始放肆了。酒过三巡，凌统有些醉了，站起身来把佩刀抽出来，准备给大家即兴表演。正所谓项庄舞剑，意在沛公，甘宁也不傻，他也毫不示弱地站起来表示，自己也会舞双戟，要不要也来试一试？吕蒙吓了一跳，于是他也站起来了，说：“宁虽能，未若蒙之巧也。”意思是说，甘宁虽然是多才多艺，但不如我。话音刚落，转身就抄起了家伙，一手拿刀，一手提盾牌，把两个“火药桶”给分开了。虽然这次挑衅被吕蒙分开了，但是这两个人之间的矛盾却没有化解。

此后凌统多次挑衅甘宁，希望挑起冲突，趁乱把甘宁给杀了。甘宁和凌统都是猛将，凌统想通过单挑干掉甘宁恐怕没那么简单，这想法幼稚了点。这两个人都是孙权的爱将，二虎相争必有一伤，孙权不会容许心腹在窝里斗，两员猛将丢了哪个都不行。于是孙权给凌统下了死命令，不准意气用事，不准寻衅胡闹，要敢私自报仇有他好看的。不过孙权知道凌统刚勇起来连自己的命令都敢违抗，为了保护甘宁，干脆把他调得远远的。这样一来，眼不见心不烦，时间长了，凌统这才作罢。

孙权如愿以偿打败了黄祖，但并没有趁热打铁拿下整个江夏，而是撤了回来。刘表虽然拥兵十万，但主力是陆军，水军主力都在黄祖手上，黄祖兵败后，江夏水军全军覆没，荆州水军更不是敌手了，孙权继续西进，恐怕阻力并不大。为什么孙权偏偏撤回去了呢？不是孙权不想追，也不是他不敢追，而是他不能追。因为此时，孙权最大的敌人不在荆州，而在江东。

孙家父子虽然祖籍江东，发迹却在淮南。孙家不是江东名门望族，论声望、论资历是轮不到孙家来统领的。孙权能上位，全靠父兄一路腥风血雨杀过来，很多江东大族对孙家并不买账，甚至心怀仇恨。即使经过孙权接班时的血腥镇压和这几年来的用心安抚，江东一带的反对派依然人数众多，势力庞大。与早前不同的是，这些反对势力从台面上转入了地下。他们并没有放弃抵抗，一有风吹草动就趁势而起，联络山越和孙氏为敌。所以在面临北方曹操南下的威胁时，孙权不敢轻易把老巢空着，只能先回去坐稳了江山再说。

第三章

曹操的野心

曹操的重要举措

建安十二年至建安十三年（207—208），发生了很多重要事件，出现了许多重要人物。刘备得了诸葛亮，孙权打败了黄祖，曹操正在北方忙于征讨乌桓，痛失郭嘉。孙权砍下仇人的头，俘虏了江夏数万军民的消息，让曹操极为震撼。毫无疑问，现在的孙权已经不是等闲之辈，下一步的目标就是荆州，荆州的刘表是守不住地盘的。荆州就是一块大肥肉，吊在曹操面前晃来晃去，他不流口水不眼馋是不可能的，不能让孙权占得先机。

曹操现在要考虑南征荆州了。刘表和曹操是老对手，折腾了这么多年，一直也没分出个胜负。一来刘表昏庸暗弱，曹操不去欺负他，他就不会主动来招惹。刘表唯一一次派刘备北征，还是为了消磨刘备的实力。刘表作为中原群雄中最早发展为一方超级军阀的人，袁绍、曹操还在抢地盘的时候，他就已经是一方州牧，有雄兵十万。袁绍成了北方霸主，孙策雄踞江东的时候，他还是一方州牧，麾下依旧是十万大军。曹操平定北方，孙权打到他家门口的时候，刘表依然是一方州牧，有雄兵十万。十几年过去了，刘表始终在原地踏步。二来不是曹操打不过刘表，而是北方的威胁更大，曹操不得不放弃南下征讨刘表的计划，先稳定后方。

曹操明白，北方和南方不一样，北方地域广阔，但降水稀少，打仗靠步兵集团冲锋；南方江河密布，水网纵横，打仗得靠陆军，但是水军也不能少。曹操当时最大的短板就是没有水军。这时候去打刘表，和荆州水军交手怎么办？不过这对于曹操来说是小事，他毅然决定自己组建水军，但是北方江河不多，只能到黄河里去训练。不过曹操没这么打算，他在建安十三年（208）正月动员民工在邺城附近开凿了一个人工湖，美其名曰玄武池，让手下那些旱鸭子在这里操练。

要训练水军，为什么不到黄河里去，而是要在一个大池子里训练？其实是有原因的。当时北方已经平定，曹操逐渐把政治管理中心转移到了邺城，毕竟这里才是真正的北方中心，虽然皇帝在许都，但许都总归是小地方。在邺城附近开凿一个大池子训练水军，作用是震慑，震慑周边的人不要乱来，这里由曹操说了算。与其说是军事操练，不如说是军事演习。接受这种操练的水军没有什么战斗力，曹操手下还是步兵和骑兵更靠谱。

当然水军也不是一两天就能训练成的，所以刘表和孙权都有充分的时间考量该怎么应对。曹操也不是闲人，水军在大池子里进行操练的时候，他进行了政治制度改革，罢三公，恢复了丞相和御史大夫的官职。

曹操成了曹丞相，行军打仗更加出师有名，广招人才也更名正言顺。曹操家大业大，派头也大，人才都自动自觉地往曹营里来。曹操现在省力多了，知道谁是人才，一张纸条递过去就可以把人叫过来，这个人就替他服务了。也正是这一年，曹操得到了一个高端人才，也就是后来诸葛亮一辈子的对头司马懿。

据说司马懿的祖先是汉初的司马卬。《晋书》在打造司马氏家谱的时候，把司马懿的祖先扯得老远，算起来，上下两千年司马家都是高官。《晋书》里对司马懿其他祖辈的事迹都是一笔带过，只到了司马卬这里才有实实在在的简历。司马卬原先是赵国大将，属于项羽阵营，曾经被项羽封为殷王。项羽分封诸侯的时候，只封了十八个王，可见司马卬在当时的社会地位确实不低。可是司马卬这个殷王没当几天，刘邦就和项羽翻脸了，他被刘邦俘虏，死得不明不白。《晋书》中司马氏的家谱介绍到这里以后，突然来了个腰斩，把后代忽略了，一直到第八代才生有征西将军司马钧。此后，司马氏的传承一环紧扣一环。司马钧生豫章太守司马量，司马量生颍川太守司马儁，司马儁生京兆太守司马防，司马防就是司马懿的父亲。

《晋书》这么写有几种可能性，一是司马懿是司马迁的子孙，因为司马迁也说他是司马卬的子孙。但司马迁受过宫刑，在当时是很丢脸的事情。因此后来的司马氏不太好意思承认自己是受宫刑的人的后代，干脆把前几代忽略了。但是这种可能性不太大。在陈寿及裴松之的书里都没有把司马氏的家谱扯得这么远。

《晋书》是唐朝人写的，陈寿却是跟司马懿同时代的人，他掌握的材料总比唐朝人要多。估计司马氏的皇室家谱是司马氏得了天下以后编的，是为了证明自己的祖先也是历史上的牛人，司马家得天下是天意有传承的，所以才把司马卬说成自己的祖先，只是司马卬死得不明不白的，司马迁又没把司马卬的子孙写清楚，他们没地儿抄去，干脆缺了几代。可见司马懿的祖先来历和曹操的祖先来历还真有点相似。

当然即便祖先简历是假冒的，但至少从司马钧开始算也有几代人当了高官，这是不容置疑的。所以说司马懿是世家子弟没毛病。翰墨世家的作用是巨大的，这就是政治资源，是巨大的广告牌。当时但凡想干一番事业的人，都想把祖先挂靠到历史名人那里，利用历史名人的资源打广告。刘备如此，孙坚如此，曹操更是如此，司马懿也不例外。

想在那个时候当成功人士，不给自己找个牛人当祖宗，道路就会比别人曲折，前途就不如别人光明。反过来说，如果你祖先很牛，你基本上就是含着金汤匙出生、喝着蜜糖水长大的，比如袁绍。乱世对于大多数人来说是大灾大难，但是对于别有用心的人来说，却是发家致富的大好机会。刘备、孙权不都是靠乱世发家的吗？司马懿也不例外。

司马懿来了

司马懿出生于汉灵帝光和二年（179），当时司马防正在当洛阳令，时年三十一岁，曹操这个时候已经二十五岁了。司马懿不但有一个在首都当一把手的好爸爸，还有一个好哥哥。司马懿一共有八个兄弟，他是老二，他大哥名叫司马朗，是当时的大名士。司马懿十六岁时发生了诛董卓事件，天下形势越来越不好。他老爸在外当官，在家里主持全面工作的就是他的大哥。

司马朗是个好哥哥，把弟弟们都调教得不错。当时司马朗已经非常出名，正所谓进出有鸿儒，往来无白丁，他身边的人大多数也很出名。那些朋友经常到司马家里跟司马朗聊天，自然也就认识了他的二弟司马懿。当时这些名人就非常看好司马懿，给了司马懿很高的评价。比如南阳太守杨俊就曾经微笑着说：“司马懿以后大有出息。”崔琰干脆对司马朗说：

“君弟聪亮明允，刚断英特，非子所及也。”他的意思是说，你以后，好像不及你弟弟。

东汉末年风评非常重要，有了这些评语，司马懿想不出名都难。当时天下大乱，各路诸侯深知人才的重要性，这些土豪一边在战场上大打出手，一边也在进行人才争夺战。只要你出点名，被评价为人才，立马就会有人请你出去一起打天下。像司马懿这种风评又好、才能又高的人迟早有一天会干一番事业，按理说，他出道应该很顺利，但好事多磨。

司马懿后来是诸葛亮的死对头，他的智商和诸葛亮不分上下。这对冤家出山的情形也差不多，都是老板去请了几次才懒洋洋地出来。略有不同的是，诸葛亮出山赚足了风头，司马懿却差点儿把命赔了进去。

请司马懿出山的是曹操。曹操爱才是出了名的，只是他家底比较厚，不用什么事儿都亲自出马。曹操只需请个跑腿的去请司马懿来和自己混，顶多选个有名的人去跑腿就行了。当时曹操的个人事业正如日中天，很多人看好曹氏来投奔，万万没想到，司马懿并没有一请就出山。

青年时期的司马懿是个“愤青”，对汉朝皇帝还是有点感情的。他有点看不惯曹操的做法，又有点看不起曹操是宦官后代，再加上局势不明朗，怕站错队，所以曹操请他出山的时候，他并没有立刻答应。他对来人说，他已经中风了，起不了床，去不了。曹操很不爽，于是派暗卫半夜去侦察。不知是曹操派的暗卫太不专业，还是司马懿有先见之明，他直挺挺躺在床上不动。据说暗卫还不死心，溜进去拿针对准司马懿身上捅了一下。没想到司马懿的演技一等一，愣是不动，脸上半点表情都没有。连针扎都不起床，只能说明这个人真的瘫了，或者心已经硬得像铁了。曹操知道了，就没再强求。

司马懿瞒过了曹操，心里非常得意，但是他也知道曹操狠，不敢掉以轻心。所以推掉曹操后，他就在家装病，有气无力地躺在床上，偶尔活动也是慢吞吞的。但有一次下了一场大雨，让司马懿现出了原形。司马懿很喜欢读书，这天天气非常好，他命人把书拿出来好好晒晒。谁知天公不作美，刚才还烈日当空，转眼便倾盆大雨。司马懿爱书如命，担心宝贝书被雨淋湿了，情急之下忘了自己在装病，一下跳起来，跑到院子里去收书了。

这一幕被一个小丫鬟看见了。看见目瞪口呆的丫鬟，司马懿回过神来了，心想装病这么久，装得这么辛苦，好不容易骗过曹操了，居然被个丫鬟看破了。万一她嘴巴不严实，说出去了，自己岂不是前功尽弃、功亏一篑吗？闹不好曹操会严惩自己，全家人的脑袋都得落地。一想到这儿，司马懿满头是汗，内心翻江倒海，正想着该如何应对，他老婆不声不响来到丫鬟背后，掏出刀子杀了丫鬟。司马懿这个心如明镜、下手狠辣的老婆叫张春华，河内人，是晋景帝司马师和晋文帝司马昭的母亲，也是司马懿的得力助手。这一点司马懿和诸葛亮也很像，都有智谋过人的老婆。

司马懿到底在想什么呢？曹操在官渡打败了袁绍，形势大好，这时来征召他，他居然不去，是不想建功立业吗？这时候的司马懿肯定没想过当权臣，但是他也未必想做隐士。不是司马懿甘心被埋没，而是他不想在这个时候露出锋芒。对于司马懿来说，至少现在不是出山的好时机。如果贸然出道了，肯定危机四伏。

虽然曹操赢了袁绍，但袁氏在河北依然有极大的势力。如果不是袁绍的几个儿子瞎胡闹，河北还是袁家的，曹操能不能成为中原霸主也未可知。司马懿的老家在河内，正好是曹操和袁绍势力的交界处。未来形势怎么发展，司马懿推算不到，这时候选其中一股势力投靠是很危险的。谁也不知道到底哪股势力最后能取胜，司马懿在等其中一股势力彻底灭亡。

这种全盘的考虑是司马懿老谋深算的最佳证据。七年后，曹操成为北方霸主，并且成为丞相，没忘了司马懿，知道他是个人才，如果让他到敌营里只会给自己添麻烦，所以又派人去找他。这回曹操的身份不一样了，根本不给他不出山的理由。

去请司马懿的人直接对着司马懿背诵曹操的话："若复盘桓，便收之。"就是说如果你还敢扭扭捏捏，就把你抓起来。司马懿为了保住自己的脑袋，加上心思其实也开始活络了，就到曹操那里报到了。

曹操把人请来了，但似乎不太重视。他给司马懿的职位是文学掾，主管丞相府的文书和教育差事，和曹丕共事。

就这样，司马懿正式开始了自己的政治生涯，时年三十岁。

刘表去世

司马懿终于出山了，显然起点要比诸葛亮低。诸葛亮一出山马上得到了重用，直接进入最高决策层。当时天下正乱，最得器重的是上战场的人。做后勤的人机会相对就少些，当时司马懿算不上什么大人物，不过，这反而是司马懿最大的机会。因为他的顶头上司是曹丕，他很快就成为曹丕的亲密战友，这也为司马氏能在曹魏集团大放光芒埋下了伏笔。

建安十三年（208）注定是多事之秋。七月，曹操南征刘表，仅仅训练了半年的水军，还没有完全领悟到水战和陆战的区别，就被残忍地拉到前线去了。曹操之所以这么着急赶往荆州，是因为荆州眼看就要落到刘备手里了。

刘表快不行了。在各路诸侯中，刘表可能是活得最痛苦的一个。这些年来他一直都在后悔官渡之战的时候谁也没支持，结果让曹操做大了。他后悔当初刘备来投奔他时，他把刘备安置在了荆州。当然，他更后悔的是生了两个不让自己省心的儿子。

曹操出发前，荀彧觉得刘表现在还很强大，不能掉以轻心，专门给曹操献了一条声东击西之计——兵分两路：一路由曹操带队在宛城、叶县吸引刘表注意，另外一路从小路进军打刘表一个措手不及。实际上，问题根本没有荀彧想得那么严重，刘表的强大只是表面上的。曹操大军七月出发直奔宛城、叶县而来。江东孙权刚刚剿灭了黄祖，对荆州也是虎视眈眈。内忧外困下，刘表又惊又怕，病倒了。这时候刘表比谁都清楚，自己死了，谁来继承荆州大业是个大问题。他的头脑越来越清醒，难能可贵地做出了一辈子最正确的选择之一。

刘表已经完全没有了斗志，他这才发现，人最宝贵的不是地位和权力，而是生命和亲情，他不想让两个儿子为继承权争得焦头烂额。现在刘表遇到的问题正和当年袁绍遇到的问题一样，应该把哪个儿子扶成继承人呢？刘表的大儿子叫刘琦，小儿子叫刘琮，是同父同母的亲兄弟。按照惯例这没什么难的，因为小儿子刘琮年纪并不大，难当大任，大儿子刘琦人品不坏。可坏就坏在这两兄弟的亲生母亲去世太早，后妈蔡氏是荆州豪门之后。大概因为蔡家在荆州很有权势，刘表觉得应该和他们拉上关系，不但娶了蔡家的女儿，还把蔡氏的侄女讨过来给小儿子刘琮当了老婆。蔡氏想扶哪个上位？肯定是刘琮。

刘表是一州之长，手下兵马无数，小儿子是不是继承人的问题慢慢就提上了日程。刘表也十分喜爱刘琮，原因和袁绍一模一样，因为刘琮长得比较好看。刘表年轻时一表人才，看到小儿子就像看到了当年的自己。

现在曹操南下，刘表病重，刻不容缓，他需要马上做出决定。

对长子刘琦，刘表一度也挺喜欢，按说继承权应该属于他。后来蔡瑁和刘表的外甥张允天天在刘表面前说刘琦的坏话。刘表虽说不上是英明的人，但也不至于傻到偏听偏信。这话传到刘琦耳朵里，他知道自己的安全系数越来越低了，刘表这种情绪的微妙变化，对于处在风口浪尖上的刘琦来说，太难被忽略了。可是刘琦没有支持者，也没什么亲信，兵权也不在他手里。

枪杆子里出政权，刘表的继承人似乎就要定了。刘琦虽然默默忍受，但心里仍有不甘，左思右想，他想了个办法。他听说刘备麾下新来了谋士诸葛亮，足智多谋，便主动向诸葛亮请教。诸葛亮很清楚，疏不间亲，所以不想蹚这浑水，含糊一下就算了。刘琦不死心，继续追问。不过诸葛亮依然不说意见。

当然，刘琦想想也明白，诸葛亮是怕别人知道谈话的内容，这种内容要是传出去，他甚至刘备都会被怪罪，那样形势就不堪设想了。俗话说，兔子急了也咬人。刘琦这只即将被宰的兔子超常发挥了一次。有一次，刘琦专门请诸葛亮去游园，诸葛亮无奈地去了。在游玩的过程中，关于救命之计刘琦半句没提，游园结束，刘琦顺道请诸葛亮到一座高楼喝酒。彼此坐下后，刘琦让人把爬楼梯的梯子抽走。刘琦很诚恳地对诸葛亮说："先生，这里上不着天，下不着地，没外人。你说的话天知地知你知我知，不会有第三个人知道。"诸葛亮没法推脱了，悠悠地说："公子，你一定还记得当年重耳与申生兄弟的故事，晋献公听信谗言，想杀掉自己的儿子们。申生留在京城，却祸从天降，重耳逃亡在外，最后安然无恙。”重耳与申生是春秋时期晋献公的两个儿子，都非常优秀。后来晋献公宠爱妃子骊姬，骊姬生了儿子，希望自己的儿子继承晋献公的位置。晋献公糊涂，听信了骊姬的话，开始对申生和重耳下手。当时申生是太子，他选择留了下来，以死来证明自己的清白。而弟弟重耳选择逃亡避祸，多年后才回国，成为新一代君主，就是赫赫有名的晋文公。

这段故事说明一个问题，就是在政治角逐非常激烈的时候，谁留在首都谁就没命，谁逃出去谁的前途就一片光明。诸葛亮说的故事中，一句都没提刘琦、刘琮或是蔡氏，全是借古喻今。

黄祖被孙权灭了以后，江夏缺个太守，刘琦向刘表申请去江夏赴任，刘表挺高兴地同意了。

刘琦乐颠颠地去江夏上任。结果刘琦刚到江夏没几天，就传来了父亲病重的消息。刘琦没犹豫，赶紧从江夏回来了，想看老爸最后一眼。回到襄阳的时候，消息被蔡瑁、张允知道了。这俩人觉得万一刘表父子见了面，刘表有了舐犊之情，临死前再一糊涂，让刘琦来接班，就无可挽回了，所以蔡瑁和张允派出军队驻扎在刘表住所附近，不允许刘琦过来探望，还准备了一套说辞。蔡瑁对刘琦说：“将军派你留守江夏，责任重大，但你现在竟擅离职守，不经批准就回来了，老人家被你气个半死。万一惹他老人家不高兴，病情加重了，你负得起这责任吗？为了你父亲的病着想，你就别进去了。”刘琦生来软弱，站在老爸门口痛哭一场，然后离开了。

刘琦闷闷不乐地回到江夏，刘琮即位的障碍算是全部扫除了。

建安十三年（208）八月，刘表病逝，死之前也没确认让哪个儿子来接自己的班。或许他死之前已经决定了，但所有消息都是经过蔡瑁和张允过滤的，外人无法确切知道刘表到底说了啥。蔡瑁、张允等刘表一死，就迫不及待地把刘琮扶上了荆州牧的大位，从此荆州的政治格局翻开了新的一页。

刘琮献荆州

刘琮为人还算可以，当了荆州牧也没忘记哥哥，把老爹的成武侯爵位让给了哥哥。可是刘琦一点都不领情，拿到公章以后就扔在地上。刘琦还觉得不解气，想借着奔丧的名义发动军事打击，把荆州牧的位置夺回来。刘琮虽然继任了荆州牧，但还没来得及享受，一大堆难题就找过来了：曹操想打他，哥哥也不想放过他。刘琮当然不愿受这些气了，但是自己刚刚接任，没根基没威信，何以服众？

不过刘琦没有愤怒多久，刘琮也没困惑多久，因为他们俩的终结者曹操已杀到荆州了。

在很多历史书中，刘琮被描写成一个胆小怕事、卑躬屈膝的人，甚至连曹操在事后也骂他猪狗不如，但实际上刘琮没有那么不堪。曹操来了，他确实立刻着手准备组织抵抗了，刘琦却跑了。

荆州局势一片大乱，尤其是荆州士人听说曹操杀来了，都乱了阵脚，像热锅上的蚂蚁一样乱成一团。以刘表的才能尚且不敢惹曹操，现在刘表死了，刘琮能扛得住吗？所以大家都把目光投向了蔡瑁。刘琮是荆州老大，但实权在蔡瑁那里攥着，偏偏蔡瑁对付刘琦很有一套，对付曹操一点办法都没有。

蔡瑁开了个会和大家探讨当前的局势和今后的打算。在这次会上，众人的观点几乎是一面倒的，很多人因为曹操实力强大主张投降，最主要的两个代表分别是蒯越和东曹掾傅巽。蒯越是本地土豪，他忧心的不是政治格局，更不是领导安危，他最看重的是自己和家族利益。如果真打起来了，刘琮打不过曹操，他的家产就打没了，荣华富贵也会没。所以千万不能打起来，要投降曹操。

刘琮还是不想投降，说："我们占据荆州这么大一块地盘，好好守住就可以了。为什么非要投降呢？"有一点刘琮没有说穿，他还想着刘备呢，刘备不是帮手吗？跟刘备联手一起打，谁说一定会输。

傅巽像是看穿了他的心思，说："现在曹丞相代表的是国家，咱们和他对抗，那就是以臣抗君，实属造反，主公您虽说是荆州一把手，但如果带上家底儿去抵抗曹军，取胜的把握依旧不大。另外，虽说刘备是同盟，可刘备如此不堪，自己都站不住脚，能打得过曹操吗？假设刘备超常发挥，真把曹操赶走了，试问取得胜利之后，他还能当咱们的手下吗？依在下愚见，抵抗曹操基本没戏。"史料中的原文是"所以要抵抗王兵之锋锐是必亡之道"。

简单来说，就是要解决三个问题。第一，道义上有没有优势？第二，实力上有没有优势？第三，刘备有没有优势？如果都解决不了，那基本就别想打赢了。

傅巽看刘琮还不死心，又问："敢问主公，您比刘备如何？"刘琮一听，就说："委实比他不过。"刘备都打不过曹操，那你还怎么打赢曹操？这个会议可以结束了。

大家一致决定采纳投降派的意见，把全体员工的思想统一到投降的道路上来，然后积极行动，做好投降的前期工作。就在荆州做好投降准备的时候，当年九月，曹操杀到了新野。

刘琮准备投降了。他也知道有点理亏，所以不敢通知刘备。刘琮派使者向曹操奉上了荆州符节印绶，举州投降，恳求曹操尽快举行受降仪式。这下轮到曹操接受不了了，哪有一枪不放，就把这么大一块地盘拱手送人的？刘琮也太大方了，明显不合常理，莫非这是传说中的诈降？所以很多人劝曹操小心。曹操问娄圭的意见，娄圭觉得刘琮投降是真的，可以接受。他说："刘琮即位，根基不稳，手下荆州人帮派众多，不是个个都想抵抗王师，他们都想过太平日子。所以刘琮投降是迫不得已，是真降。"曹操觉得言之有理，就接受了刘琮的投降，随后继续指挥大军前进，要把荆州的所有敌对势力扫平。

这时刘备在干什么？他不是驻扎在新野吗？怎么对曹军的到来没有反应？其实刘备早已经不在新野了，而是屯军于樊城附近。樊城和荆州治所襄阳一江之隔，但是刘琮的保密工作做得很到位，一点消息都没有透露给他。刘备还蒙在鼓里，毫不知情，还在磨刀霍霍地准备联合刘琮人马跟曹操干一仗。可是纸终究包不住火。曹操的步伐加快了，刘备再也坐不住了。他一直很纳闷，怎么没听说刘琮派遣哪个战将率军去抵抗曹操呢？得派人出去探探消息。情报员回来说刘琮那边没发布什么官方消息，但民间各种小道消息不断传来，说刘琮已经投降了。消息来源还有消息内容都让人揪心，这种大敌当前的时候，没个明确消息，怎么布置工作？刘备实在放心不下，思来想去也不等了，他派人去找刘琮。

刘备的使者来的时候，曹操大军也已经到了宛城。刘琮看没法拖下去，也瞒不住了，才派了个叫宋忠的人到樊城通报刘备。宋忠把刘琮已经投降的消息告诉了刘备。本来之前已经有传言，但刘备还心存幻想，希望宋忠是来辟谣的，大家还可以并肩作战。现在无情的现实狠狠地打了他的脸。这个消息让刘备相当吃惊，曹操最想取的人头是他的，他投奔刘表，是希望有个靠山。现在连靠山都投降曹操了，他还能怎么办？刘备一时按捺不住，把配刀抽了出来，刀尖指着宋忠，咆哮说："你等怎么能这么办事？如今大祸临头了才来通报，不觉得太过分了吗？如今砍了你的头，不足以解了我的愤怒。但是我不想杀你玷污了这把佩刀，赶紧给我滚！"说完命令手下把宋忠轰了回去。

单从这件事来看，刘备一点儿不软弱，不是碰到大事动不动就流眼泪的人。赶跑了宋忠，刘备知道情况不妙，立刻召开紧急扩大会议，商量当今局势要如何对应。会上就有人提出，刘琮不仁，我等不义，可以马上率军攻打襄阳，距离又不远，荆州唾手可得。只要荆州在手，跟曹操对决不就有戏了吗？

刘备早就想要荆州了，可问题是他现在没有这个实力。所以拿下荆州只是停留在想法里，不能真这么干。再者说，即便真能打败刘琮，拿下襄阳，短时间内也无法统一荆州上下的思想，内部还没稳定，曹操大军就杀到了。光凭手下那点人，拼了老命也不是对手，所以即便趁乱拿下襄阳，也守不住这座孤城。荆州现在是万万不能碰的。

刘备很聪明，他没有直接说自己没这个实力，而是说："人家可以这么干，咱们却不行。刘表死前将刘琮托孤于我，要我好好照顾他。我若是干这种勾当，要天打雷劈，死后也无脸面见刘表于地下。"

打又打不过，降又不愿意降。唯一的办法就是走为上计了，先离开这个鬼地方再说。

携民渡江

刘琮投降，打乱了刘备的部署。按原计划，刘表去世，刘琦、刘琮会像袁谭、袁尚兄弟一样相互残杀。刘备可以先帮助刘琦攻打刘琮，在双方疲惫不堪的时候趁机取代刘琦，进而一步一步掌控荆州。这个局是诸葛亮布下的。三顾茅庐的时候，他已经明确说了荆州、益州是未来发展的方向，也正是这个诱人的前景吸引了刘备。事实上诸葛亮已经在实施计划了，他让刘琦远赴江夏，就是为将来的兄弟相残埋下伏笔。可惜人算不如天算，无论诸葛亮如何聪明，也没算到刘表死得这么快，更没想到曹操的步伐更快，以至于刘表死后，刘琦没有足够的时间掌控局面，刘琮就投降了。现在最好的办法就是逃跑，但这时候，往哪儿逃还真是个大问题。

和部下集思广益后，刘备最后决定离开樊城，逃往夏口。路上经过襄阳，刘备停下脚步在城下喊刘琮出来见自己，打算带他一起逃。可刘琮却不这么想，一开始他以为刘备是率领军队来抢荆州的，所以任凭刘备怎么喊，他就是不露面。其实，就算刘琮知道刘备是叫自己一起走的，他也不会出去。他已经投降了，荣华富贵唾手可得，干吗要跟刘备去流浪？再说自己投降很明显是不道义的，自知理亏的刘琮也没脸面对刘备，只能选择逃避了。

刘琮胆小不敢面对现实，但他的手下不都是软骨头。有个部将王威很有骨气，而且很有胆量。他向刘琮建议："曹操听说您归降了，刘备也逃了，此时一定得意扬扬，放松了警惕，这时我方正好乘虚而入。将军不如给我几千精兵，选择险要的地方设伏，待曹操前来，定能生擒曹贼。到时候，将军自然威震四方，成就霸业。"想法很好，可惜部将再大胆，领导没意愿也是白搭。刘表家真是一代不如一代，刘表都没有雄霸天下的胆略，更何况是刘琮。像王威这样的好汉，刘琮手下有不少，他们看见刘琮如此窝囊，不战而降，纷纷跟他划清界限，投奔了刘备。相比于刘琮，刘备更有骨气。在城下喊刘琮的时候，诸葛亮当众提出，何不趁机拿下襄阳，这样就可以趁机占据荆州的建议。刘备却大声说这么做于心不忍。诸葛亮露出了满意的笑容。这正是诸葛亮的高明之处，他刻意高调动员刘备攻打刘琮，这样刘备才有机会在荆州人民面前表现出仁义的一面。如果真打襄阳，刘备是客将，襄阳是刘琮的大本营，哪有那么容易？诸葛亮和刘备在襄阳城底下唱的双簧效果很明显，刘琮身边不少人都被感动了，很多人都跟着刘备走了。

刘备还在继续表演，离开襄阳的时候特意到刘表坟前痛哭流涕，与刘表辞别，这再次感动了大家，跟随刘备的人更多了。老百姓太渴望仁义之主了，刘备的到来让荆州上下眼前一亮，很多老百姓被刘备的仁义折服，更痛恨曹操了。大家似乎忘记了，七年前刘备也是外来者。

不仅是百姓，荆州一带的士人很多和刘备交好，也拒绝向曹操投降。所以刘备离开襄阳的时候，不断有士人前来投奔。而躲避战火的老百姓更不用说了，举家跟随。所以来到当阳地界的时候，追随刘备的已经有十几万人、几千辆辎重车辆了，场面十分壮观。这十几万人听上去很威风，但大部分都是没有作战能力的普通百姓。他们跟着刘备走，就没打算回家，是打算跟着刘使君找个新地方安家落户。可以想象，这些人走起路来有多慢，史书记载说“日行仅十余里”，“一日一夜行三百里”，这是对曹操精锐骑兵虎豹骑行军速度的记载。此时此刻，曹操的追兵正是虎豹骑。接受了刘琮的投降后，曹操就知道了刘备打算逃往夏口，路上会经过江陵。

江陵相当于荆州的心脏，刘备一旦控制了江陵，就等于掐住了荆州的命门，况且江陵本身就是荆州的后勤基地，存有大量粮食武器。如果刘备占领那里，得到这批军用物资，开销都不是问题了。精通《孙子兵法》的曹操深知地利的意义，所以绝对不能把江陵让给刘备，必须抢先一步控制。于是曹操命令虎豹骑放弃辎重，轻装上阵，务必要赶在刘备前面拿下江陵。

曹操已经把荆州迫降了，为什么对刘备还如此放心不下，不依不饶？因为曹操很明白，整个荆州甚至是天下，只有刘备能和自己打对台戏。曹操这趟除了要占据荆州，另外一个目的就是彻底铲除刘备这个心头大患。在曹操心目中，只要刘备活在世上一天，自己就睡不好一天，就得提心吊胆一天，只有把刘备的脑袋摆在自己面前，他才能睡得着觉。什么人都可以放过，唯独刘备不能放过。

这边虎豹骑追得急，刘备那边却在乌龟爬。

曹操有意培养曹丕，就问："刘备带领着老百姓逃，真是保护他们吗？"曹丕答："刘备只是在利用他们掩护自己撤退。"曹丕非常聪明，曹军区区几千人，面对十多万平民，如同大海捞针，一时确实很难找到刘备主力。刘备让手下和家属藏身于百姓中，走的虽然慢，但是安全。这招不是刘备发明的，恰恰是曹操发明的。当初官渡之战时候，曹操也曾经这样做过。

当然，表面上刘备必须维护自己仁义的形象，所以当他的手下建议兵贵神速，老百姓太多影响行军速度，不如我们先走一步时，刘备立刻否决了。他大义凛然地说："干大事的人必当以人为本。现在百姓归附于我，我怎忍心抛弃？大家不用说了，老百姓全部要带上。”不管怎么说，这番举动还是体现了刘备的胸怀。

如果说曹操最后的成功在于善于用人，那么刘备能成事则印证了那句话，得民心者得天下。当然，刘备是有自己的算盘的，要赢得民心，不能把老本也贴上，这一万多精兵可是刘备的心头肉，是不能跟老百姓一起走的。被曹操追上一举全歼，那连翻本的机会都没有了。所以，刘备派关羽率领一万精兵坐船走水路先到江陵。正是这个明智的决定，使得后来孙刘联军在赤壁大战曹操的时候有了资本，否则赤壁之战时，便只有孙权一家对抗曹操了。

虎豹骑追了三百多里，在当阳长坂坡追上了刘备。这时刘备可没想着老百姓，转身就逃，连自己的部下，甚至妻子、儿女都不要了，仅带上了诸葛亮、张飞、赵云二十几人骑马先走了。十多万老百姓，还有甘夫人、刘禅、左膀右臂徐庶都落入了敌阵。

长坂桥

确切来说，徐庶落入敌阵是自愿的。因为在混乱中，他把老妈丢了。《三国演义》里说徐庶投靠刘备没多久，曹操就把他老妈抓了，逼着徐母写信给徐庶，叫徐庶不要跟刘备了。结果徐母非常有骨气，坚决不做。曹操就派人模仿徐母的笔迹给徐庶写了一封信。徐庶听说母亲在曹操那儿，忠孝不能两全，只能选择离开刘备。小说里徐庶走的时候，刘备送了一程又一程，因为树挡住了视线，还叫人把树砍了。徐庶感动得不行，于是转回头来向刘备推荐了诸葛亮。刘备这才知道了诸葛亮这号人物。

小说情节和史实唯一相符的就是徐庶离开刘备确实是因为母亲。曹纯率领的虎豹骑在一片乱哄哄中俘虏了大批刘备的追随者，包括刘备的两个女儿和徐庶的母亲。听说母亲被俘，徐庶就慌了，赶紧来找刘备说："我本想与将军共图王霸之业，是凭内心这一方寸之地，可是现在老母被俘，我方寸已乱，对您的大事已经无意了，留在这里也是个废人了，请求就此别过。"《三国志·蜀书·诸葛亮传》中记载的原文是"今已失老母方寸乱矣"。刘备将心比心，最终淌着热泪放走了徐庶，也许在这一刻，他也想起了童年时和他相依为命的母亲。

徐庶归曹以后,《三国演义》上说他一言不发，这也不靠谱。根据史书记载，徐庶在曹家势力里军事上的确没有建树。打仗方面他提的建议比较少，毕竟他不乐意和老东家刘备为敌，出谋划策让曹操的人去打刘备就等于在否定自己的过去。但是这不等于他在其他方面没有建树，徐庶在其他方面是积极献言献策的，所以曹操父子才会欣赏他，曹丕尤其器重他，先让徐庶担任太守，然后让他主抓农业生产，做了典农校尉，又把他调回中央担任中郎将。最后曹丕让他担任御史中丞，抓反腐倡廉工作。从升官的轨迹来看，说徐庶没有业绩是说不过去的，相反，他在做其他工作的时候应该是比较积极的。

曹操追过来的真正目的是要刘备的人头。就算在路上有再多人口、粮草、辎重，他也不稀罕，虽然老百姓给追兵带来了一定的困难，但他们一点没慌。经过路线清理，曹操的追兵很快赶了上来，终于在当阳的长坂坡附近赶上了刘备的队伍。

当阳指的是荆山之阳，荆山的山势到这里缓降，变成了丘陵和平原，形成了很多面积很大的山坡，长坂坡就是其中之一。刘备的两个女儿被俘，甘夫人和刚出生不久的刘禅失踪，徐庶走了，队伍散了，此时此刻的刘备可能是世界上最倒霉的人之一了，可对他来说当务之急不是抒情，而是逃命。

荆州水网密布，长坂坡附近也水道纵横，刘备一行经过一座桥后，觉得闷头跑下去不是事儿，不是被追上砍死，就是在路上累死。于是他命令张飞召集散卒，把守桥头断后。张飞找来找去，只找到了二十多名骑兵。用二十多人挡住曹操如狼似虎的骑兵根本不可能。

张飞带上这二十多个人守在河边，先把小桥给拆了。断桥后没多久，河对岸就沙尘滚滚，曹操的骑兵蜂拥而至。孤胆英雄张飞一点都不害怕，骑着马横着长矛就在断桥这边等着他们过来。没过多久，曹操大军集结完毕，后面的军队觉得奇怪，怎么前面的人停住不动了。靠近了才发现，桥已经被人拆了，对岸还站着几个人。为首的那个人看上去很威猛，脸上凶相毕露。曹军一时摸不清对岸的人葫芦里卖的什么药，不知是否有埋伏。张飞看曹操部队滚滚而来，将手中长矛一舞，怒目圆睁，冲着对岸喝道："身是张翼德也，可来共决死！"危急时刻，张飞的一声虎吼气势超凡，曹军骑兵这一路估计也没有听过这种分贝的抵抗声音，一下子愣住了。之前曹军中很多人听说过张飞的名号，知道他很能打仗，是个文武双全的将领。现在看他提出单挑，有些胆怯。这个情节在《三国演义》里被渲染到了极致，比史实精彩许多倍。

小说里说张飞的声音不仅把曹操大军吓得掉头逃跑，甚至把倒霉的夏侯杰吓得从马上栽下来摔死了。曹操也被吓得跟在大军屁股后面，披发奔逃，直到张辽、许褚拉住马头，才停止狂奔。

历史上，曹操的骑兵只有数千人，曹操本人没有出现在长坂桥，唯一可以肯定的是曹操的追兵确实停下了脚步。他们不追是有理由的：第一是桥没了，想追得先建桥，那还不如绕道；第二是在长坂一战中，曹军没有发现刘备军的主力，对面只有二十几个人，怕有埋伏。至于是不是被张飞的威猛吓住的呢？也有一点关系。曹军见到张飞不顾生死，心中自然会吃惊，但只是短暂顿了一下。追上来的是曹操的特种部队虎豹骑，个个身经百战，都是军官级别的，什么大风大浪没见过。所以张飞确实异于常人，但也就是吓人一跳而已。话虽这么说，但是这一段依然不能掩盖张飞的光芒，他这个举动无论从哪个角度讲，都展现了过人的气概。想想看，几乎是一个人面对数千大军，这份胆识可不是一般人能有的。张飞的胆识在三国名将中毫无疑问是超一流的，这个举动给大哥刘备争取到了宝贵的逃跑时间。

正是张飞这么一闹，曹军延缓了追击。刘备终于逃了出来，暂时没有了危险。这时候，有人向刘备报告说，赵云叛逃了。

赵云救阿斗

刘备和赵云之间的感情是一般人理解不了的。自从和赵云在公孙瓒那里离别后，两人好几年没见面，直到官渡之战前，刘备依附了袁绍，两人才在邺城重逢，见面之后，双方情谊更为深厚。史书说：“先主与云，同床眠卧”。

当时赵云还利用本地人身份作掩护，为刘备招兵买马。人虽然不多，但怎么说也是一股力量。为了避免引起袁绍的猜疑，刘备说赵云是自己的老部下。实际上，刘备确实把赵云和他那几百号人当成贴身保镖用。

后来刘备从袁绍那里脱身到了荆州，赵云不离不弃，一路追随。这些年不曾动摇，怎么可能在最危难的时候离自己而去呢？所以听到手下捕风捉影的报告，刘备很生气。正巧，贴身护卫兵器正放在旁边，刘备抄起来直接冲那人扔了过去，大喝：“胡说，赵子龙岂会弃我而去！”当然刘备并不是真要取对方性命，而是把手戟扔到那人面前，表达自己的出离愤怒。那人看到这一幕，脸都吓白了。

赵云不会逃跑，更不会背叛，他是勇敢地向着最危险的地方去了。赵云和刘备走散了，他负责护卫的主公家属也走丢了，甘夫人还有刘禅都是主公的心头肉，所以他重回敌阵的目的是为了找回主公的家属。果然，正当刘备发火的时候，赵云回来了，身边护着甘夫人，怀里抱着刘禅。这段史料是有记载的，但是不像小说那么戏剧化。

《三国演义》中，赵云在当阳长坂坡一战中尽出风头，几进几出杀敌无数，不仅抢了青釭剑，还把曹操唬得一愣一愣的，爱才爱得口水都流下来了。实际上正史中的赵云此时并不出名，他只是刘备身边的安保队长，曹操实在看不入眼。就算曹操在战场上看到了这个人，也不会因为想收他而下达什么不准放箭的命令。再说，赵云是人不是神，在数千大军的围剿之下几进几出如入无人之境，有可能吗？

赵云回来了，甘夫人和刘禅也回来了，尽管丢了两个女儿，而且后来下落不明，但这对于刘备来说，已经是坏消息中的好消息了。此刻刘备已经没有抵抗的勇气了，江陵看来是不能去了，曹军是不会放过这个军事要塞的，看来只能另投其他地方。

可放眼望去，天下之大，到哪能找到栖身之地？幸好刘备早前已经派关羽带一万精兵和刘琦汇合，如今他无处可去，关羽的水军已经在江面上等着接应他了。关羽手下有一万水军，加上刘琦手下的一万江夏兵，这样，刘备手上满打满算有两万多人。这么点人，对曹操来说刚够塞牙缝的。如果曹操发扬痛打落水狗的精神杀过来，那刘备只能跳江了。这个时候如果曹操彻底击垮了刘备，孙刘联军就不能形成，后来三国鼎立的局势也就不存在了，很可能是南北分治，甚至是曹操一家独大。

历史是没有如果的，事实就是，曹操没有追过来，刘备通过江津，渡过沔水，来到夏口与刘琦会合。

曹操想弄死刘备的目的没达到，但至少他比刘备先进了江陵。进了江陵后，曹操才开始着手对投降的荆州进行整体安抚。此时荆州已经没有什么抵抗力量了，刘备被打跑，其他人哪敢乱来。

曹操派荆州人刘巴招纳长沙、零陵和桂阳三郡，同时任命京兆人金旋为武陵太守。荆州就这样落入了曹操手中。这也使得曹操的骄傲达到了空前的地步。在这种时候，人的脑子是一片空白的，心中只有狂妄，这也为他赤壁之败埋下了伏笔。曹操原本的计划是拿下荆州，现在基本目的已经达到，该好好歇口气了。当然接手一个新地盘，总结表彰大会是免不了的。这一方面是为了安抚人心，另一方面是为了出席各种场合树立一下威信，明确告诉大家这个地盘现在属于自己了，大家以后要服从自己的领导。

既然要表彰，第一个表彰的肯定是刘琮了。刘琮虽然比较软弱，但是投降也算是明智之举。曹操的军力太凶猛，荆州兵完全不是他的对手。如果刘琮执意抵抗，最后也会自取灭亡，而且在这个过程中会徒添伤亡，生灵涂炭。既然刘琮这么懂事，曹操当然也得有所表示了。《三国演义》说刘琮投降后，曹操给他的新工作是青州刺史，但并不是真心给他职位，不久就派于禁把刘琮母子给杀了，手段非常毒辣。在正史上并不存在暗杀，刘琮并没有去上任，他想留在荆州发展。面对这个请求，曹操当然不同意了。刘表在荆州苦心经营多年，虽然死了，也不能把刘表的儿子留在这儿成为第二个刘表，刘琮不想去青州，那就改任谏议大夫好了。

接下来是主张降曹的荆州士人了。蒯越等十五人被封为列侯，得到重用，其中李立被表为荆州牧，曹操通过他实现了对荆州的控制。这个傀儡李立是涿州人，算起来是刘备的老乡。除了这些人，还有一个人是曹操念念不忘的。

这个人现在正蹲在牢里吃牢饭，正是刘表的政治犯韩嵩。刘表在世的时候，曾经把他派到曹操那里和曹操谈条件讲和，曹操还给他升了官。韩嵩赚得盆满钵满地回来，刘表不满意了，于是直接把韩嵩扔到牢里面壁思过。韩嵩在牢里待得郁闷不已，不知道未来在哪里。现在事情有了转机，曹操接手了荆州，他立刻被释放了。但是韩嵩出狱的时候身体极差，没能来上班，直接病倒了。曹操还亲自跑到韩嵩家里，把大鸿胪的印章交给他，对他致以亲切的慰问。

东汉末年，大鸿胪是“三公九卿”之一，是九个内阁部长之一，主管诸侯、少数民族事务。曹操初来乍到，对荆州的风土人情不是很熟悉，他找韩嵩还有一个目的，就是请韩嵩给自己推荐几个人才，但凡是韩嵩看好的人通通录用。正是基于这种思想，曹操在荆州没有因为刘备而大开杀戒。刘备不算是荆州人，主管的也不是荆州事务，逃命的时候也只是从襄阳路过。荆州不能搞血雨腥风那一套。曹操命令，“荆州吏民，与之更始”。就是说给大家重新开始的机会，大家要好好把握。据说这个政策颁布后效果非常显著，荆州很多名人官员积极行动了起来。毕竟刘琮已经废了，再跟他混也没意思了，这个政策实际上让很多观望的人吃下了定心丸。当然，也有两个人特别不吃这一套。

梁鹄与文聘

曹操拿下荆州后，风尘未洗，就去见老朋友蔡瑁了。蔡瑁打小就和曹操是铁哥们儿。现在曹操发达了，在老友面前自然不想摆架子。到了蔡瑁家，曹操自顾自地走进大门，自顾自地往前走。身边有人提醒他再往前走就是人家的内室了。

内室是主人家隐私的地方。作为客人直接到人家卧室去恐怕不太好，可曹操继续自顾自地往前走，一直走到蔡瑁的内室，把蔡瑁吓了一跳。蔡瑁还没来得及上前迎接，曹操就喊："德珪，快让你老婆孩子出来见我。"这两人的亲密程度可想而知。既然曹操这么开心，蔡瑁自然也不拘谨了。双方亲热地叙旧后，蔡瑁问："丞相这么急着来见我，该是有什么特别的事吧？"曹操哈哈大笑："还是德珪了解我，我们去见那个人。还记得少年时在洛阳，我和你一同去求见梁鹄，但梁鹄不待见我们，这回我听说他已在荆州居住好多年了，我倒是想看看他现在的态度。"

这真是风水轮流转。曹操少年时在洛阳太学求学，太学相当于现在的首都大学，大学毕业以后，曹操希望能出来做官，渴望的职位是洛阳县县令。这可是全国最重要的县，品级高于其他地方。他去求见选部尚书（负责官员任职）梁鹄和河南尹司马防，梁鹄冷笑说："什么人都想留在京城，请问你字写得怎么样？"梁鹄当时很受汉灵帝器重，担任选部尚书，为政水平不高，但是字写得非常好，尤其擅长隶书。正所谓一技傍身，走遍天下都不怕，光书法这一条就够梁鹄吃一辈子了。

梁鹄，字孟皇，从小喜欢练书法，而且很用功。梁鹄想拜师宜官为师。师宜官的章草八分书写得非常好，但他的字不会随便送人，甚至不随便给人看。每次写好字了，研磨以后觉得到位了，就用小刀把字给刮掉，把写字的板子扔到火炉里烧。这样，别人想偷师也偷不到。梁鹄想拜他为师又无从入手，后来听说师宜官特别喜欢喝酒，于是经常带好酒去找他，只等师宜官喝醉了，偷偷看他的书法作品。有一次，梁鹄趁师宜官喝醉酒的时候偷学他的字，偏偏这次师宜官喝得不够多，很快就醒了。他抬头一看，梁鹄好像正在学习书法，于是悄悄走过去看。结果他发现，这梁鹄写的字和自己写的已经难分真假了。师宜官忍不住说："这种精神头我都佩服，以后你一定可以超越我的。"于是师宜官把梁鹄收为弟子，把写字的技法教授给梁鹄了。后来，梁鹄在此基础上创立了自己的书法风格。

东汉末年，天下大乱，民不聊生，但还是有一些好东西留给了后世，比如说东汉末年中国书法史出现了一个难能可贵的高潮，除了草圣张芝、亚圣张昶、飞白书创造者蔡邕，以及蔡邕的弟子钟繇，还有梁鹄，他的八分书达到了极高的水平，是八分书的典型代表。

八分书是隶书的一种，把字写得蚕头燕尾，左右对称，感觉上就像八字分得那么清楚一样。汉灵帝正是因为喜欢梁鹄的书法，才一路提拔他，让他做了选部尚书。

曹操碰到梁鹄，可就不是好事了。曹操心里很不爽，又找了太尉张温，希望能得到他的举荐。张温的夫人是襄阳豪族蔡讽的妹妹，蔡讽的儿子是蔡瑁。张温让蔡瑁带着曹操去梁大人那里走一趟。梁鹄见蔡瑁带着曹操来了，直接把他们拒之门外。后来还是司马防磨不开面子，让曹操当了洛阳北部尉，也就是洛阳北部公安分局的局长。

因为这段往事，蔡瑁认为，曹操这趟肯定是为了出当年的那口恶气。可没想到，曹操找到梁鹄连句重话都没说，就把他升为洛阳令了！当年你不让我做洛阳令，今天我就让你尝尝做洛阳令的滋味如何。梁鹄哭笑不得。或许曹操一开始确实有点酸梁鹄的意思，但后来曹操还是很尊重梁鹄的，他让梁鹄当了假司马（司马的副职）。这不是说曹操有多么欣赏梁鹄的行政才能，实际上他有私心的，他想靠这个得到梁鹄的书法作品。曹操确实喜欢梁鹄的字，走着看，坐着看，还把梁鹄的字挂在帷帐里躺着看，看得忘了睡觉，似乎这趟举兵远征不是为了江山，只是为了梁鹄的字。这一点史料中有明确记载："孟皇功尽笔势，字入帐中，太祖（曹操）忘寝，观之丧目。"

说完了梁鹄，来说另一个不爽曹操的人。这个人叫文聘，字仲业，南阳人。刘表麾下唯一可以称得上是名将的就是文聘。刘表去世前后，文聘在外统军，后来刘琮要投降，也曾经派人和他打招呼，但文聘似乎对刘表很有感情，迟迟不动。他对刘琮的使者说："我无法保全荆州，只能等待定罪，不敢接受赏赐。"于是他成了当时少数不愿意投降曹操的人。一方面，他对旧主有感情；另一方面，他也想观察一下局势，毕竟自己在外统军，见形势不对带上人马就可以溜了，当个山大王也可以。

不久，局势明朗了，曹操秋风扫落叶般地顺利占领了荆州大部。不能再犹豫了，曹操南下渡过汉水时，文聘终于率领部下来见曹操。虽然是投降，但他搭上的显然已经是末班车了。曹操就问文聘："你为何如此来迟？"文聘说："从前我不能辅佐刘荆州，尊奉朝廷。刘荆州死后，我想着据守汉川以保全荆州疆域，活着不辜负孤弱的少主刘琮，死去无愧于故主刘表。但是我身不由己，为大势所趋，所以今天到了这个地步，实在是心中有愧，没有脸来早见明公。”说完文聘泪流不止。见此情景，曹操也感到哀伤，心里莫名感动。文聘说的是大实话，这世道敢于说真话的人难找。过了许久，曹操对文聘说：“仲业，卿真忠臣也。”感动之余，当然要大胆任用，曹操让文聘继续率领旧部追击刘备，后来还让文聘当了江夏太守，掌管边关。这个边关是指和东吴接壤的地方，这确实表现出曹操对文聘是相当信任的。事实上，文聘也非常感激曹操，为曹氏集团立了很多功劳，比如在荆州这个兵家要地挡住了孙权、关羽的多次进攻，为曹氏势力南部边境的稳固做出了不可磨灭的贡献。曹氏集团对文聘的赏赐也毫不手软。文聘曾被封为延寿亭侯、讨逆将军、长安乡侯、新野侯，去世后谥号“壮”。这是非常高的评价，而且他的灵位后来被摆到曹操庙里了，这可是无上的哀荣。

第四章

军师的价值

路在何方

曹操占领荆州后，受到影响最大的有三家：刘备，孙权，刘璋。其中最窝囊的不是刘备，刘备至少有抵抗到底的骨气，而益州牧刘璋是典型的软骨头。曹操刚占领荆州，刘璋就派使者前来致以亲切的问候和崇高的敬意，非常及时也非常懂事。既然刘璋会做人，曹操就送给刘璋一个震威将军的头衔。刘璋尝到甜头后更加懂事了，派手下别驾从事张肃遣兵运送大量军用物资，支援曹操的南征事业。刘璋同时还表示，如果需要用兵，他一定想办法满足。给了刘璋一个空的将军头衔，立刻换来了丰厚的回报，这笔买卖很划算，曹操立刻把张肃征聘为广汉太守。

刘璋很乖，刘备就很惨。关羽接到了刘备。血色斜阳照着渡口，照着血染的征衣，刘备狼狈地上了战船，远离了虎豹骑的追击，总算暂时安全了。英雄流浪，没有歌声，所有人都在沉默，江水荡荡，何处是归程？没人知道答案，甚至没人知道前路在何方。

手上有地盘才能生存下去，这就是群雄争霸的丛林规则。现在刘备的地盘只剩下脚下的战船了，而且数量还不多。好在诸葛亮事先把刘琦拉到了刘备这边，所以刘备在船上茫然地望着滚滚东去的江水出神的时候，刘琦带上队伍来接他了。双方会师后，一起向着刘琦的大本营夏口奔去。

这时，有人前来汇报，前面来了一艘船。这一路，虎豹骑的追击已经让刘备的士卒产生了心理阴影，一艘来历不明的船再次引起了恐慌。还好，这船是从长江下游来的，这意味着是东吴来的。问题是，如果东吴和曹操站在一起了怎么办？刘备握紧了拳头，咬着牙说："孙权非刘琮，谁劝他降曹，他会抽刀的。"

孙权和刘琮有区别吗？当然有。荆州是刘琮从父亲那里继承来的，根本没费什么心血，之所以能拱手送人，是因为不知道得来的艰辛。而孙权这几年在东吴努力经营，平定叛乱，打击黄祖，好不容易安定下来了，怎么会甘愿把地盘拱手让人？

东吴的船靠近了，走过来一个人，正是孙权的特使鲁肃。孙刘之所以能联合，得记鲁肃一功。刘表病死，曹操南下，鲁肃立刻意识到这是个机会，所以他未必是来接应刘备的。他是东吴最能认识到荆州重大作用的人之一，他第一次见孙权，就指出了荆州的重要性，坚决主张有机会要拿下荆州，没有机会创造机会也得拿下荆州。即便一时拿不下荆州，也不能让曹操得了去，鲁肃一直以来都是关注荆州的动态的。

刘表一死，他便对孙权说："主公，荆州地理位置的重要性不用多讲，现在刘表死了，他那两个儿子不成材，军队里的高层也分成了两派，矛盾早已不可调和。刘备是个人才，是曹操最坚定的反对者，虽然长期在荆州，但刘表对他也不信任，表面上很尊重，客气得很，实际上没重用过。刘表死了，如果刘备和刘表的两个儿子团结一致，我们就和他们和平相处，结成同盟，共同抗曹。如果刘备和他们不和谐，我们可以派部队过去让荆州变成我们的势力范围。我请求现在去荆州，名义上是吊丧，实际上是代表主公去慰问一下刘表的部属，做好他们的思想工作，让他们跟着我们一起抗曹。刘备肯定会接受我的建议的。若曹操拿下了荆州，这事儿就难办了。”

孙权立刻派遣他作为使者出使荆州。半道上坏消息不断传来，说北方的狼终于来了，曹操正向襄阳推进，看来东吴吞并荆州是没指望了。没过多久又传来坏消息，说刘琮已经投降，刘备被打得很惨，鲁肃感受到了阵阵寒意。计划赶不上变化，不要说“吃掉”荆州了，能把江东这一亩三分地保住都阿弥陀佛了。荆州早晚要成为曹操的大后方，江东是难以独立与曹操对抗的，当务之急是找朋友一起抵抗曹操。放眼望去，离江东最近的，而且还算有能力的，只有刘备了。

在鲁肃拼命向西狂奔的时候，刘备的队伍已经被打散了，也在拼命逃跑。得知这个消息后，鲁肃决定直接去找刘备，在当阳和刘备见了面。鲁肃并没有因为刘备狼狈就轻视他，坚持在万分紧急的时候向刘备转达了孙权的意思，并且问刘备下一步打算怎么办。刘备也没有直接说请他们救救自己，只是说前路还是有的，自己打算去苍梧，苍梧太守吴巨（一说吴臣）是自己的老朋友，自己准备到那里发展。

刘备能到吴巨那去吗？如果只是想生活得好一点，他早就服服帖帖地在曹操手底下混饭吃了，何苦到处乱跑、躲躲闪闪呢？而且苍梧是欠发达的落后地区。鲁肃明知刘备是在忽悠人，但并没有马上点破，而是提了个建议：“现在孙将军已经平定江东，占了六个郡的地盘，力量也算是雄厚，完全可以把事业做得更强更大。您派一个人去和我家孙将军联系，看能不能谈谈合作，这样下一步对大家都好。你现在想去投奔的吴巨并不成才，那地方又穷，估计过不了多久就会被曹操平定。”

刘备一听当然高兴了，这下自己有台阶下了，想法是他们提出的，自己当然高兴。而且鲁肃发现诸葛亮就站在一边，他的眼光很厉害，立刻明白在刘备势力中，诸葛亮说话是很有分量的，必须和他搞好关系。鲁肃比谁都清楚，现在只能和刘备联合，让刘备和刘琦的部队死守夏口，东吴方面才有机会和曹操对抗下去，拉住刘备就等于掐住了长江的喉咙。光靠刘琦是守不住夏口的。

鲁肃转而对诸葛亮说：“孔明先生，你哥哥诸葛瑾就在江东，我和他是好朋友。”诸葛瑾当年因为躲避战乱到江东去了，后来孙权的一个亲戚和诸葛瑾聊天时发现他是个人才，于是大力向孙权推荐，孙权就重用了他。至于为什么诸葛瑾不和诸葛亮一起跟叔叔到南阳耕田，而是独自到江东发展，历来有不同看法。有人说当时诸葛玄去当豫章太守时，诸葛瑾没有跟着去，而是跟着继母去江东了。另外一种说法是，诸葛瑾没有离开山东，直到山东乱成一锅粥的时候，他才跟继母跑到江南。不管怎么说，现在诸葛瑾已经是孙权的人了，而且是很给力的幕僚。三国时期最出名的人物是诸葛亮，最复杂的家族也是他这个家族。别的大家族基本上都为一个集团效力，诸葛家族却像天女散花一样，刘备、曹操、孙权三足鼎立，三家都有姓诸葛的人在出谋划策。比如诸葛亮在刘备这里当头号谋臣，诸葛瑾在东吴，后来他儿子诸葛恪也是东吴厉害的牛人，在曹家的诸葛诞职务也不低。

现在诸葛亮职务不高，诸葛瑾已经是孙权的长史了，和张昭的级别差不多，所以鲁肃跟诸葛亮一说，两人的关系就开始亲切。诸葛亮老早就提出，东吴势力对于刘备来说“只可为援而不可图也”，计划和孙权搞联盟。所以鲁肃即便不提诸葛瑾，他也会想方设法与鲁肃搭上关系。一番交谈下来，诸葛亮和鲁肃就成了好朋友。

舌战孙权

鲁肃不想绕圈子，直接向狼狈不堪的刘备转达了孙权要联合抗曹的意图，并且劝说刘备和孙权联合。从当时情形下看，江东这样一个大集团向刘备这种破产集团提出联合请求简直是天上掉馅饼的好事。刘备还装什么，应该直接拍板答应。

见诸葛亮和鲁肃也成了好友，刘备放心了，看来鲁肃的品质必然不差。他也相信在现在这种局势下，鲁肃说的都是真心话，加上诸葛亮的担保，这件事看起来能成，况且自己现在连吃住的地方都没有，根本没退路，光脚的不怕穿鞋的。于是刘备在鲁肃的建议下转移到长江南岸的樊口。但是曹操行动速度太快，九月就占领了江陵，把曹仁留下来守着，自己则亲率大军东下，高调宣布要把东面势力搞定。东面势力有可能是刘备，也有可能是孙权，最大的可能是两个人他都不放过。曹操的胃口已经很大了，吃掉这两人算啥？他要做的是统一华夏。这个野心在后来曹操写给孙权的恐吓信中可以看得很清楚。

对于曹操的这种高调，没有人怀疑，也没有人觉得他在吹牛。刘备和孙权已经自动对号入座了。曹操对于刘备来说是实实在在的威胁，对于孙权来说是潜在的威胁，不管是哪种威胁，他们都不能再等下去了。刘备和孙权必须要做点事情，不过曹操动手更快。

建安十三年（208）十一月，曹操准备率军沿江东下，一劳永逸解决江东问题。步子迈得太大，是容易掉到坑里去的。曹操这次南征本来并没有想着“吃掉”江东，毕竟江东地盘这么大，孙家势力也不好惹，打了荆州再去打江东，会把自己搞得疲惫不堪。所以南征计划书里第一个目的是夺取荆州。但谁也没想到几乎没用一兵一卒就取得了千里沃土荆州。粮草人马、策略计划，居然半点没用上，这对于喜欢打硬仗、善于打恶仗的曹操来说，实在太不过瘾了，反正来都来了，顺手东下，打下东吴有何不可？

曹操手下聪明人很多，并不是每个都那么骄傲自大。谋士贾诩特别冷静，他认为目前应该安抚百姓，坐稳荆州，然后步步为营，相机而动，反正北面和西面都是曹操的势力，东面的孙权还有路可走吗？一步一步推过去就可以。贾诩这个建议颇有点像袁绍打曹操的时候田丰的建议。有实力，但也得谨慎处置，千万不能把一手好牌打烂。可惜此时的曹操和当年的袁绍没什么区别。正因人性是如此相似，所以历史才如此相似。当一个人获得了空前的成功时，什么善用人言、多听劝谏都是浮云，他脑子里只剩下胜利。

曹操没有听从贾诩的建议，而是领着从北方带来的军队及荆州新降的军队从江陵沿江东下，意图直指孙权。这一过程中，势必要经过江夏刘备的防区。之所以要沿江东下，也是想在消灭孙权的过程中，顺手把刘备给消灭了。

曹操顺江东下的消息很快传到刘备那里，刘备彻底慌了。虽然鲁肃说过孙权要和自己联合，可说是一套，做又是另外一套。到现在这个节骨眼儿上了，孙权只是带着军队驻扎于柴桑（今江西九江），没有要出兵援助自己的意思。关键时刻诸葛亮的作用就体现出来了，他比谁都清楚，以刘备现在的力量肯定不是曹操的对手。他对刘备说："现在形势紧急，我们除了向孙权求援外，没有其他方法了。"诸葛亮这是在毛遂自荐，刘备当然高兴了，同意让诸葛亮作为全权代表去见孙权。只有形成稳固的孙刘联盟，才有可能击败曹操，这是目前唯一的出路。

诸葛亮的江东之行可以算是孙刘联盟中最关键的一步。诸葛亮要做的是凭一张嘴说服孙权，让他出兵帮助刘备抵御曹操。诸葛亮和鲁肃在柴桑见到了孙权，这是诸葛亮投靠刘备以来，第一次正式在外交场合上亮相。在《三国演义》中有一个经典的桥段叫诸葛亮舌战群儒，那一段诸葛亮出足了风头，一张嘴就把江东智囊团给灭了。正史上并没那么夸张，不过，诸葛亮确实是用激将法将孙权说服了，促使他迅速出兵，这本身就是一场十分精彩的舌战。

诸葛亮确实厉害，眼光也毒。他一见到孙权就明白了，孙权现在内心很矛盾，面对曹操大军的逼迫，到底是投降还是抵抗到底？曹操得了荆州，实力强大，孙权内心是受到强烈震撼的。一方面，如果不投降，曹操的枪口早晚要对准他，摊牌是迟早的事儿。而另一方面，江东兵精粮足，这块基业是两代人开创的，如果就这样向曹操俯首称臣，孙权实在是心不甘情不愿。所以一直在观望、等待、犹豫。

诸葛亮明白，如果直接请求孙权与刘备合作，孙权恐怕会认为诸葛亮是想拉他下水，不会有多大热情，只能用另一种方法刺激他。于是诸葛亮对孙权说："现在天下大势乱成一锅粥了，这场大乱的主角只有三个，那就是曹操、孙将军和我家主公刘将军。现在将军起兵于江东，我家主公聚众于汉南，与曹操共同争夺天下。而曹操已消灭了北方强敌，又率军南下荆州，威震四海。在曹军面前，恐怕英雄也无用武之地。故此，我家主公让我来这里，希望孙将军可以量力安排，若是将军觉得可以和曹操抗衡，那就趁早与曹操断绝关系。假如您觉得实力不能与曹操一战，那就向刘琮学习，早一些卸掉武装，向曹操投降。现在将军表面上服从朝廷，内心却举棋不定，犹豫不决。危急关头，不能果断处理，恐怕江东即将大祸临头。”

孙权听到这话，显然不服气，于是说：“为何你家主公刘豫州不去投降曹操？”碰到这种情况，一般说客的态度可能就软下来了。可是诸葛亮等的就是这句话。一看孙权激动起来了，诸葛亮说：“田横的故事想必孙将军也知道。田横何许人也，不过是齐地的壮士，依然能够坚守节义，最后坚定不移绝不投降。何况我家主公是皇室后裔，堂堂大汉皇族的后代，又有干大事的水平和英雄气概，举世无双，如果最后大事不成，那也是天意，怎么可能去做投降的勾当，居于曹操之下？”别人可能投降，唯独刘备不能。这话太有水平了，这番话表面上是在夸主公刘备，实际上是在拐弯抹角地打孙权的脸。

孙权是一方霸主，能听不出这话里的奚落吗？心里的火顿时就烧起来了，羞怒齐发：“刘备不能投降，难道我就能投降？自古以来投降都是丢人现眼的事，我会去做吗？”于是孙权发着狠，对诸葛亮说：“孤岂能受制于人？绝不会将江东之地十万精兵拱手相送受曹操的控制。孤主意已定，现在除了刘备外，再也没有人可以与曹操抗衡了。”这就算明确表态同意联刘抗曹了。不过孙权还是有顾虑的，他接着又问诸葛亮：“刘豫州现在长坂新败，溃不成军，又怎能继续与曹操交战？”诸葛亮对此早有准备，这简直就是按照他准备的答案在答题，他说：“我军虽在长坂大败，但陆续归来的将士和关羽的水军加起来上有一万多人。刘琦公子集结的士卒也不下万人。曹操远道而来，自然十分疲惫，正所谓强弩之末，势不能穿鲁缟也，且北方人不善水战，荆州人民面降心不服，只是在威逼之下被迫归附。若此时将军派遣一员猛将与我家主公齐心合力，必定可以打败曹操。到时候曹操退回北方，天下可形成鼎足三分之势。”诸葛亮和孙权的这次对话，有恐吓、有忽悠、有激励、有激将，可谓完美至极，堪称大师级作品，不能不让人拍案叫绝，如此口才，孙权也只能深表敬佩了。史书记载，诸葛亮说完后，孙权大喜。孙刘联盟经鲁肃提出，诸葛亮巩固，到孙权拍板决定，大体方针已经确定。

抗曹第一功臣

孙权下定决心联刘抗曹，不过事情进展得没那么顺利，尤其是这等大事，更不能一蹴而就。联刘抗曹的计划仅仅是集团老总答应了，手下各个部门的意见还没有完全统一。所以孙权在答应诸葛亮迅速出兵的同时，也召集部属商量如何抗曹。正好这时，曹操写来的一封恐吓信摆在了孙权的办公桌上。

曹操比谁都清楚，要是孙权和刘备联合起来，会给自己造成很大的麻烦。虽然现在自己的实力很强，但曹氏集团只是在北方称雄，到了南方就缩水了。北方士兵看到滚滚长江，站在岸边就有晕船的感觉，要是真到水里，恐怕不用别人打，自己就先晕了。以曹操的精明，他认为只有先和孙权来个握手言和，把刘备堵死，全面拿下荆州，以后的事情才好办。一旦孙权犯糊涂逼死了刘备，以后即便后悔了，也找不到帮手。孙权对于曹操来说确实非常重要，所以曹操写来这封恐吓信，内容很少，只有两句话，字里行间器宇不凡，大有金戈铁马、气吞万里的气象：“近者奉辞伐罪，旌麾南指，刘琮束手。”今治水军八十万众方与将军会猎于吴。意思是近来奉皇帝命令到处打仗，兵锋所指是打到哪儿赢到哪儿。前几天，刘琮已经认清形势，坚定信心向我投降了，想必将军您也知道了。第一句算是比较客气的，不过第二句却让孙权大汗淋漓、如坐针毡。

我要带八十万人到东吴的地面上串串门，顺便和孙将军一起打个猎。说得轻松，实质上是在吓唬孙权。潜台词是他已拿下荆州了，虽然没有马上对东吴动手，但自己的八十万人可不是吃干饭的。我都告诉你了，也算是对你关怀备至了。

单从这封信来看，可以知道曹操是把孙权看成了弱势的一方，让孙权自己选择是要站着死还是躺着生。孙权让参加会议的部属研究讨论，发表一下看法。他万万没想到，部属们看完这封信后，原本一场商讨如何抗击曹操的会议发生了180度大逆转，战不战的问题变成了降不降的问题。

孙权受到打击，其他部属还能怎样？大家一看这封信，脸色都白了，对方有八十万部队，我们手底下只有区区数万人。这仗还打得了吗？张昭首先发言：“曹操，豺狼也。动辄挟天子以令诸侯，拿着天子的名义去欺压别人，他为人如何我等不必多做解释。现在他实力强悍，又打着皇帝的招牌，想打哪里就打哪里。谁要是不听他的话就成了和皇帝对着干，和朝廷对着干，会陷入不忠不义、被动挨打的局面，这是名不正言不顺。况且我们可以抵挡曹贼的仅仅是长江天险，但现在这天险还在吗？曹操已拿下荆州，刘表之前的水军全部被他收编。刘表水军基地还有艨艟战船，那可是全天下最大的水军设备，现在归了曹贼，他只需从长江上游放船下来，与步兵联合，水陆并进，我等就失去了长江天险的地理优势。况且曹操有八十万众，我等实在是寡不敌众，所以，依在下愚见，不如放弃抵抗，遣使迎接曹操，向朝廷投降，那也是一种生存策略。”张昭说了这么多，其实根本意思就是与其鸡蛋碰石头，不如趁早低头，苟且偷生，投降算了。

张昭说完，立刻得到了众人的一致推崇。眼瞅着抗曹会变成了降曹会，孙权欲哭无泪。虽然大家喊降曹的口号越来越激烈，与孙权本意差了十万八千里，但他依然十分淡定，脸上没有露出一丝不高兴的意思。善于察言观色的人，一时间也猜不出老大的意思。整个会场孙权没有听到一句关于抗曹的话，纵然比较淡定，到最后脸上也有点难看了。

在后人看来，好好的地盘不要，偏要去降曹操，哪有一枪不打就放弃尊严的道理？这些人实在是没骨气，是吃里爬外的软蛋，但我们读的是史书，并不能体会当时的情境。在当时的大环境中，也许主张降曹的人并没有觉得有什么不对。曹操已经平定了北方，鲸吞了荆州的大部，实力雄厚，而孙权所在的江东当年还没有完全开发。

仅从地盘面积上来说，曹操的地盘面积不算很大，孙、刘也不算很小。为什么孙、刘要联合起来打一家？因为曹操占据的中原地区是整个中国最发达的地方，不仅人口多，经济也繁荣。而孙、刘的地盘人口少，属于经济欠发达地区。

张昭他们劝说孙权投降也不一定是贪生怕死，而是根据实际情况得出的可行性方案。从他们的角度来讲，尽管也有私心，但是主要还是为了保全东吴基业。事情的关键不在张昭，也不在保守的中老年文官身上，恰恰在孙权本身。孙权听了这些话，心里烦躁，对文官吵吵闹闹的声音厌烦透顶，于是苦着脸起身走出会场。让孙权感到欣慰的是，鲁肃也跟了出来。鲁肃是有话要说，刚才开会的时候，他全程一言不发，在心底里他是个坚定的主战派。可是在会议现场，似乎只有他一个主战，其他人都主降。

孙权是驭人有术的，看鲁肃跟出来了，便猜到鲁肃有话要说，只不过刚才的环境没法直接说。孙权大喜，一把拉过他，握着他的手说："子敬，可是有话想说？"鲁肃回答："刚才我观众人议论，其实他们只是想贻误将军，不足以商量大事。像他们这样的人是可以投降曹操的，但将军您绝对不可以。"孙权有点诧异，这个观点听上去挺有意思，于是就反问为什么。鲁肃说："如果我降了曹操，曹操会把我交给乡亲父老去评议，以确定给我什么样的名位。纵然不济，我可以从基层做起，将来运气好了，努力工作，还可以步步升官，最后做州郡一级的长官估计也没什么难度。反正在孙将军这里，我们是打工的，到曹操那里我们还是打工的，降和不降没什么两样。将军您如果降了曹操，您可以做什么？到哪里安身？或许曹操一时大喜，给您封个列侯，可这有什么意义吗？他们口口声声是为将军您着想，为江东人民着想，其实私下是为自己着想。希望将军务必清醒，不要听他们的话。"

看到鲁肃如此明事理，孙权长叹："此诸人之意甚失孤望，今卿阔开大计，正与孤同。"意思是：这些人的意思让我很失望，还是你想得长远，正与我意见相同。他又对鲁肃大加赞赏说："子敬真是上天派来辅佐我的。"于是坚决抗曹。

孙刘联盟的第一功不能记在诸葛亮身上，也不能记在周瑜身上，应该记在鲁肃身上。如果没有他的努力和坚持，曹操恐怕真的要到东吴打猎了。不过猎物不是野鸡、野鹿，而是孙权。

《三国志》称鲁肃为“鉴独断之明，出众人之表，时奇才也”，可惜鲁肃四十六岁就死了，去世的时候都没能看到儿子出生，而他坚持的孙刘联盟后来也土崩瓦解了。

舌战群儒

基于文武分家的原则，鲁肃向孙权建议，把江东第一军事专家周瑜找来，让他谈谈看法，听听他的意见。鲁肃其实也是有自己的打算的，毕竟靠他一张嘴撑不了多久，万一那些文官七嘴八舌地把孙权说服了，那就不好办了。

周瑜还在鄱阳视察地方工作。孙权命人快马加鞭把周瑜请回来。周瑜其实也是个主战派，他当然知道曹操已经威风八面地来了，东吴已经到了最危险的时刻。周瑜心思缜密，聪明绝顶，听说孙权找自己问策，就提前对敌我形势做了准确的分析，所以他是带着自信回来的。不过他回来后才发现，张昭等投降派的言论俨然已经成了主流。在周瑜来看，在场官员的耳目已经被投降论彻底渲染了，他们早就丧失了和曹操交战的信心。周瑜知道，虽然曹操势大，自己与其交战也没有万全的把握，但是在会上必须摆出必胜的样子。因为自己是江东武将的代表，如果自己都泄气了，别人还有什么信心与曹操交战呢？周瑜此时要做的已经不是讨论是否与曹操交战的问题了，而是要在与曹操交战前，把这些人内心的怯战情绪彻底消除。

他侃侃而谈，针对投降派的观点一一予以反驳，从军事和政治上分别进行阐述。他首先明确指出，曹操托名汉相，实为汉贼，只是挟天子以令诸侯，与曹操交战并不等于对抗朝廷。张昭等人投降的主要原因是反抗朝廷于道义上说不过去。这么一说，这个理由就站不住脚了。周瑜胸有成竹地对孙权说：“将军您英明神武，又凭借父兄基业雄踞江东，据地千里，精兵足够，豪杰们也乐于效命。如此优厚的条件，当横行天下，替朝廷清除贼人才是，何况这次是曹操主动来领死，怎可屈膝投降？请允许我为您分析一下当前的敌我形势。曹操现在貌似很强大，但实际上北方尚未全面稳定。马超、韩遂还在凉州，是曹操身后的一个巨大隐患。况且曹操舍粮用稗，舍弃鞍马，乘坐战船，实属不智。曹操的陆军确实很强大，在地面上跟他打，咱可能吃不消，可是他现在从岸上跳到南方来，与我们这些天天泡在水里的人打水战，那就是自寻死路。现在已经是冬天了，要粮没粮，要草没草，数十万大军天天放在岸边，口粮都是问题。况且他的士兵从北方跑到我们南方来，从干旱地区进入江湖地带，必定水土不服，易发生疫病。这样的兵，即便再多，又何惧之有？正所谓天时、地利、人和，曹操一样都不占，他不失败谁失败？请将军务必抓住破曹良机！在下请求率精兵数万，进驻夏口，必可为将军击破曹贼！”

一番话说得有理有据，层次分明，把孙权说得热血沸腾。孙权一直是个主战派，虽然身为领导的他没有对部下明说，但通过他答应诸葛亮联合抗曹的事就可以看出来他是决心抗曹的。如果他意志不坚定，或者胆小怯懦，估计早被张昭等人的气势胁迫，考虑投降了。所以遇到任何难事，只要坚定，咬咬牙也就过去了。世上永远有两种不同的声音跟着你，你能做的就是不畏惧，不要为流言所伤，一心一意去完成心中的向往之事。

周瑜的一番话鼓舞了孙权，也鼓舞了在主降声音中被淹没的、仍然苦苦支撑的主战派。孙权当即拔出佩刀，对着主降的张昭等人说：“老贼欲废汉自立久矣，徒忌二袁、吕布与孤耳。今数雄已灭，惟孤尚存，孤与老贼，势不两立。”一番激昂的话语并没有完全将孙权的心声吐露出来，激奋之余，孙权向前面的案几砍了过去，以宣示绝不降曹的决心与毅力。

孙权觉得还不过瘾，当场放了一句狠话：“你们谁再跟我说投降这两个字视同此案。”《三国演义》里说，诸葛亮舌战群儒，凭借三寸不烂之舌，说得东吴文臣频频点头无一反驳，实际上诸葛亮当时没有参加东吴集团的前敌委员会议，他只是个客人。如果一定要说舌战群儒，真正舌战群儒的是周瑜，而且效果相当不错。

大家看孙权拔刀砍了案几，神态非常坚定，都认为孙权这是要坚定不移地抗战到底了，孙权确实已经下定决心要与曹操决一雌雄。这是个艰难的决定，我们并不知道他内心有过怎样的挣扎，但是为了东吴基业，他豁出去了，有时候一个人的决心能改变很多事情。孙权之所以适合当领导，是因为他有博大的胸怀、良好的心态和超强的应变能力。分析一下史料就可以知道，他其实早就想好要迎战曹操了，但必须装出听别人的意见后再做决定的样子，集思广益，民主集中，这就是领导的艺术。

虽说如此，周瑜还是放心不下。他知道孙权有决心，但信心很脆弱。毕竟自己白天在会上说的话虽然清晰在理，但依然有盲目乐观的成分。如果没点干货，孙权还是会放心不下。周瑜决定当天晚上去求见孙权，说一说自己的具体作战计划。

孙权一看周瑜来了很高兴，周瑜也不绕弯子，直接对他说：“将军，大家看到曹操信中说有八十万部队害怕了，但大家有没有想过这个数字的水分有多大？其实曹操从北方带过来的部队不过十五六万，这些人长期征战，已经十分疲惫。最近他新收编了刘琮的七八万人，他们刚刚被收编，情绪还没稳定，与曹操的部队互相之间都存有疑虑。带着一群又困又累外加情绪不稳定的军队，人数再多，战斗力又能有多强？将军只需给我五万精兵，我就可以将曹军制服，希望将军您不要再有疑虑了。”

按照周瑜的说法，此时曹操的总兵力不过二十几万，和八十多万相差太远了。这个问题一直是赤壁之战研究的热点，各方争论不休。有的说当时曹操只有五千人，有的说有一万八千人，还有的说三十万人，也有说四十万人的，当然赞同八十万人的也不少。

个人认为周瑜说得比较靠谱。周瑜是当时东吴最高军事统帅，手下当然有高效的情报系统，对曹操这种超级强敌的举动即便不是了如指掌，至少也是心中有数的，否则后来赤壁之战怎么会那么顺利呢？最重要的是，这次谈话是周瑜与孙权的私聊，没必要吹牛，更没有必要故意隐瞒对方的兵力。因为孙权已经不需要说服了，现在是具体讨论问题的时候，肯定要实事求是地预估敌我双方实力。所谓知己知彼，既不能缩小也不能夸大，这样才能正确做出决策，毕竟给多少兵是由孙权决定的。

听到周瑜如此透彻的分析，孙权很高兴，忍不住上前抚着他的后背说：“公瑾，你所说的正合孤意，张昭、秦松他们只顾自己的私心，让我非常失望，只有你和鲁子敬想法与我相同，一定是上天派你们来辅佐我的。”

可是对于周瑜所要求的五万精兵，孙权却一时集结不了，只能为周瑜打气了：“五万精兵一时难以凑齐，我已经为你挑了三万士卒，你与程普、鲁肃先出发，我在后方调集粮草辎重，帮你打败曹操。你认为可以击败曹贼就当机立断，就算打不过也不要紧，退到我这里来，我再与曹贼决一死战。”这么体贴的好领导，周瑜还有什么可说的，唯有尽心竭力，运用自己的智慧，排除万难，彻底击败曹操。

心态迥异

孙刘联军其实也没有通常所说的五万人，一般认为周瑜手上兵力有三万人，加上刘备手中的两万人，就是五万人。但这太抬举刘备了，周瑜和刘琦一起拿出四万人没问题，可是刘备手中的一万精兵多少就有点吹牛的意思了。当阳一败，刘备输得太惨了，势力基本被曹操消灭。后来刘备取了益州，鲁肃和关羽争夺荆州的时候，曾经提到一句：“你家主公长坂坡一战后，豫州之众，不当一校，计穷虑极，志势摧弱。”关羽无话可说。当时汉朝的军制一校等于八百人左右，相当于现在军队里一个团的人数。这说明当时刘备手下确实没剩多少人了，撑死不过数千人，对外号称有一万精兵，那是忽悠孙权，为了让他同意结盟。就像你出去借钱，如果说已经饿了三天都没吃饭，请借给我点钱让我吃饱肚子，估计肯借给你钱的人没几个。但你说自己做生意周转困难，急用钱，你要肯借给我，也会大大受益，估计借你钱的人就多了。诸葛亮和孙权谈判也是如此。

《三国演义》里却是另一种说法，小说描述的是诸葛亮事前认为孙权信心不足，所以叫周瑜半夜去骚扰孙权，果然看到孙权不知所措，于是彻底打消了孙权的顾虑，帮孙权树立信心，稳定了他的情绪。其实这和诸葛亮毫无关系，诸葛亮只见过孙权一面，还没和周瑜见过面。发现孙权情绪不稳定的是周瑜。

罗贯中还创作了大量故事把诸葛亮神化了，把周瑜塑造成心胸狭隘的小人。这不符合情理，诸葛亮来东吴是为了商量协同作战，联手抗曹，怎么可能天天和周瑜进行智力竞赛呢？这两个人能团结起来吗？

孙权发布军令，任命周瑜、程普为左右都督，鲁肃为赞军校尉，率军三万前往樊口，与在此等待的刘备军会合。当此大任，周瑜当然磨刀霍霍，积极备战操练水军，万事俱备，只等曹操来战，一场举世震惊的大战已经缓缓拉开序幕。周瑜深知肩上担子的重量，他所承受的巨大压力岂是常人可比？上有领导，下有部属，内有家人，外有大敌，自己内部还有投降派。甚至连副手程普也因为资格老，好几次明里暗里欺负他。但在这样的情况下，周瑜不容有失。

曹操这时的自信程度已经达到了巅峰。他认为，刘备是手下败将不值一提，孙权最好能和刘琮一样识时务乖乖投降，否则孙权的下场就和当年的袁尚、袁谭兄弟一样，会很惨、很难看。但是没过多久，曹操听说刘备派了诸葛亮去孙权那里。曹操的幕僚们都揣测，孙权必定会趁机“吃掉”刘备。而程昱头脑很清醒，他连连摇头说：“孙策死后，孙权掌权时间不长，尚未为海内所忌惮。今曹公无敌于天下，兵不血刃取得了荆州，江东受到震慑。孙权虽有谋，但不能独挡曹公的攻势。刘备是当世英雄，享誉天下，关羽、张飞皆有万夫不当之勇，所以依在下愚见，孙权不但不会杀刘备，还会把刘备引为帮手，共同抵御我军东进。对阵局势形成后，刘备已得到实际的资助，孙权更不能杀掉刘备了。”

一片闹哄哄的得意之声中，有这样清醒的头脑和透彻的观察力确实非常难得。可现在不仅仅是曹操的部将，连曹操本人都已经习惯了大军频繁获取的胜利。一路势如破竹的好局面，他们怎么会相信孙权和刘备结成联盟呢？所以大家对程昱的话根本就没放在心上。况且退一万步来说，即便孙权真的不杀刘备，和刘备结盟了，曹操也没什么可怕的，虽说曹操写的战书里说自己有八十万人是吓唬人的，但正如周瑜分析的，二十多万肯定是有的，孙刘联盟兵力不过五万人，这还是乐观的估计。五万人对二十多万人有可能取胜吗？

曹操征战半生，袁术、吕布、袁绍等豪强纷纷败于他手下，整个北方都是他的地盘，内心难免有孤独求败的感觉。荆州不战而降，更让曹操对自己的能力产生了极大的自信，他觉得这趟南征有点空虚，连个像样的对手都没碰上。刘表连病带吓的死了，刘琮认亲似的投降了，刘备一打就跑。孙权还年轻，而诸葛亮和周瑜他也不放在眼里。面对这样的对手，曹操根本不用考虑如何取胜，他现在想的是打下东吴以后该如何管理。

刘备自然也认为东吴这帮年轻人打不过曹操，他硬着头皮搭上江东的战船，因为实在是无路可退了。刘备从一开始就没打算把全部军队指挥权交给周瑜，而是暗地隐藏了一些人交给关羽、张飞带着。既然是联手抗曹，那就应该拿出足够的诚意，刘备雪藏了手下最能打的两员大将和相当多的兵力是何用意呢？这就是刘备留的后手。如果东吴战败了，刘备就可以带上两个好兄弟继续跑。如果东吴赢了，刘备打算留下来和东吴争夺荆州，这地方做自己的根据地实在是太合适了。

孙刘联盟共同的敌人确实是曹操，但是孙权和刘备之间也暗流涌动，看不见的硝烟一直在燃烧着。此时待在樊口的刘备丝毫没有周瑜那般雄姿勃发，在别人的地盘上，等着别人拉自己一把，去抗击更强大的敌人，刘备心里七上八下的，精神高度紧张，天天盼着诸葛亮回来。他很担心，万一孙权不和自己联合，那曹操杀过来时，自己只有死路一条了。

为了表达自己的迫切心情，他每天派巡逻兵站在寒冷的江边向东方眺望，让他们高度关注孙权的人来了没有，如果来了，不管什么时候，都要第一时间告诉自己。盼星星，盼月亮，望穿秋水，周瑜的船队终于出现了，那些被初冬寒风吹得鼻涕直流的哨兵赶紧一溜烟骑着马过去报告了。刘备还疑神疑鬼，生怕有诈，连连追问，直到得到满意的答复，才放下心来，派人向周瑜表示慰问。

可是周瑜好像对刘备不太感冒，对来慰问的人淡淡地说："我军务在身，不得擅离职守，很多事不能让别人代理。如果刘豫州能够亲自来见面，那是最好不过，我是非常高兴的。"刘备一听，心里堵得慌，如今这副模样，跟归降孙权有啥区别？但是心里不爽又有什么办法？刘备对关羽、张飞说："周公瑾这么说，我若是不去，就显得没诚意了。"要表达诚意，那只能委屈自己了。刘备既不带侍卫，也不装清高，划了条小船就去见周瑜了。见到周瑜，刘备还是很兴奋的，连连称赞周瑜抗击曹操是非常睿智和英明的决定，然后他问了自己最关心的问题："都督带来多少军队？"周瑜也不绕圈子，直接就答了三万。刘备一听，心都凉了。看着刘备的样子，周瑜就知道，刘备已经是惊弓之鸟了，于是连声安慰刘备。举重若轻，运筹帷幄，周瑜的自信和自在都写在脸上，重压之下能有如此表现，真不愧是一代儒将。

曹军部署

刘备感受到了周瑜身上的那份自信，也不再继续和周瑜纠缠兵力问题了，他又提了一个小小的要求："子敬可有前来，我想见他一见。"

周瑜不太想跟他拉关系，于是冷冷地说："各有各的任务，子敬也走不开。您要是想和他见面，可以找个时间再去拜访。"得到这么一个让人郁闷的回复，刘备既羞愧又惊喜，羞愧的是自己太唐突了，即使要见鲁肃，也没必要和周瑜说，这还有收买人心的嫌疑。惊喜的是，通过这件事儿，他总算相信周瑜不是乱来的人，只能红着脸站在一边了。周瑜确实有一套，看来三万人打败曹操还真的是有希望的。

那么，刘备自己的部队难道就在旁边看热闹？刘备还真有这样的想法，毕竟做事要有最好的计划，做最坏的打算。谁知道周瑜到底是不是曹操的对手，所以他的心态是，打得赢就打，打不赢继续跑。

周瑜当然很清楚这个状况，在他的行军计划中，根本就没考虑过刘备，所以他才会说“豫州但观瑜破之”，意思是说让刘备就看着自己怎么打败曹操，而不是说两人怎么分工。

刘琦那里不是还有一万多人在夏口嘛，刘备能不能去指挥？肯定不行。刘琦还没死，凭什么把军队拱手让给刘备？合作是不假，可毕竟还没沦落到要把所有家当都拱手送人的地步。这么说，这两人的关系并不怎么铁，为何赤壁之战后刘备马上上表举荐刘琦为荆州刺史？那是因为刘备有求于刘琦。刘琦是刘表的嫡长子，用他的旗号去平定长沙、桂阳、武陵、零陵就叫师出有名，名正言顺。刘琦不是名士，不是才子，如果手上连兵都没有了，那还有什么利用价值？早就被刘备忘到九霄云外了。

所以赤壁之战，从某种意义上来说，没刘备什么事，他只是在历史舞台上露了一下脸。还不如刘琦的戏份多，至少刘琦还带了一万多人守在夏口，策应周瑜，随时准备狙击曹操。

在刘备积极向东吴势力靠拢的同时，曹操并没对刘备给予足够的重视，仍然在江陵安抚人心。在他心目中，刘备已经被淘汰了，不过是路边逃命的小蚂蚁，没必要大费周章乘胜追击。荆州不战而降，不费吹灰之力就达到了战略目的。曹操现在想得更多的是占据夏口，摆平刘琦，然后伺机而动。在曹操的心目中，最好的结果是孙权提着刘备的脑袋来向自己俯首称臣。虽然曹操未必有马上吞并江东的想法，但战事进展之顺利已经让他飘飘然了。他觉得自己天下无敌。

程昱曾经为他提出了良性的建议，但对这一点曹操想得不多，他还在期盼公孙康送袁尚人头的一幕再次上演。可惜他等来的是周瑜装备精良的东吴水军，以及刘备绝处逢生的不幸消息。既然这样，那就必须有所行动了。曹操在江陵待了两个月，安顿好投降的民众后出发了。

建安十三年（208）十月，曹操下令进攻夏口。谋士贾诩劝阻，曹操不听，命令曹仁、夏侯渊留守江陵，兵分两路，夹击夏口：一路陆军走汉水，分为于禁、张辽、张郃、朱灵、李典、路招、冯楷共七军；一路水军走长江，由他亲自率领，顺江东下，自长江主干道直扑江夏。曹操带领的是主力和荆州投降部队，具体人数史书没有明确记载。根据推断，估计不会超过十万人。

曹操顺长江坐船而下，一般一艘船也就装一两百人，艨艟战船也只能容纳四五百人。简单计算一下，一万部队就需要五十到一百艘船，所以总人数不可能特别多，否则战船就把长江堆满了。

曹操最后投入赤壁之战的兵力主要就是亲自率领的这支水军，以步兵为主的陆军基本没怎么用。汉魏时期，长江与汉江交汇的江水称为夏水，入口处叫夏口。这里是连接荆、扬两州的重要军事枢纽，历来为兵家所重视。

司马懿向魏明帝曹叡献出攻灭东吴之策时曾说：“凡攻敌必扼其喉而舂其心，夏口东关贼之心喉，若为陆军以向皖城，引权东下，为水战军向夏口，乘其虚而击之，此神兵从天而坠，破之必矣。”

从江陵到夏口，可以走水路，也可以走陆路。在长江流域中，江陵到夏口这段长江并没有稳固的河道，而是以扇状分流的形式向东流淌。长江以南是正在形成的洞庭湖，长江以北是大小湖泊和沼泽连成一大片的云梦泽。长江到这里以后没有直接向东，而是先向南绕了个大圈再往东流。洪泽湖就在这个圈里，就像长江形成的一个网兜，兜住了一盆水。云梦泽河网密布，湖泊纵横，因司马相如《子虚赋》闻名于世。此处到处是沼泽和泥潭，寸步难行，交通相当不便，不适合大部队行进。也就是说，在正常情况下，穿过云梦泽直抵夏口是个匪夷所思的选择。如果走路过去，只能绕道。这样算起来，江陵到赤壁的路程足足有一千二百里。如果单靠走路得走多久？行船顺着长江往下漂，省时省力，一昼夜可以走二百里。曹操自然能想到这种最简单的方法，不会绕路。他怎么可能出动大批陆军绕着战场跑？所以即便曹操真带上了陆军部队，陆军也是坐着船去的。

一世精明的曹操终于犯糊涂了，走水路是快，但水战不是曹军擅长的。以自己的短板去对抗南方军队的长处，战争还没开始，取胜概率已经被无限降低了。当然对于曹操来说，也许他根本没打算在水上与东吴决战，他觉得孙权的部队一看到自己的战船，立刻会像刘琮那样乖乖投降。即便不投降，也会龟缩在城里不敢出来。曹操信心满满地率领大军浩浩荡荡前进，一路顺风顺水直扑江夏。但他万万没想到，行至赤壁的时候，周瑜出现了，带领着三万水军主动向他迎了上来，赫赫有名的赤壁之战就此正式打响。

第五章

谁借了东风

赤壁之战（一）

曹操到处吹嘘自己有八十万军队，原本是吓唬孙权的，但是说着说着连他自己也相信了。这场仗是遭遇战，曹操认定双方都没做好准备，只是意思一下在赤壁的江面碰撞了一回。尽管曹操根本就没有在赤壁与周瑜过招的想法，可是周瑜的战船冲上来了。

一开打曹操才发现不对劲儿，虽然他的军队占有绝对的人数优势，但是长江江面就这么宽，根本没办法像平原作战那样迂回和包抄，这就化解了他兵力上的优势，比的是实战的经验和士兵素质。

不习水战的曹军遭遇擅长水战的孙刘联军，一下子就处于劣势了。本来曹军人数多，前面的打没了，后面的接着上，耗下去看谁能笑到最后就可以了。可是老天也捉弄曹操，他手下很多将士都染上了瘟疫。曹军主力都来自北方，从七月出征，长途跋涉，身心疲惫，再加上水土不服，免疫力下降，一点小小的毛病就会迅速扩散。人越多，瘟疫传播得越快，所以曹军人数的优势反而成了劣势。

周瑜可不会给曹操任何面子。看曹军打不动了，劈头盖脸一通猛打。第一次和东吴过招，败得比曹操想象的快得多。曹操不得不退到北岸乌林（今湖北洪湖）一带。看曹操跑了，周瑜也没追，你到北岸去，我就留在南岸赤壁。这样，原本不对称的军力变成了对峙局面。

曹操号称用兵如神，怎么一开打就吃了闷亏？有三个原因。第一个原因是军中产生瘟疫，战斗力下降。第二个原因是条件所限。江面就这么宽，人再多也没用。第三个原因是曹操轻敌，料敌不周，自以为强大无比，缺乏思想上的准备，没能充分御敌。

当然曹操也不是蠢材，一开始就吃了败仗，军队又出现疫情，再加上天气慢慢变冷，后勤补给线拉得太长，他也不想贸然进军，打算等冬天和疫情过去了再来一场大战。这时候的曹操一点也不慌，因为经验告诉他，在绝对劣势的情况下都可以打败强敌袁绍，更不要说，他现在拥有强大的水陆两军，扫平江东只是时间问题。过程肯定很难，但曹操相信胜利终究会属于自己。周瑜逆流而上率先出击，敢以劣势兵力主动来攻，让曹操十分意外，现在曹操想弄清楚周瑜的状况后第二年开春再打，所以摆出的姿态是坚守不战，既不战也不撤，可是这一等，等出事了。

曹操选择防御无可厚非，毕竟战争是一场难以预料的赌博，防御虽然有点消极，实际作用却是强而有利的，攻则不足，守则有余，这道理曹操清楚得很。这时候已经是严冬，北风凛冽，曹军将士不习惯长时间待在船上。曹操是个贴心的好领导，非常关心下属，他很快找到了对策，下令用铁链把战船一艘一艘连起来。所有船都连成整体后，也就没那么摇晃了，船和船之间再铺上木板，不就等于在长江江面上制造了一片陆地吗？曹军士兵的体力很快恢复了，只是曹操万万没想到，这个连环计等于用铁链把自己套住了，他的水军战船变成了同一根绳上的蚂蚱。

赤壁之战在《三国演义》中是罗贯中精心设计的重头戏，庞统献连环计、黄盖苦肉计诈降、诸葛亮借东风等，都成为后世耳熟能详的经典桥段。在正史中，赤壁之战虽然在理论上意义众多，比如奠定了三分天下的基础等，但作战过程十分乏味，情节甚至有点无聊。比如曹操把战船连在一起不是庞统献的连环计，而是曹操自己的主意。只能说连战连胜下的曹操已经太骄傲了。而此时南岸的周瑜也没想出什么好办法进攻北岸，他也看出来了，曹操是铁了心要打持久战。问题是周瑜不能等，不能按照曹操的计划行事，两军决战最忌讳的就是被对方牵着鼻子走，而且对于东吴势力来说，这一仗拖不起，只能速战速决。

下一步该怎么办？之前周瑜分析北人不善水战，这是孙刘联军能够以弱胜强的主要原因。曹军人数虽然占绝对优势，但其主力是从北方来的，最大的问题是不服水土，战斗力直线下降。曹操麾下的猛将张辽、张郃等人都是步骑作战的好手，不一定擅长水战。可以说，曹军将领阶层基本没有真正懂得水战的人。《三国演义》里，罗贯中把刚投降的蔡瑁、张允说成了水军名将，还安排了一出蒋干游说周瑜的经典大戏，让曹操犯了疑心病，把蔡瑁、张允给杀了，这样安排避免了让蔡瑁、张允展示水战特长的机会。在正史中，蔡瑁官做得挺大的，命还挺长。

曹操在北方打了半辈子仗，无论是打袁术、吕布，还是打袁绍，其实都是陆军作战，他没有指挥过水军。周瑜麾下的三万精锐都是孙权精心挑选的水陆两栖部队，也许个人作战能力比不过曹军，但胜在习惯水战。周瑜麾下的程普、吕蒙等人都是水军名将。主帅质量、军队质量、将领质量，曹操都比不过，注定会输给孙刘联军。可惜当局者迷。

此时的战局表面平静，内里暗流涌动。这时，黄盖献了一条妙计。

黄盖，字公覆，零陵泉陵人，和程普、韩当一样，也是孙权手下为数不多跟着孙坚打天下的老将，可谓三代元勋。虽然资格很老，但从不摆谱，为人不错。他是南阳太守黄子廉的后裔。家族分离后，黄盖的爷爷迁居到零陵。从小黄盖就是个孤儿，家里穷，生活苦，尝遍了人间的酸甜苦辣，但是黄盖对生活依然充满信心，心怀大志，虽说身份贫贱，却从来不向命运低头，自力更生，砍柴为生。在砍柴之余，还会读读书，学学兵法，希望有朝一日能出人头地。正所谓功夫不负有心人，他终于等到了机会，被举孝廉，升任公府。孙坚起兵的时候，他跟着一起打山贼、打董卓，以功劳被授为别部司马。孙坚意外去世后，黄盖又追随孙策。孙策也意外身亡后，他就追随孙权了，始终不改其志，为了孙家四处征战，立下了汗马功劳。

黄盖做事还是很有手段的，但凡有山越闹事闹得厉害的地方，孙权立马就会让他去“救火”。有一次，石城县告急，黄盖一上任首先整顿吏治。他也不逞能，而是找了两个主管充分授权，让他们全权处理各项事务。说自己打仗出身，搞行政不拿手，当然他也不是放任不管，而是事先讲好了，要这两人各司其职。如果他们不作为，那就从严处理。两个主管一开始的确很卖力地严格要求自己，起早贪黑，勤勤恳恳，可没过多久就松懈了，当地各种违法乱纪、徇私舞弊的事就出现了。他们不但不管，还同流合污。他们以为黄盖平时连文书都不看，肯定好糊弄，可是他们想错了。黄盖虽然不管具体事，却了解这两人的一举一动。觉察出问题后，他也没打草惊蛇，而是暗中调访把他们违法乱纪的证据拿到手，再把全县官员请来吃饭喝酒，气氛十分愉快。正在兴头上，黄盖把这俩人偷鸡摸狗的事一件件摆在台面上，当众怒斥他们胡作非为。那两个人被吓住了，张口结舌，只能磕头请罪。黄盖下令将这两个人拖下去斩首。正所谓杀一儆百，这件事传遍了大街小巷，全县大小官吏再也不敢轻举妄动了。黄盖也由此树立了个人威信。

杀人立威，这是很多人都喜欢用的方式，曹操、孙权、诸葛亮都用过。这种方式是挺残酷，但效果很明显。后来黄盖转为春谷县县长，不久又升为浔阳县县令，先后调任了九个县，无论去哪儿都管理得井井有条，一向闹事的山越对黄盖也是心悦诚服的。

至于带兵就更不用说了，黄盖姿貌威严，办事很有效率。每次出战，他手下的士卒都争先恐后地立功。赤壁之战打响后，黄盖又有了大显身手的机会。

赤壁之战（二）

周瑜开了一个大会，请大家发表意见。其实现在除了曹操，周瑜要对付的还有来自内部的矛盾，比如老将程普。孙权任周瑜为左都督，程普为右都督，周瑜为正，程普为副。虽然周瑜对程普一直很谦恭，程普却不能接受自己被年轻人领导的现实。

程普听说让区区几万人去迎战曹操八十万大军的时候，十分激动地表示反对。他说《孙子兵法》记载“用兵之法，十则围之，五则攻之，倍则分之。敌则能战之，少则能逃之，不若则能避之”，现在江东部队恰恰是“少”和“不若”！奋起而战已经很冒险了，主动出击，不是嫌死得不够快吗？面对程普的质疑，周瑜说，一味防守是坐以待毙，主动出击还可以争取在擅长的水战中结束战斗。

史学家大都认为，曹操攻占荆州后，在江陵停留的时间过长，以至于让孙权和刘备有了从容的准备时间。曹操为什么停驻不前呢？其实他是在等机会，他要占领那里的土地，统治那里的人民，得考虑攻占江东后如何立足的问题，他必须等待后方大部队赶到才能发起总攻。参加赤壁之战的江陵兵团，在他的计划里并不是进攻主力。他的主力部队是由于禁、张辽、张郃等人率领的七路大军。在这支大军赶到之前，曹操只是吓唬江东，希望江东会被吓住，然后乖乖投降。

而周瑜的想法是在曹操主力赶来之前把赤壁北岸的曹操水军摧毁。如果没有水军配合，曹操想打下江东也是难上加难。程普还在质疑："都督，就算你说得对，我等该如何摧垮曹操水军？"听到这个问题，周瑜一笑，这时黄盖登场了。在《三国演义》里黄盖这次出场相当隆重，他先找周瑜商量如何搞定曹操，然后献上了著名的苦肉计。当着曹操卧底的面，周瑜把黄盖打了。曹操的潜伏人员第一时间把情报发了回去，成功让曹操中计，为黄盖下一步忽悠自信满满的曹丞相打下了坚实的基础。

但是历史上不是这样的。黄盖在赤壁前线摸索和研究了很长时间后发现了曹军的破绽。曹操把所有战船整齐地排在乌林沿岸，没有阵型，船与船之间还用链子锁上了。如果用火攻，匆忙之间，这些战船很难一下子散开，凭一把火就可以把曹军战船通通烧毁。

黄盖向周瑜汇报："都督，在下看曹操水军首尾相连，可烧而走也。"黄盖的计策说起来就是八个字：欲破曹营，须用火攻。这和《三国演义》中的情节不一样。

古代战船是用木头制成的，最怕的就是火。黄盖以对长江地形和环境的了解，想到了芦苇。长江中下游江岸上芦苇长势非常喜人。平日里长江两岸的芦苇郁郁葱葱，宽阔的芦苇荡就像一排排青纱帐，很是迷人。一到冬天，芦苇就枯黄了，一点就着。大片芦苇中不但是埋伏的好地方，更是放火的好地方。周瑜听完了黄盖的汇报，十分赞同。但问题是，曹操尽管不善水战，也不是傻子，怎么能容你将火船顺利行驶到他的大船附近？于是周瑜问：“该如何接近曹军放火呢？”而后大家又开始了痛苦的头脑风暴，还好把主意想出来了，就是诈降。

兵者，诡道也，该骗就得骗。怎么骗呢？黄盖给曹操送去了一份投降书，黄盖在信中说：“虽然孙权待我不薄，但江东乌合之众难以抵挡曹丞相百万之军，东吴上下都认为不可能战胜曹丞相。只有周瑜和鲁肃非要鸡蛋碰石头，与曹丞相的王者之师对抗，在下虽然年纪大了，但也不至于糊涂到陪他们送死，所以决定弃暗投明，希望曹丞相给个机会让我戴罪立功。双方激战之时，我会掉头杀回去，杀周瑜一个措手不及。”

黄盖资格老，年纪大，做事稳重，不容易露馅，而且因为资格老最有可能对年轻的周瑜产生不满，容易让曹操相信。同时黄盖个人能力也非常超群，能够完成这种技术性非常高的活儿。

一向多疑的曹操为什么这一次没有多疑呢？曹操看这封信写得入情入理，一开始心里还不太相信，专门把送信的人叫过来一番威逼利诱，仔仔细细地盘问，发现没什么破绽。另外曹操刚平定了北方，又收服了荆州，个人事业正处于急速上升期，已经不是当年那个谨慎周密、善于听取意见的曹操了，成功的喜悦让他变得格外自大，甚至狂妄。所以他信了。

他哪知道送信的人是个顶尖的演员，瞒过了他。曹操很高兴，让来人转达自己的美意，说只要黄盖来降，富贵荣华，取之不尽，用之不竭。

送信的人很快回去了，带回了这个好消息。周瑜大喜，立刻进行战斗准备，等约好的日子一到就冲过江面火烧贼船。

曹操那边依然是得意扬扬的，看一眼用铁链锁死的在江面上纹丝不动的船队，再品一品黄盖写的情真意切的投降信，他放松了，并没有严令主力部队急速驰援，毕竟荆州也需要安抚，这里压力又不太大。等黄盖过来了，一切都好办了。所以从十月到十一月，习惯了打闪电战的曹操居然按兵不动。八百多年后，苏轼在《赤壁赋》里写，曹操天天临江喝酒，横槊赋诗。当然史料中并没有提及这一点，但是曹操“对酒当歌，人生几何，何以解忧，唯有杜康”的豪情肯定是少不了的，他日日夜夜都在梦想着“周公吐哺，天下归心”。

赤壁之战（三）

“万事俱备，只欠东风。”很多人对这句话非常熟悉，《三国演义》中关于诸葛亮借东风的描写很精彩，说孔明缓步登坛，观瞻方位已定，焚香于炉，注水于盂，仰天暗祝。场面神乎其神，但这是小说家言，包括诸葛亮草船借箭的故事都是虚构的，草船借箭的故事发生在孙权身上。赤壁之战五年后，曹操又来进攻，孙权率军抵抗。孙权出来观看敌情，坐着大船明目张胆溜出来了。曹军不客气地集中火力一顿乱射，利箭就钉在孙权的船上了。虽然船上的人没伤亡，但是一侧因为扎了很多箭失去了平衡，眼瞅着就要翻，孙权急中生智下令调转船头，故意让曹军再射。曹军射到船两边的重量差不多了，孙权开开心心地走人了。

等待的日子中曹军士兵非常惬意，他们以为事情就这么轻松解决了，很快就可以回家了。而东吴将士却个个摩拳擦掌，只等主帅一声令下。周瑜在等，他在等风，确切来说是等东南风。正所谓，“君子引而不发，跃如也”。赤壁位于长江中下游，冬季盛行西北风，偏偏这一天西北风突然停了，夜里刮起东南风，周瑜决定乘机发动进攻。他对黄盖说：“赤壁在南，乌林在北，拉起帆来。我们的船就可以挟风势直冲曹操敌阵。”黄盖带上人带上船去烧北岸曹操的水军。

曹操的战船都用铁链锁住了，只要点燃一艘船，整个船队都难以幸免。只能说周瑜对江东的气候太熟悉了，对江面上的天气变化了如指掌。他很清楚这个季节会在几日暖阳天气后刮起南风。风向开始转变的时候，黄盖开始行动了，他调来几十艘艨艟战船，里面满满铺上了枯柴和干燥的底草，又浇上鱼油。这是为了防止在行船过程中，万一有水泼上来了，枯草湿了，烧不起来。然后在所有艨艟战船外面铺上了一层帷幕，在帷幕外面插上旗帜，远远看去，艨艟战船似乎是带上军用物资前来投降的。当然，虽然说敢死队抱着必死的决心，但也不等于不给自己留后路，所以艨艟战船后面都跟了一艘小快艇，用绳子紧紧绑牢，准备时刻脱离火船，分头进攻。

一切准备工作就绪以后，黄盖出发了，事先他已经把招降信递到曹操那里，想必这时曹操也望眼欲穿了。黄盖没有丝毫畏惧，勇敢地站在第一艘船的船头，把对死亡的恐惧抛在脑后。

历史就像一出大戏，最残酷的战争发生之前，气氛往往是祥和平静的，实际上却是暗流涌动。此时此刻，曹军将士们还是很惬意的。因为听领导们说，今天会有江东的降船过来。所以一大早很多看热闹的人跑到船上来了，准备见证这一伟大时刻。曹军和曹操一样满心喜悦，个个笑容满面地站在船上。船连在一起，真是稳当，虽说这几天刮大风，可是船纹丝不动，跟陆地上没区别。

抬眼望去，对岸的江面上果然陆续出现了几十个小黑点，小黑点越靠越近，仔细一瞧，是东吴的艨艟战船，和传说中的一样，应该是黄盖来投降了。说话间，黄盖的船已经过了江心，眼瞅着离曹军战船只有两里多距离了，这时东南风刮得更猛烈了，黄盖大喜，下令升起船帆，做好了冲刺的准备，并且手持火把命令手下将士齐齐大喊："曹军弟兄们，我们来投降！"曹军士兵都凑过来看热闹，想看看黄盖到底是什么风采。就在他们毫无防备的时候，黄盖回头下令点火。十多艘艨艟战船忽然同一时间着火了，火借风势，越烧越旺，火船也越冲越快了。当滚滚黑烟升起的时候，曹军士兵这才发现事情不妙。有将官喝令立刻砍断船锁。曹军士兵手忙脚乱地去拉绳索，想解开铁链子，可是所有船都挤在一块儿，想解链子，需要旁边的船配合才行，就算两艘船都解开铁链，这么多船挤在一块儿，怎么冲出去？很多曹军士兵慌了手脚，有胆小的转头就想跑，你挤我，我挤你，想挪动脚步都很难。

曹军士兵乱成一锅粥时，黄盖手下的敢死队员们却个个奋勇向前。前面就是曹操大本营，冲过去杀敌立功，烧毁敌船，从此扬名立万。黄盖的船是靠风吹过来的，顺流过江不可能直接撞上去，他们的船都是在走斜线。你以为他撞过来了，实际上他真正的目标却是下游的船，这让曹军士兵的判断出现了极大的失误。黄盖的艨艟战船发了疯似的改变了路线扎进了曹操的船队。史书上说："火烈风猛，船往如箭，烧尽北船。延及岸上营落。顷之，烟炎张天，人马烧溺死者甚众。"

不但曹操在水里的船被点着了，连设在岸上的营寨也未能幸免，驻地附近的芦苇很快也被点着了。火借风势迅速蔓延，顿时，水里岸上浓烟四起，火光冲天。很多曹军士兵想逃，可是连路也找不到，不是失足掉到水里，就是直接扎进火堆里了。曹操水平再高，也挡不住失败的步伐，江上岸上乱成了一锅粥。曹军努力想逃跑，东吴军敢死队则拼死攻击，他们知道这口气如果不维持下去，等曹军组织反击，悲惨的下场就会轮到自己头上了。于是东吴士兵一路向前冲杀。

黄盖也在冲锋，但他被流箭射中，猝不及防跌落水中。混乱之中，没人发现主将中箭。东吴士兵前赴后继地往前冲锋，看见水里漂起一个年纪很大的男人，样子狼狈得很，就捞了出来。东吴士兵知道自己部队里有个黄盖将军，但不是每个人都见过黄盖。况且大家都急着去杀敌立功，谁管那么多，还以为只是捞了敌方的人，所以把他捆扎结实了，扔在一边。

幸好黄盖是武将，身体素质过硬。虽然受伤很重，头脑还算清醒。后继部队冲过来的时候，他看见韩当正巧从面前跑了过去，于是拼尽全力大喊：“韩当救我！”韩当顺着声音一看，赶紧手忙脚乱地给黄盖松了绑。

赤壁之战（四）

黄盖的火船冲击得手，曹操水军一片大乱，救火保命尚且来不及，更别说组织有效的抵抗了。南岸的周瑜早已率领整装待命的敢死队在岸边等着，远远看见北岸起了大火，知道黄盖已经得手，赶紧擂响战鼓，大批船队火速出发，趁着风势向乱作一团的曹军扑了过去，紧咬着曹军往死里打。曹军哪里还是对手，只能败退。

曹操这一趟南征真是狼狈。虽然打败仗不是第一次，也曾经被火烧过，还被吕布打得当场坠马，手掌都被烧伤过，但也没这回惨，这次是坐在家里等着别人来烧，太丢面子了！曹操和手下一路奔逃到巴丘（今湖南岳阳），实在跑不动了。曹操知道周瑜是水战高手，在水上是斗不过他的，此战大势已去，无可挽回。不过曹操什么大风大浪没见过，关键时刻，他表现得比谁都淡定。人只要淡定下来，就有机会从容分析形势，找出对策。不能再走水路了，要走陆路。看着这些破船，曹操心里极其郁闷。与其送给周瑜，不如自己一把火烧了。于是曹操一声令下，残兵们开始和东吴士兵一样烧船。曹操对着熊熊烈火大声呼喝："若是郭奉孝在，我就不会如此。"原话记载在《三国志·魏书·郭嘉传》中："郭奉孝在，不使孤致此。"

如此惨败，身边居然没有一个人能事先能预料到。曹操捶胸顿足："哀哉奉孝，痛哉奉孝，惜哉奉孝。"败退的路上，曹操一声哀叹，几多悲凉。内外交困之下，曹操只能领着残兵败将慌不择路地走上了华容道，准备穿过云梦泽，抄小道向江陵撤退。华容道实际上只是一条烂泥路，是云梦泽中一条生死未卜的小径。危险还在前方等着曹操，因为他事前根本没想到自己会败退，所以对撤退的路线没有做过计划。因为不识路，曹操和败兵很快淹没在云梦泽中了。他们像无头苍蝇似的到处乱跑，这时，天降大雾，他们迷路了。祸不单行，他们到处乱闯的时候，刘备来趁火打劫了。

刘备没想到周瑜居然能想出火攻这样的妙计，而且在十几年后，刘备同样也中招了，东吴的一把大火在夷陵把他的大军烧得屁滚尿流。这时他看着曹操兵败如山倒，于是指挥手下为数不多的部队冲上去围着曹军暴打。刘备在后面追，曹操在前面跑，说来也奇怪，这个时候是冬天，应该是干旱季节，偏偏华容道上泥泞不堪，再加上又降雾，又刮大风，行进更加困难。曹军一步一步陷入了绝境。

曹操下令老弱残兵、非战斗人员去砍芦苇，背过来填在路上。但凡是过不去的地方，就撒芦苇。可是情况这么紧急，事态这么慌乱，骑兵见到有路拍马就走，铺草的人还没让开，骑兵就冲了过去！老弱残兵的身体素质本来就差，高头大马冲过来，他们躲闪不及，于是很多人被马匹踩踏撞倒，这些人一旦摔倒，连爬起来的机会都没有了。就这样，一批又一批士兵被撞倒，陷进沼泽里，活活淹死了。曹操看着这些昔日跟随自己的部下一个一个陷入沼泽，他流泪了，他的心在滴血。这些熟悉或不熟悉的面孔，毕竟是与自己同甘共苦、南征北战、鞍前马后的人。但那个时候，曹操无力思考这么多了，他只有一个想法，那就是突围。冲出这片大雾，冲出这阵大风，冲出这块该死的沼泽地，冲出死亡随时到来的恐惧。他的敌人不是背后的刘备，而是面前的云梦泽。

曹操终于冲出来了，走出了死亡沼泽后，他虽然心有余悸，但还是不由得一阵欣喜。活着真是好，他手下将领都很奇怪，死了这么多人，主公居然嘴角带笑。曹操看出来了，于是强作笑颜地说："刘备是我的对手，可惜慢了半拍，要是躲在这里放上一把火，咱可就真的被烧成灰了。"这个主意曹操想到了，刘备也想到了。曹操走过去后，刘备才想起可以放火烧芦苇，可是这时候曹操已经跑了，烧也白烧了。

曹操时时刻刻都保持着枭雄风度，虽然这次败得这么惨，败得这么难看，但他依然还能笑，看起来十分乐观，不会被挫折击倒。乐观的心态比什么都重要，只要坦然面对困难，你就能所向无敌。在《三国演义》里，曹操不止笑了一次，他笑了三次，而且每次都大笑不已。不过让他郁闷的是，每次都是刚笑完就能把张飞、赵云、关羽给引出来。最惊险的一次莫过于遇到关羽，关羽完全可以置他于死地，可是曹操一再求情，关羽心软就放了他，曹操这才得以保住了命。而关羽也因此赢得了知恩图报义士的美名。

但事实上，曹操没有遇到张飞、赵云、关羽，他们要么跟着刘备在后面追，要么留在夏口防范曹操的北路大军，根本没机会看到曹操的狼狈相。所以历史上并没有关羽在华容道放曹操的事儿。

曹操之所以能够逃跑，完全是因为他确实有水平，也因为孙刘联军力量太薄弱，仗着一把火把曹操打跑了，却没有力量把曹操一锤砸死。

赤壁之战中，最倒霉的毫无疑问是之前形象无比高大的曹丞相。得意者当然是之前被人看不上眼的刘备和孙权了。尤其是刘备，他经过这一仗咸鱼翻身，从此正式走上了向上发展的轨道，进入了人生的黄金时期。

大战背后

官渡之战，曹操认为自己能取胜就是奇迹，硬着头皮赌了一把，结果赢了。赤壁之战，曹操认为自己取胜是手到擒来的事，就等着孙权来投降，结果却输了。对这个结果，曹操是不服气的，他甚至认为黄盖放火并不是造成他失败的原因，后来他写信给孙权说，赤壁之战赶上曹军疾病蔓延，自己烧了船退兵，却让周瑜虚获此名。

这场仗到底是谁打赢了曹操？很多人说是风，史书中说的南风，在诗歌和小说中被称为东风。唐代诗人杜牧有诗曰："东风不与周郎便，铜雀春深锁二乔。"如果没有风，周瑜靠什么来打败曹军？如果说风是大功臣太牵强的话，至少应该给黄盖得记上一功。

在赤壁之战中，黄盖毫无疑问应该获得最佳配角奖。但按照《三国演义》里的说法，假如黄盖不愿意挨打，周瑜甚至孙权都不能强迫他去诈降，一旦强迫他去，这戏就演砸了。似乎在赤壁之战中，周瑜所做的事情只是打了黄盖，给了黄盖一堆火种，让他趁着风势放了一把火。

赤壁之战的最佳男主角周瑜依靠的真的只是幸运吗？虽然看上去样样都是偶然出现的，但对于周瑜来说，这不是偶然，而是必然，只是表现形式不一样。他早就算好了每一步，胜券在握，成竹在胸，才敢于对孙权说“将军擒获曹操就在今日”，对刘备说“您只管站在一边看我如何破曹即可”。经验告诉周瑜，曹军南下水土不服，瘟疫迟早会发生。在本地生活的常识告诉周瑜，冬天里南风确实不多见，但也有几天会刮。周瑜所做的事情就是找到合适的人——黄盖，利用合适的方式——诈降，把合适的时间、合适的空间优化组合。

高手出招向来举重若轻，周瑜就是这样的高手。周瑜得意了，曹操的损失就大了，手下的士卒死伤大半。有人说，曹操这一趟把家底都输光了，一把火烧掉了他几十万人。其实曹操的主力没在赤壁，损失的只是水军，陆军压根没到，最有力的反驳来自于《三国志·武帝纪》：“（建安）十四年春三月，军至谯，作轻舟，治水军。秋七月，自涡入淮，出肥水，军合肥。”意思是说，曹操在短短几个月之后又纠集了大批人马、浮舟万艘，浩浩荡荡地去驰援被孙权围困的合肥城。如果真把家底打空了，这些军队又是从哪儿来的？连年战乱，曹操统辖地区总共也不过三百多万人口，真正能打仗的青壮年能有多少？而且这些年曹操南征北战的，战损绝对不小，剩下的士兵能有多少？能打仗的人总数都不多，死的自然也就没那么多了。

尽管曹操并没有伤筋动骨，但不能不承认这是他人生中败得最惨的一次，这个巨大的羞辱将伴随他的余生，这次失手，打乱了曹操统一全国的计划，使他至死都未能实现这个理想。

赤壁之战前，曹操打算先占领荆州，然后看具体情况，再决定是养精蓄锐，还是一举干掉孙权。原本他只是想见机行事，没打算一开始就灭掉东吴。对这个问题，其实后世学者也存在很大的争议，因为介绍赤壁之战的时候，总有人说曹操打算将孙权和刘备一起收拾了，占据江东。

其实曹操不是想一举吞并东吴，只是想消灭刘表，继而灭掉刘备，占据荆州，为一统天下打下基础。孙权不是他的终极目标，因为曹操还没有做好充分准备。史料从来没说曹操要征孙权，最多就是曹操南击刘表，有“公自江陵征备”这样的字句为证。古人记事虽然简略，但是重大事件是一定会记的，不管写史的人立场是怎样的，史料没有记载，就是曹操根本没做。

曹操大军出发前，也没有看到曹操传檄声讨孙权。在古代，战略性决战开始之前，一定要四处传播檄文，在天下人面前痛骂对方如何无耻，并说出讨伐的理由和必要性，否则就是师出无名。官渡之战前，袁绍就让陈琳写了一篇天下闻名的檄文。而赤壁之战如果在事先的计划里已经被列为像官渡之战那样的决战，曹操怎么可能不写檄文呢？可惜史书记载，曹操只写了一张便条给孙权，便条中还称他为将军。真要讨伐别人，会那么客气吗？

曹操和孙权并没有翻脸。毕竟江东不是曹操迫切需要解决的问题，以曹操的性格，解决问题要有计划、分步骤。曹操办事一贯是一步一个脚印，步步为营，不会贸然行动。曹操是个军事家，在战略上非常谨慎周到，在战术上才是放肆和大胆的，这才是曹操真正的风格。为什么拿下荆州后，曹操在长江边上敢于对酒当歌，意气风发？因为在他的心目中，此时和征乌桓凯旋是一样的心情。他觉得事情已经解决，计划已经完成，目的已经达到了。只要孙权投降，全天下不就几乎都是他的了？

如果曹操非要打败孙权，他也很清楚光靠陆军不行。陆军扑过去，人家从水路走了，如果要在陆上和孙权对峙，人家从水路迂回包抄，还能打吗？要打孙权，强大的水军是必不可少的。曹操在玄武池练的水军规模能大到哪里去？而且仅练了半年的时间就南下出兵了。可见即便曹操再张狂，当时的目标也仅是荆州。西晋灭吴时，司马炎拥有五十万陆军都不敢轻举妄动，光水军就练了七年才敢动手。由此可见，东吴水军该是多么强悍。

如果曹操一开始就计划打败孙权，孙权应该能感觉得到，自然不会在一开始的时候在柴桑观望成败，像局外人看大戏一样凑热闹。当时孙权的想法无非是趁乱抢占荆州，只不过万万没想到曹丞相来得太快，下手太猛，眨眼工夫荆州就没了。后来赤壁之战爆发，是孙权主动出击，他派出周瑜，想打曹操一个措手不及。

曹操在赤壁大战前并没有想马上统一全国，他只是没想到局势发展得这么迅速，孙权和刘备会联手来对付他。更令他没想到的是，周瑜居然这么厉害。曹操败退回江陵，知道此地不可久留，便让曹仁、徐晃一同守着，自己引军北还。这场不在事先计划内的赤壁大战就此结束了。

第六章

大势初定

偷袭夷陵

败走江陵的曹操引军北还，他也有另外的考量，自己在赤壁战败的消息传回北方，北方那些不服他的人很快就会暗流涌动，万一起动乱就完蛋了。正所谓，千里之堤溃于蚁穴，千万不能让这种事情发生。曹操很快率领主力部队回到了许都，为了提防孙刘联军的追击，还特意留下了曹仁、徐晃镇守江陵，满宠镇守当阳，乐进镇守襄阳。从荆州往北，曹操留下了三道防线，希望能够挡住孙刘联军向北进攻。对于孙刘联军来说，打了这么大的胜仗，不趁机抢点胜利果实是说不过去。虽然周瑜、程普率领的东吴部队，加上刘备带领的部队，暂时没有攻打曹操主力的能力，但和曹仁叫板的本事还是有的。

赤壁大战后一个月，周瑜和程普率领数万兵马北上，争夺曹仁驻守的南郡。东吴大军和曹仁隔着长江开始对垒。在南郡之战开始前，我们要介绍一下此时曹军和东吴军的兵力。虽然赤壁之战曹军新败，但损失的大部分是水军，曹军还有在荆州各地留守的部队，以及陆续归来的散兵。留在荆州的部队有十万左右。而周瑜方面，当初手头只有三万精兵，刘备手底下是一万多人，两军不过四万多。从人数上孙刘联军不占优势，而且曹军后勤保障非常完善。

荆州是个大粮仓，养十万兵绝对不是问题，而且曹操布下的三条防线中，作战指挥官如曹仁、徐晃、乐进，都是曹操的心腹，是一等一的猛将。在将军方面，周瑜带来的是吕蒙、甘宁、凌统之类，也都不简单。周瑜的士兵素质可能比不上曹军，但胜在熟悉地形，大部分士兵都是本地人，这里的每一寸山、每一条河，都是他们的家乡故土。可以说，南郡之战旗鼓相当，实力比较匹配。没有哪一方特别弱。

南郡之战开打之前，甘宁觉得这样隔岸相望实在不刺激，他发现曹军在部署上有一个弱点——把主力部队放在正面了，对侧面一个战略要地夷陵（今湖北宜昌）没有足够的重视，这里的曹军守备部队十分薄弱。夷陵离江陵有一定距离，不属于正面战场。但是如果这里被攻下了，曹仁的侧翼就失去了掩护。只要多跑几百里，就有机会迂回到曹军背后和周瑜来个夹攻。

于是甘宁向周瑜献计，毛遂自荐要带一部分军队前往夷陵，在曹军没有防备的情况下一举拿下夷陵。周瑜当然高兴，立刻分一部分人马给甘宁，让他去偷袭夷陵。正如甘宁所料，曹军在曹操败退以后，部署的军队有些杂，各县各郡都有自己的守军，短期内缺乏统一指挥。虽说人数多，但相互之间联通非常差。这就给甘宁的成功偷袭创造了十分优越的条件。

甘宁来的时候，夷陵守将做梦都没想到，一点防备都没有。于是甘宁基本没费什么力气就顺利攻克了城池，占据了夷陵，并且遵守周瑜的军令进入夷陵开始布防。

夷陵与当时益州刘璋的势力接壤。甘宁攻下夷陵之后，刘璋的部下袭肃觉得自己的新老板刘璋成不了气候，既然东吴势力近在咫尺，就过去投降了。

周瑜非常高兴，立刻派人向孙权汇报，把袭肃的部队放到吕蒙部下，扩大吕蒙的实力。这对于一个降将来说已经是厚待了，可是吕蒙不同意，他不是嫌弃袭肃，相反，他觉得以袭肃的人品和水平可以独当一面。现在袭肃来投奔，应该给他更高规格的待遇，不是让他来填充自己的人，削弱他的兵力，应该让他的部队得到扩充。孙权很高兴，他再次感叹，吕蒙真的不是当初的吴下阿蒙了，心胸和眼光已经达到统帅级别。

毫无疑问，甘宁拿下夷陵的消息对于曹仁来说是个晴天霹雳，他万万没想到东吴会绕到自己的侧翼。他和曹操的想法是一样的，总觉得周瑜太年轻了，能力一般，在赤壁是意外赢了，碰巧刮了东南风，不然他也不能取胜。尽管打了败仗，曹仁的态度依然高高在上，他是犯糊涂了，用糊涂的眼睛看待当前的局势，又觉得甘宁带了一小部分军队就打下了夷陵，现在自己手上实力很强，完全可以冲过去一举拿下甘宁，把夷陵夺回来。至于周瑜会不会趁机发动进攻，曹仁觉得周瑜没有这个胆量。于是，曹仁急吼吼地带上主力部队去围攻甘宁了。

甘宁是很厉害，但是碰上曹仁气势汹汹地带着主力部队打过来，甘宁很快就扛不住了，赶紧派人向周瑜求援。

包围江陵

甘宁城防部署兵马少，但是他军事素质高，即便处于绝对劣势，仍然可以据城坚守，等待周瑜援军的到来。他不知道，在周瑜的大营里，大家为要不要救他的问题争论不休。某些人的意见是目前己方兵马甚少，攻打江陵已经有很大困难。如果再救援甘宁，那曹仁的守军出城反攻该如何处置？不如让甘宁自生自灭，夷陵能守住最好，守不住就算了。可是吕蒙不这么认为。他的意见是尽管己军兵少，但夷陵一定不能丢。他说："我们可以留下凌统在这里打江陵，率领大部队去救甘宁。曹仁是想不到咱们会打到那里去的。肯定准备不充分，我们只需要十天时间就可以解决问题，而且我敢保证凌统能守住十天。"

双方都是有理有据，就看主帅拍板了。周瑜非常尊敬副手程普，所以也征询了他的意见。经过反复权衡利弊，最终决定采纳吕蒙的建议。

周瑜立刻亲自调集人马与吕蒙一起出兵西进救援被围的甘宁。周瑜和吕蒙的军事素质与曹仁相比，可谓各有所长。问题是曹军没想到周瑜会来，他们围着甘宁，眼瞅着甘宁一天比一天弱，眼里全是胜利的喜悦，感觉上胜利近在眼前。

没想到，周瑜大军已近在眼前，曹军被内外夹攻，而且城内城外都是东吴军事素质最高、最能打的将领。曹军哪里撑得住，很快就吃了个大败仗，周瑜大军来回一趟加上击败曹军的时间，总共没超过十天。这场战斗中，东吴军还缴获了三百匹战马，这个胜利可以说是南郡大战开始之前的一道开胃菜。对于曹仁来说，他的信心又被沉重地打击了一次，丢了信心，恐怕比丢了三百匹战马更要命。

周瑜率领部队回到江陵驻地，迅速渡江，展开了对江陵的进攻。在渡江过程中，为了避免被曹军"半渡而击之"，周瑜率先派遣几千精兵在渡河后迅速发动了对江陵的进攻，牵制曹军的主力，保证后军顺利渡江。周瑜每一步都做得相当漂亮，处处使曹仁陷于被动。

风雨飘摇的江陵很快变成了一座孤城。曹仁非常艰难地迎来了建安十四年（209），也迎来了周瑜的数万精兵。

为什么曹操不来救曹仁？因为曹操自己也有心无力。如果说江陵战线是西部战线，与此同时东部战线也开始吃紧了。建安十三年（208）十二月，孙权开始围攻合肥。曹操没想到，孙权势力原本看上去弱不禁风的，却突然发飙了，现在居然能分东西两线同时向北进攻。这是曹操南下荆州之前万万没想到的。

曹操的主要精力放在了合肥。西线有三道防线，曹仁、徐晃、于禁、满宠都是十足的硬汉，撑个一年半载没问题。正如曹操所料，曹仁放下轻视之心，认真对待战局的时候，能力就发挥出来了。他真的在江陵和周瑜僵持了一年之久。

《三国演义》里对这一段的描写也非常精彩。说曹军守将曹仁黔驴技穷，有一回周瑜中了箭伤，曹仁就派出了部将牛金连续三天叫骂，把周瑜给骂出来了。两军对阵，曹仁亲自出列，当着数以万计双方士兵的面，带头破口大骂。周瑜一听也冲动了，完全不顾形象上前对骂。曹仁在骂阵中占了上风，周瑜急火攻心，忽然口中喷血坠于马下。东吴兵把周瑜救回去了，接着开始有人向曹仁投降，说周瑜死了。曹仁大喜，乐呵呵地中计了，兴冲冲去劫营，结果中了埋伏，仓皇逃窜，最后丢了江陵。

《三国演义》里这么写明显是贬曹，把曹仁的智商写得不太高。事实上，曹仁在江陵反包围战中，表现得比周瑜出彩。

正所谓，“夫战，勇气也”，曹军新败，士气低落，如今人家区区几千人就敢欺负上门了，如果曹军还不来一次漂亮的胜利，接下来的仗怎么打，士气还要不要了？曹仁决定先发制人，趁敌人立足未稳，挫败敌人锐气，这样可以鼓舞士气，震慑孙刘联军。

曹仁在军中召集了三百人组成敢死队，交给部将牛金统领冲出城池，挑战周瑜的先遣部队。在《三国演义》里骂人的牛金，在历史上是真正的勇士。不过，曹仁此时手下真是兵微将寡，以三百人挑战对方数千人，但也表现出曹仁和将士们的勇气和信心。

而东吴军一看城门开了，有支队伍气势汹汹地冲出来，开始还吓了一跳，定睛一看对方不过区区数百人，他们虽然没有敢死队的士气，但在人数上占有绝对优势。于是，东吴军稍稍迟疑了一下，立刻挥师上前，把几百人包围在中间了。

面对人数占绝对优势的敌人，牛金冲得非常猛，但是毕竟人少，慢慢就支撑不住了，陷入重重包围中，不管如何奋力冲杀都无法顺利杀出来。眼看着士兵一个接一个倒下，牛金看了一眼江陵城，知道自己今天就要死在这里了，既然是要死，就不能死得窝窝囊囊的。

天人将军

与此同时，曹仁正站在江陵城上，居高临下地观察战斗，他身边站着征南长史陈矫。曹仁是征南将军，陈矫是他的第一号参谋。陈矫，字季弼，陈矫之前是跟着陈登的。

陈登当广陵太守的时候，帮助曹操镇守南疆，曾经被孙权围攻。那时陈登派到曹操那里求援的人正是陈矫。当时曹操对陈矫的印象非常好，想征辟他为自己的属下。但是陈矫说自己是跟着陈登的，不能说走就走，于是又回到陈登那里去了。可惜陈登在两年前（207）去世了。陈矫就离开了广陵，北上投了曹操。这次他随着大部队来到了南方，留在江陵和曹仁一起抵抗东吴。

陈矫和曹仁看到牛金被重重围住，陈矫毕竟不是曹仁那样冲锋陷阵的将军，心里难免有点慌，吓得面色难看。曹仁看到以后，勃然大怒，他脸上不但没有惊惧的样子，反而吹胡子瞪眼，相当生气。看着牛金被围得越来越死，曹仁对左右大喝："取马来！"部将们吓了一跳，他们深知曹仁的脾性，纷纷跑过来拽住曹仁，不让他下城墙。陈矫也劝说："将军，敌军强盛，不可抵挡，不如弃了这三百人吧。您犯不着以身犯险，亲自下城跑一趟。"曹仁平时的脾气就挺火爆的，自己决定的事情，多少头牛也拉不回来，听陈矫这么一说，更要面子了，谁劝都不听。于是曹仁带上几十名骑兵出城而去。陈矫在城墙上干着急，只能根据形势变化，调集城内部队，随时准备救援曹仁。

曹仁出了城，一直到护城河边才停下脚步，离敌人大概还有几百步。城墙上的陈矫算是松了一口气，以为曹仁就打算站在那里鼓舞士气，给牛金他们助威，鼓励他们杀出重围。可是接下来发生的事把他的心都给吓出来了。原来曹仁停下脚步，是在仔细考察东吴军阵势的弱点，考虑从哪个方向冲进去更容易把牛金救出来。

曹仁找到了东吴军的弱点，大吼一声便带着骑兵冲进去了。东吴军一看对方的主帅曹仁亲自来了，纷纷铆足力气，全军震动，人人摩拳擦掌，做好抢人头的准备工作。曹仁马不停蹄，直接冲到东吴军中，很快与被围的牛金的敢死队合在一起。曹仁不但不恐惧，反而带头上前砍人破阵。主帅来了，这比喊什么口号都强，牛金知道有生还机会了，率领部众纷纷跟着曹仁冲杀。

曹军一路攻杀，所向披靡，东吴军被杀退冲散。曹军越杀越起劲，包围圈被冲得越来越不像样。很快，曹仁和牛金奋勇杀回城下。曹仁回头看了一眼敌阵，发现牛金的敢死队大部分已经被带出了，但还有一些人因为受伤过重，无法跟随自己杀出来，又被人数占优势的周瑜军围了起来。眼看这些为自己效忠的勇士撑不住了，曹仁毫不犹豫地回头对牛金他们大声呼喝："随我回阵，一个兄弟都不能落下！"牛金等人一听主帅如此爱惜部下，也重新抡起了手中的武器回到敌阵，奋力砍杀。东吴军被震住了。

战场上，虽然是你死我活的争斗，但是士兵们敬佩的是悍不畏死的精神。尤其是牺牲自己的性命也要救出兄弟的气势，谁能挡得住？血战中最可怕的就是这种不要命的精神，曹军气势正旺，东吴军便有了退缩之意。曹军经过一番血战，把所有被围困在阵中的将士救了出来。曹仁缓缓收兵退入江陵城。曹仁这次的英勇之举，所有在城墙上的人都看得真真切切，曹军士兵们被他的勇气鼓舞，齐声大喊："曹将军真天人也。"

整座江陵城沸腾了。东吴军因为没能擒杀曹军主将扼腕叹息，但是也只能还军退去，等待周瑜率领主力汇合。曹仁陷阵救牛金的故事，让人回味叹服，回味的是曹仁的雄姿，叹服的是曹仁的神勇。"天人将军"的呼声是发自内心的，很快就传遍了曹营，大家津津乐道交口称赞天人将军神武非常，曹仁在曹军阵营中赢得粉丝无数。当时的英雄若星河璀璨，舍身救主的数不胜数，但是又有几人能舍生忘死，两入敌阵救自己的部下呢。

可以想象，曹仁虽然已经是首长级别的人物了，但骨子里依然流淌着江湖情义，手下的弟兄们怎能不拼了命追随？上下齐心，虽被困而气不馁，就是靠这种团队合作的力量，曹仁奇迹般地坚守了将近一年。

江陵之战

江陵是军事重镇，早年刘表就在这里囤积了大量军事物资，这些物资正好把赤壁新败的曹军武装起来。曹军跟东吴军比起来，简直是财大气粗，与东吴军消耗实力的同时，还可以得到后方曹军的军事补给。这样下去，周瑜是万万消耗不起的。

江东势力里军事能力排行第一的非周瑜莫属。曹操麾下名将无数，真正有资格和周瑜正面交锋的，除了曹操不过寥寥数人。而且经过赤壁之战，周瑜并没有得意忘形，在打江陵之前，他就已经对敌我形势做了很清醒的分析。面对曹仁的后援团，周瑜想做的是切断补给线。不过说起来容易，做起来难。曹操的军事布置是很有新意的。曹仁屯住的江陵和乐进驻扎的襄阳相隔不远，如果周瑜想派军队截断两地的联系，派出去的人不仅要深入敌后，还得经得住乐进等人的多重攻击。

乐进在曹营“五子良将”中排行第二，想赢他，不下一番苦功夫是不行的。况且曹仁后方除了乐进，还有当阳的满宠、江夏的文聘，这两个人也不是吃干饭的。多重夹击下，想完成截断曹仁粮道的任务恐怕不比打赤壁之战简单。虽然十分困难，但周瑜想要击败曹仁，占据南郡，就必须直接面对。

孙刘联军说是一个整体，其实就是两个军事集团的偶然结合，二者各为其主，人心各异，只是目的是不一样的。周瑜决定派关羽去完成切断补给线这个神圣而又艰难的任务。关羽这时候是很有名，实力相当强劲，但是如果说他一定能把乐进和文聘打败，那也未必。周瑜之所以选择关羽，更多考量的不是能力，而是政治因素。因为关羽是刘备的人，就算关羽失败了，也是刘备的损失。再加上关羽的军事才能确实非同一般，就算打不过乐进，凭他的本事和乐进、满宠耗上一段时间应该是没问题的。只要把乐进拖住了，周瑜这边打曹仁就简单得多了。综合来看，啃硬骨头这种工作非关羽莫属。

周瑜很有眼光，没看错，关羽确实是一员不可多得的猛将，他接到命令出发的时候，手下仅有几千人，无论是刘备还是周瑜都没能力拨给他更多的人马。关羽就领着几千人完成了直插敌后的军事部署，用游击战术在曹仁后方搞破坏，弄得乐进、满宠、文聘很无奈，只能分出兵马合攻关羽。

问题是关羽玩的是游击战，打完就跑，等他们走了，又来搞破坏，乐进他们支援江陵的线路几乎完全被关羽的游击队堵住了。乐进等人虽然多次出兵，曹仁也派出了徐晃来支援，但就是找不到关羽的主力部队，最后都空手而回。

看见南方这么狼狈，曹操专门让汝南郡守李通率领北方军队南下直取江陵一线。李通就是当年官渡之战时袁绍策反不成、死守着自己的地盘效忠曹操的人，是曹操的死忠心腹。李通这回带来的都是身经百战的精兵悍卒，而且是生力军，所以在进军江陵的过程中，虽然受到了关羽的多重侵扰，但凭借顽强的战斗力还是屡屡获胜。眼看大事可成，偏偏这时李通出事了，长途跋涉加上过度操劳，李通病了，而且越病越重，最后竟然病逝了。他一死，救援曹仁的计划也以失败告终了。

周瑜对江陵志在必得，他乘胜追击，气势如虹。周瑜大军猛进，曹仁孤军苦守。当然曹仁守城有城墙做屏障，占有地利之便，但是从总体说，周瑜是占优势的。问题是关羽的游击队派出去了，又强攻了一年多，周瑜也硬是没攻下来。周瑜跨上战马，带头冲锋陷阵。人急了有时候脑子就不会想事了，周瑜忘了作为主帅最应该做的是运筹帷幄，调度三军。孙权要他做元帅，不是当敢死队员。与敌人肉搏，亲身陷阵，对周瑜来说是擅离职守。曹仁这么做有运气的成分，以身犯险，免不了会吃亏，因为战争很残酷，哪怕有一丁点错误也会酿成严重后果。

果然，周瑜在阵前奋力厮杀的时候，有一支流箭直接射中了他。《三国志》很精确地记载了他中箭的部位——右肋，伤势太重，周瑜只能退兵。曹仁很快收到线报，大喜，天赐良机，二话不说，赶紧进攻。

曹仁率领大队来到阵前，却意外看到周瑜正在意气风发地巡视全军，作战前动员报告。主帅虽然受伤，却依然斗志昂扬，江东将士无不受到鼓舞，群情激奋。曹仁本来以为周瑜受伤，才有勇气出战，可见到这副光景，他只能退兵。

到建安十四年（209）冬天，曹仁的防御能力已经达到极限，他无力和周瑜相争，只能无奈退出江陵向北退走。周瑜乘胜追击，获得了江陵周边的大片土地。

为什么赤壁之战周瑜能创造奇迹，而打江陵却这么艰难？十年之后，东吴的大都督吕蒙给出了答案。那时孙权命令吕蒙和堂弟孙皎分别担任左右都督共同领兵讨伐关羽镇守的荆州。吕蒙对孙权说："如果您认为征虏将军有能力就任用他，如果您认为我有能力就任用我。不能像当年周瑜、程普为左右都督共同攻打江陵时，表面上是周瑜说了算，但是程普却自认为资格老，和周瑜不能和谐相处，坏了大事。这正是应该引以为戒的。”

打江陵的时候，吕蒙也在，江陵城打得如此艰苦，除了曹仁的确厉害以外，还有一个根本原因就是周瑜团队内部不团结，内耗制约，意见不统一，差点误了国家大事。周瑜出一个主意，程普就会反对，总要刷存在感。但赤壁之战也是周瑜和程普任左右都督，为什么能创造奇迹？因为赤壁之战的背景是曹操大兵压境，敌情如火，敌强我弱。那时候搞内耗会死得更快，唯有同仇敌忾才有生路。而江陵之战的情况是曹军弱，东吴军强大，东吴军上下都认为江陵之战是必赢的。这种情况下，大家的小算盘就浮出水面了。所以真正的对手不是敌人。纵观古今历史，很多英雄都碰到过和周瑜一样的困难，有办法打垮面前的敌人，却没办法对付身边的伙伴。所以最后，周瑜被逼急了，无奈亲自率军冲锋，以身犯险，这才中箭。

赵云拒寡嫂

赤壁之战后，曹操的策略是休养生息，准备养好身体参加第二回合的战斗。但是孙权和刘备是不会让曹操舒舒服服休息的，所谓落水狗不打白不打。

一年过去了，江陵还是失守了。

曹孙两家打得这么热闹，刘备呢？其实刘备也很忙，不过他不是忙着打仗，而是忙着算账。荆州有七郡，分别是南阳、江夏、南郡、武陵、长沙、零陵和桂阳。七郡中横着一条长江，长江以北的南阳、江夏、南郡被称为江北三郡，长江以南的武陵、长沙、零陵、桂阳被称为江南四郡。

赤壁之战后，周瑜乘胜追击，带兵在南郡抢地盘，打了江陵之战，分身乏术，对长江以南的四郡没有力气分兵打击。刘备当然不会闲着，他自然得担负起攻取江南四郡的重担。

其实赤壁之战中最大的受益者是刘备。战前，刘备手里要人没人，步兵打光了，只剩下关羽的一万水军，也没有地盘。要不是孙权伸出热情的援手，刘备恐怕连个安稳睡觉的地方都难找，所以赤壁之战后，刘备表现得最积极，也是理所当然的。

刘备精得很，他不向北和曹仁死磕，而是选择向南发展。刘备先表奏刘琦为荆州刺史，然后向这四个郡发起进攻。刘备打曹操没多大把握，但打起其他人来却是一点不弱。而且曹操战败后，江南四郡的郡守们早就被吓破了胆。关键时刻，曹丞相也救不了自己，反正跟着谁混不是混，所以这四郡郡守也没打算和刘备硬扛，直接派了使者主动去谈投降之事。很快，武陵太守金旋、长沙太守韩玄、桂阳太守赵范和零陵太守刘度都望风而降了。

特别强调一下，长沙太守韩玄投降的时候，手下有一员猛将也跟着投降了，他就是刘备集团赫赫有名的战将黄忠。

桂阳太守赵范投降的时候，也带出了一段小插曲。赵范投降后被偏将军赵云取而代之，赵云担任了桂阳太守，赵范没有捞到一官半职，思来想去，决定巴结一下赵云。要巴结，无非就是两条路，要么给钱，要么给美女。给钱看来是没用的，地盘都是人家的了，那只剩一条路，给女人了。给谁好呢？ 赵范有个寡嫂，赵范想撮合她嫁给赵云。想不到一番美意，赵云偏偏不领情，把这桩婚事给推辞了。

赵云对赵范的美意不领情，推辞说："我姓赵，你也姓赵，你的哥哥就是我的哥哥，这怎么能行呢？”

在外人看来，赵云找的理由很牵强。赵云和赵范只是同姓，一点其他的关系都没有。于是有些热心人士就来劝赵云。赵云很警惕地告诉那些人：“赵范是被迫投降的，内心所想深不可测。”这下大家就明白了，赵云并不是看不上赵范的嫂子，而是担心成了赵范的亲戚，赵范要是犯事了，以后他会受到牵连。

就在人们为赵云错过娶美女的机会惋惜的时候，赵范真的开小差溜走了。也许他还是心里没有安全感，但他最后是逃到了曹操那边还是逃到了东吴那边，史书没有明确记载，只说“范果逃走，云无纤介”。赵范逃走后，赵云真的因为这件事受到了调查，幸好赵云早有防范，没被揪住小辫子。谁在调查赵云？谁在处心积虑地找这个调查的机会？

我们说三国，目光总是放在三国之间的争斗，往往忽视了三方内部各自的斗争。从古至今，悲哀就在于得先把自己人摆平了，才能去做想做的事情。赵云就聪明在这儿，他不想摆平别人，只求不被人摆平。当然这件事情在《三国演义》里经过艺术加工，政治斗争的意味减少了，可看性更加多姿多彩。小说里说，赵范和赵云同是常山正定人，赤壁之战后，赵云来攻打桂阳，赵范投靠老乡，并与他结为异姓兄弟。后来赵范想将守寡的嫂子樊氏嫁给赵云，没想到一片好心惹恼了赵云。赵范决定加害赵云，结果被赵云生擒。最后，胸怀宽广的刘备释放了赵范，仍让他担任桂阳太守。这样一加工，刘备的形象更加高大了，可惜这不是正史。

三家分地盘

诸葛亮加盟刘备团队后，刘备委任他为军师中郎将，负责后勤工作，调拨零陵、桂阳、长沙三个郡的赋税。军师中郎将的职务为刘备首创，是为诸葛亮专门设置的——正如之前军师祭酒职位是曹操为郭嘉度身定制的一样。这充分说明了刘备确实没把诸葛亮当外人，诸葛亮在刘备集团里的地位不可撼动。

刘备不但取得了江南四郡，还得到了大批人才，其中最有名的应该是黄忠了。受小说影响，黄忠在读者心中成了历史上最著名的老年猛男。但正史中不是这样的，实际上黄忠的简历很不全面，甚至连出生年份都不详。他原来是在刘表手下的。刘表手下有人才，却不会用人才。

像黄忠这样的牛人，一开始只是被刘表分配在侄儿刘磐手下当个基层干部。后来曹操南下，局势一片大乱，黄忠不知道该到哪儿去，就跟着潮流投降了曹操。确切来说，他不是向曹操投降，而是投奔了曹家势力。曹操自然也不清楚黄忠到底是不是人才，更没想到黄忠后来居然搞定了自己的得力助手夏侯渊。如果曹操有这个先见之明，那时候要么重用黄忠，要么直接把他砍了。不过，那时投降到曹操阵营的人太多了，众人蜂拥而入，曹操没有时间一个一个甄别，所以曹操像对待其他降将一样对待黄忠，保留了他原来的职务，不过把他的级别提高了一个档次，做代理裨将军。裨将军就是副将的意思，代理副将的待遇能高到哪里去？黄忠还要接受长沙太守韩玄的领导。

曹操走了，江南四郡落入刘备之手。韩玄投降了，黄忠也跟着投降了，从此成了刘备集团的牛人之一。整个情节比小说里描写的简洁得多。

黄忠加入刘备集团和关羽没关系，跟魏延也没有关系。

荆州最初是七个郡，刘表增加了一郡叫章陵郡。曹操拿下荆州后，重新调整规划，把襄阳从南郡分了出来，专门设立了襄阳郡，南郡枝江以西设临江郡，把剩下的南阳郡地盘设立为南乡郡。

现在是刘备占有江南四郡，孙权手里拿了江夏郡，曹操手上有南阳郡、临江郡、章陵郡、襄阳郡和南乡郡。

对这个结果，曹操很不满意，他觉得荆州都应该属于自己。而刘备则认为，诸葛先生给自己的规划是拿下全荆州，目前尚未成功，他仍需努力。孙权也一直在打荆州的主意，当然不会满足于只得到江夏郡，实际上他只是控制了江夏郡南部，江夏郡北部被文聘牢牢把持着。

孙家在赤壁之战中出人出力最多，却只得到半个江夏郡，这就太过分了。刘备原先一穷二白，打完这一仗，一转眼就占领了江南四郡，一夜暴富。

当然，大敌当前，直接撕破脸皮和盟友抢地盘说出去总是不光彩的——要抢也应该抢曹操的，反正他地盘够多。所以孙权派出周瑜到江陵打曹仁。曹仁丢下南郡跑了。孙家也得到了一大片土地，势力比过去更加雄厚。孙权算是初步满意了，东吴事业的大模样终于展现出来了。

正所谓财大气粗，手里有了钱，心情自然爽。孙权大手一挥，任命周瑜兼南郡太守，程普兼江夏太守，吕范兼彭泽太守。看孙权的心情这么好，刘备也来卖个乖，上表要求任命孙权代领车骑将军、领徐州牧。孙权看刘备这么会做人，心情当然很好。怎么回馈呢？说来也巧，刘琦这时候病死了，孙权于是上表表奏刘备为左将军兼任荆州牧。

刘备终于有了一个像样的官衔了，随之而来的是一个大问题。官帽子够大，可是作为荆州一把手，总得有个官邸，往日的荆州治所在哪儿呢？在襄阳，但现在襄阳还被曹家控制着，怎么办？刘备成了荆州一把手，总不能跑到曹操的地盘上去上任。关键时刻，周瑜为刘备当了一回活雷锋。刘备取得江南四郡以后，将军队安置在南郡的油江口一带。鉴于刘备在攻打江陵的时候也出了力，为了促进孙刘两家的感情，周瑜慷慨地把长江南岸隶属于南郡的土地送给了刘备，其中当然也包括油江口了。于是刘备就把油江口作为新官上任的治所了。

油江口这个名字有点土，刘备给它改了个新名叫公安。这个名字流传了下来，那里现在是全国著名的鱼米之乡。可见周瑜真不像《三国演义》里说的那样，总是眼红刘备，总是嫉妒诸葛亮。

地盘分好了，局势稳定了。刘备战后将武陵、零陵、长沙、桂阳收入囊中，凭借赋税和徭役的支持，慢慢扩张势力，这也为他将来西进成都打下了雄厚的基础。可以说，赤壁之战是东汉末年三分天下、三足鼎立的里程碑式事件。

这时，孙家对刘备的态度怎么样？史料中用了八个字，“权稍畏之，进妹固好”。孙权还有几分顾忌刘备。为什么？这不是说孙权害怕打不过刘备，孙权害怕的是刘备与曹操的政治联合，如果他们暗通款曲私下勾搭，然后夹击自己，东吴就危险了。即便刘备和曹操没有联合在一起的意思，如果曹操再次南下，刘备坐山观虎斗，不援助自己，东吴也很危险。赤壁之战虽说胜得很漂亮，但有些机会是不能复制的。所以孙权最害怕的不是刘备，也不是刘备的势力扩张，而是怕他在关键时刻不和自己联合抗曹。为了进一步巩固和维护两家业已存在的友好合作关系，拉近和刘备之间的感情，孙权搞起了政治联姻。

但这个情节跟小说里不同，刘备确实是丧妻了，刘禅的生母甘夫人于建安十四年（209）病逝，但吴国太早几年就已经去世了，大约是在孙权第二次西征黄祖的时候。演义上说这段婚姻是发生在刘备得到荆州之后，是周瑜为了夺回荆州而专门设下的美人计。周瑜是想用这个计谋把刘备骗到东吴当人质，强行要回荆州。正史中，刘备和孙夫人成亲是在建安十四年（209），刘备借荆州是在建安十五年（210），最重要的是孙尚香不是孙夫人。

进妹固好

很多人以为孙刘政治联姻的女主角是孙尚香，这是《三国演义》里说的。其实孙权的妹妹叫什么名字，史书中根本就没有记载，当时女性的社会地位是比较低下的，能够在史料中留下姓名的少之又少。孙尚香这个名字最早起源于民间的戏剧，真实性无法考证。所以秉持着尊重历史的态度，我们把孙权的妹妹称为孙氏比较合适。孙氏也不像演义上说的那样和刘备情投意合，俩人一看就对上眼了，恩恩爱爱的。

实际上孙夫人打小喜欢武艺，才思敏捷，性格刚烈，看上去威风凛凛，很像哥哥们，可谓巾帼不让须眉。据说孙氏还没有出嫁的时候，手底下有一百多号丫鬟，真是有其主必有其仆，这些丫鬟都像孙夫人一样不爱红装爱武装，紧衣束带人人配大刀。孙夫人走到哪儿，这一百多号配丫鬟就在后面一路跟随。

丫鬟们扛的武器，为什么不是剑而是刀呢？因为当时剑已经成为一种装饰，真正的武器是刀。剑比较细比较长，用来砍杀是次要的，刺杀才是主要的。三国时期铠甲已经发展得不错了，剑对付铠甲不怎么管用，所以大家都转用刀。而传说中关公所使用的青龙偃月刀属于宽刃刀。那种刀在三国时期不是造不出来，而是工艺没跟上，真正的青龙偃月刀出现在宋朝，所以关羽用的武器绝对不是青龙偃月刀，随身的武器也不会是宝剑。

孙夫人和手下的一百多号丫鬟，对刘备来说一个都没有女人味，就算孙夫人和丫鬟个个貌美如花，恐怕刘备也没胃口。史书记载，刘备每次进入孙夫人的房间都必须经过丫鬟列队欢迎。原文说，“先主每入，衷心常凛凛”。

这场婚姻属于政治联姻，本来就是从大局出发，双方几乎没有什么感情基础。再加上年龄差距太大，刘备当时将近五十岁了，古人讲究早婚，女子成亲更早，以当时的观念来看，十三四岁嫁人不奇怪，十五六岁嫁人正常。也就是说，孙夫人嫁给刘备的时候不会超过二十岁，这代沟可想而知。两个人性格差异很大，兴趣爱好更是差异巨大，所以这场婚姻挺失败的。受伤的不仅是孙夫人，刘备的日子也难过。对于这一点，诸葛亮深有体会。他说：“主公在公安时，北畏曹公之强胜，东惮孙权之进逼，近则惧孙夫人生变于肘腋之下。当此之时，进退狼跋。”说刘备在公安的时候，一要防曹操，二要防孙权，回到家里还得提防自己的夫人，伤不起。这样时间久了，刘备自然也就兴趣索然，于是安排孙夫人在公安大本营以西另筑一城，把她手下的卫队迁移到那里集中安置。后来刘备去攻打益州，孙夫人仰仗孙权妹妹和刘备夫人的双重身份唯我独尊，更加骄横，常常带着一群来自东吴的利兵在荆州大地上纵横不法，无人能管。最后刘备没辙，把赵云调过来专职搞内勤保卫工作。

这都是联姻惹的祸。孙权进妹固好，虽然对于刘备和孙夫人本身来说是挺痛苦的，但是这一招政治联姻效果还是不错的。

《三国演义》认为，这场政治联姻与刘备借荆州关系很大，这和史实有没有出入？

江陵之战后，荆州格局有了新变化，曹、孙、刘三家各有新的势力范围，但是三家都不满意。刘备之前很狼狈，现在变成暴发户了，胃口被撑大了，他寻思着应该有更大的发展。他想占领更多的地盘，这样才能真正巩固自己在天下争霸格局中的地位。

但是荆州就这么大，曹仁退到襄阳后，打襄阳暂时是不可能的。周瑜又是盟友，也不能轻易动。思来想去，刘备把目光投向了东吴，想找孙权去谈谈。赤壁之战后两年内，孙刘联盟还比较令人满意，双方没有牵扯什么利益纠纷，日子过得还算和谐。原本刘表的部属出现了大量失业下岗人员，这些人如果不安置好，会成为社会的一大隐患。为了不让这些人挨饿受冻，也为了迅速壮大自己的实力，刘备向这些无家可归的刘表旧部伸出了橄榄枝。

对刘表旧部来说，这当然是天大的好消息，于是他们纷纷来投，刘备势力急速膨胀。这原本是一件好事，但是事情总是要从两面看——刘备慢慢发现，手下人多了，吃饭的嘴巴也多了，粮食就变少了。招募的士兵、将领得发工资、得管饭，现在刘备手里的地盘只有四个郡，就算掘地三尺把粮食都掏出来吃，估计也撑不了多久。

面对严重的资源危机，刘备决定冒着生命危险亲自去孙权的大本营京口（今江苏镇江），和孙权谈一谈合作事宜。当然对这个设想，刘备集团内部也有不同意见，诸葛亮就劝阻他：今非昔比，以前大家是盟友，越是互相走动就越亲热是必需的；现在不一样了，我们的事业做大做强，有自己的地盘了，和孙权已经成了竞争对手关系，难保人家没有别的想法。诸葛亮说的是实话。但如果刘备不去，那就显得缺乏诚意了，没有诚意，孙权自然不会借给他地盘了。而地盘目前对刘备的诱惑实在太大了，况且刘备也不太相信孙权会对自己的妹夫下手。所以思来想去，刘备决定赌一把，亲自登门造访。

建安十五年（210）十二月，刘备抵达京口。他也不直接开口说借荆州，而是换了一种婉转的说法——求都督荆州。刘备这么说，也是花了心思的。汉语的魅力真是变幻无穷，同一个意思用不同的词表达出来味道就不一样。这就是“借荆州”这个典故的由来了。

刘备借荆州

在孙权看来，求都督荆州就是借荆州，既然是借，自然就有还。借债还钱，天经地义，借土地还地盘也是天经地义。在刘备看来，他觉得自己是来要求管辖荆州不是借地盘的，那为什么要还呢？

赤壁之战后，刘备已经拥有了土地。刘备的胃口比较大，借孙权的地盘他不觉得自己是在耍流氓。他是荆州牧，所以荆州地盘自然归他。当然这个理由是摆不上台面的，有点偷梁换柱的感觉。曹操的襄阳也属于荆州，刘备怎么不去管？刘备当然也知道，所以他公开给出的理由只有一个，刘表的很多旧部都跟着自己了，但自己的地盘太小住不开。史料记载，“备以周瑜所给地少，不足以容其众”。

从古至今听说过借钱的，也听说过借粮的，没听说过借地盘的。孙权纠结，借，自己肉疼；不借，都是一家人，怕伤了和气。思来想去，孙权没有直接拒绝刘备的建议，让刘备先等等，等自己想清楚了再给答复。可以说，孙权是打了个完美的太极，让双方不伤感情。

刘备在京口等消息的时候，身在外地的周瑜知道了这个消息。如此说来，刘备借荆州的事看上去很机密，实则已经搞得人尽皆知。周瑜当然知道刘备不是什么好人，听说刘备到京口向孙权要地盘了，大吃一惊，真是人心不足蛇吞象。周瑜立刻给孙权写了一封加急信，苦心劝谏孙权千万不要松口。“刘备以枭雄之姿，而有关羽、张飞熊虎之将，必非久屈为人用者。愚谓大计宜徙备置吴，盛为筑宫室，多其美女玩好，以娱其耳目，分此二人，各置一方，使如瑜者得挟与攻战，大事可定也。今猥割土地以资业之，聚此三人，俱在疆场，恐蛟龙得云雨，终非池中物也。”周瑜的意思是：“主公，你妹夫绝对不是什么良善之辈，乃是天下枭雄。你再看看他手底下的关羽、张飞，一个比一个猛，这帮人是不会长期听咱们的话的。依在下愚见，现在最好的办法就是把刘备软禁下来，好吃好喝，美女豪宅供着，以此消磨他的意志，让他天天过腐败生活，把远大理想抛诸脑后。把关羽、张飞也分开来，各置一方，让他们跟着我去打天下，成为供我驾驭的人才。这样，天下何愁不定。如果让这三个人天天在一起干事业，以后咱们的日子绝对不好过。这几个人绝非池中之物。”周瑜这封信的意思很明确，如果把荆州借给刘备，无异于肉包子打狗，千万不能松口，以前大家是朋友，相互之间可以客套，现在共同的敌人曹操已经被打跑了，刘备主动送货上门，我们还客气什么？刘备是我们潜在的敌人，早晚得除掉他，晚动手不如早动手！和周瑜持同样观点的还有大名鼎鼎的吕范，他也劝孙权别把刘备放回去。

但是刘备的运气实在太好了，孙权偏偏没有这么做。因为孙权考虑的更多的是曹操现在依然雄踞北方，现在应该和刘备团结如一人，而不是设计阴谋诡计。退一万步来说，如果真把刘备扣下了，关羽、张飞也不是省油的灯。他们不会乖乖受自己指挥，一旦翻了脸，那可真不好对付。更要命的是，如果曹操趁机来钻空子，那可是毁灭性的打击。

但地盘也不能轻易借，于是孙权做了一个折中处理，既没有答应借地盘，也没有把刘备扣下，而是把刘备送走了。

《三国志》里刘备借荆州这一段历史看上去和《三国演义》里差不多，只是《三国演义》里加了很多曲折的情节。说刘备觉得风声不对，连夜跑了，回到公安才虎口脱险。正史中则简单得多。周瑜确实想把刘备软禁下来，刘备后来也确实回到公安了，这一过程中刘备没有受到阻碍。荆州没借到，刘备空着手回到了公安。听说周瑜和吕范都曾经向孙权建议软禁自己，刘备长叹，荆州虽没借成，至少人安全回来了，也算是胜利。诸葛亮也担心刘备被扣下，看来智谋之士想的都差不多。

根据裴松之注引的《江表传》，刘备的心态是这样的：

刘备后来与庞统一起喝酒，就问庞统："卿曾经在周瑜手下干过功曹，有些事儿比较清楚。当初孤到吴地的时候，听说周公瑾曾经秘密劝孙权谋害于我，有没有这样的事？"他的原话是："闻此人密有白事，劝仲谋相留，有之乎？"他见庞统脸色有点不对，想想到新主公面前说旧主公的坏话，恐怕有点勉为其难，刘备又跟了一句"在君为君，卿其无隐"（不必有所顾虑，帮谁就为谁说话，不需要隐瞒），庞统想了一下，如实回答"有之"，确实有这么回事。

刘备顿时感慨万分，那时候自己还是太傻太天真，以为孙权要抵抗曹操离不开这个穷朋友，现在看来实在太过冒险了。原话是："孤以仲谋所防在北，当赖孤援，故决意不疑。此诚出于险途，非万全之计也。”刘备终于明白了，所谓政治上的朋友都是以利益为纽带的，说好听点叫互惠互利，说难听一些就是相互利用。在政治游戏中，感情是奢侈品。

荆州借不成了，有周瑜从中作梗，根本就没指望。刘备只能等，只要运气足够好，耐心足够好，机会总会有的。

第七章

各有各的算计

周瑜之死

周瑜在谋划一件更为重要的足以改变历史的工作，他在心里布下了一盘大棋。建安十五年（210）十二月，发生了好几件事：刘备到京口向孙权借荆州，周瑜写信劝阻孙权。周瑜的人来到京口向孙权当面汇报工作。

周瑜自从指挥了赤壁之战，在江东的声望飙到了极点。纵然如此，还是兢兢业业地维护孙权，维护江东利益，没半点非分之想，他来找孙权汇报工作，就是为东吴下一盘大棋。

他认为，既然已经打败了曹操，眼界就得更广一些，把刘备甩开，他们一样有机会问鼎中原。相比于鲁肃的对策，周瑜的对策很冒进，但是也更加诱人。如果按周瑜的想法，刘备最后会被夹在益州、扬州和襄阳之间，非常难过。如果刘备不听话，他们想怎么玩就怎么玩。

这么好的建议，这么高明的布局，谁听了不动心？孙权面对如此诱惑，也按捺不住了，大手一挥，就这么办吧。

周瑜的计划是，现在曹操虽然一枝独大，但是因为刚在赤壁吃了个大败仗，眼下他最怕的是内部不稳定，所以不会急着再开战。他的当务之急是整治内部事务，而东吴正好可以趁着这个机会向西拓展，自己和孙瑜一起进攻益州的刘璋，顺带连张鲁也一同拿下，把整个益州纳入东吴的版图，然后和西北的马超搞好关系，联合在一起再向曹操叫板。马超从西部出击，他们从襄阳进攻，曹操是挡不住的。

这个计划可行性非常强，如果实现了，以后的历史都得改写。而且为了保证计划能够实施，心思缜密的周瑜最大限度地做到了让孙权放心。他安排了以下几点。

第一，让孙权的堂兄孙瑜做自己的搭档，意思是自己不可能在外独自发展壮大。第二，打下益州后，自己会立刻返回江东，绝不在外专擅兵权，不会把益州变成自己的根据地。第三，他回来以后和主公一起攻取襄阳，以表自己的忠诚。

孙权能不动心吗？一是这个计划的诱惑很大，二是周瑜把退路都给堵死了。

这时的周瑜和当年秦国灭楚国之前的王翦何其相似。秦王批准了王翦的军事行动，孙权当然也不例外，他批准了。而且，为了增加出征的成功率，孙权特意知会了妹夫刘备，让刘备也跟着来。

面对孙权提出的霸王条款，刘备人在屋檐下，只能同意出征，心里一万个不乐意。他知道，周瑜就是想看自己和刘璋相争，最好双方都拼光了，东吴大军一拥而入，就把地盘全占了，顺带把他灭了。于是刘备召集部下，希望幕僚们给出一个既可以不出征、又可以不招惹孙权的两全其美的方法。

荆州主簿殷观认为，如果争蜀，则刘备前有刘璋，后有孙权，进退两难，如今之计唯有刘备先答应孙权争蜀，再派遣使者向孙权说明：“我方刚刚占领几个郡，不能轻易出征。孙权若听说我方拒绝用兵，也不敢越过我们的辖区去独自征蜀。”

刘备真的听了殷观的建议，马上派遣使者向孙权说明情况，最后孙权果然没有出兵。孙权怕刘备到这个程度吗？真的不敢逆长江而上，穿过刘备辖区去打益州吗？不是殷观的主意奏效了，而是孙权方面有突发状况。

周瑜得到孙权的肯定后，立刻出发了。他的计划很雄伟，身体却不争气，正准备实施计划的时候，他病了。从京口到江陵一千多里，当时要走五六天，这五六天时间足以发生很多事情。在回去的路上，周瑜突然重病，这一病就再也没有好起来。史料记载，建安十五年（210），周瑜“道于巴丘病卒”。周瑜病逝于巴丘（今湖南岳阳），终年三十六岁。

在我们的印象中，赤壁之战中最出彩的人是诸葛亮，周瑜只能算是一片绿叶，虽有小聪明，但总是比诸葛亮慢半拍，每出一个妙计都会被诸葛亮识破，而且心胸狭隘，气量如豆，总想占据上风，但总被诸葛亮算计，一次次被气得箭伤复发。舌战群儒、巧借东风、草船借箭、三气周瑜……一个个令人拍案称绝的智慧故事，树立了诸葛亮的形象，最后周瑜悲呼一句“既生瑜，何生亮”，气绝而亡。

可惜这些故事是小说家的杜撰。当时周瑜是东吴大都督，赤壁之战的总指挥，深知孙刘联盟的重要性，怎么可能成天想着杀掉诸葛亮，在同盟内部制造不和谐？周瑜比诸葛亮年长，步入政坛的时间也早，二十岁出头就已经立下汗马功劳，赤壁之战前就已经总管孙权集团兵权。赤壁之战时，诸葛亮才出山一年，寸功未立，赤壁之战后，才被刘备拜为军师中郎将，除了做刘备的特使出使东吴联络合纵外，诸葛亮在赤壁之战中并没有发挥什么重要作用，最多算是刘备一方的幕后英雄。

在民间知道诸葛亮的人可能不少，但是在政坛，诸葛亮根本没有资格和周瑜竞争。刘备见周瑜都要提前预约，见面以后，周瑜还对刘备爱答不理的。诸葛亮这时只不过是刘备身后的一个谋士，根本没有资格与周瑜相争。

周瑜之死无疑是江东的重大损失，最悲伤的要数孙权了。孙权听到消息，放声大哭，说："公瑾有王佐之资，惊乎短命，孤何赖哉！"周瑜去世了，孙权以后还可以靠谁？十九年之后，孙权称帝，他依然没有忘记周瑜，对文武百官说："若不是周公瑾，我是不能称帝的。"这话一点儿不夸张，孙权的地位确实是周公瑾捧起来的。

孙权刚接班的时候，头衔是讨虏将军，部下将领和宾客们和他称兄道弟。领导主动和群众打成一片固然是好的，但群众和领导打成一片就大大不妥了。长此以往，领导的威信何在？领导要和群众保持距离，让人觉得上威难测，这才是成功的。

孙权当然懂这个道理，但是刚刚掌权，手下骄兵悍将都是元老，自己资历浅只能算小字辈，实在没资格耍大牌。周瑜和孙策是铁哥们儿，吴国太也让孙权把周瑜当哥哥看待。按说周瑜资格够老，却很谦虚，对领导和下属之间的关系定位非常清楚。大庭广众之下他从来没有当孙权是兄弟，处处以臣僚的礼仪尊重孙权，恭恭敬敬，一丝不苟。这让大家都明白了，周瑜都如此尊重领导，其他人还能说什么呢？孙权的地位自然巩固多了。

周瑜除了尊重领导，还尊重老将，比如程普。程普表面上是周瑜的副手，但仗着自己年龄大，资格老，多次要老资格，当众凌辱周瑜。史料记载：“（程普）数凌辱瑜，瑜折节容下，终不与较。”他几次侮辱周瑜，周瑜都包容他。攻打江陵的时候，还差点儿因为程普的个性误事，周瑜也没给他穿小鞋。周瑜对程普从不斤斤计较，他要表达的是对老同志的尊重。时间久了，程普也觉得自己有点过分了，长期倚老卖老总占年轻人的便宜实在是不厚道。正所谓日久见人心，程普对周瑜更加钦佩了。周瑜去世后，程普伤感地说：“与周公瑾交若饮醇醪，不觉自醉。”

周瑜的去世是东吴也是孙权的巨大损失，那份刚刚规划好的宏伟蓝图永远成为蓝图，不会变为现实了。周瑜是个创业型大才，他所做的一切都是为了东吴，所想的一切也是为了东吴。

有人说，他建议把刘备软禁起来，是在搞破坏、搞分裂。事实上，孙刘联盟虽然宣称友谊牢不可破，但是这种友谊的变数很大。一旦条件成熟，关系说破就破，这条船说沉就沉。无论是刘备还是孙权都是野心家，都想成为天下独一人。这种联盟周瑜不信，孙权不信，刘备更不信，诸葛亮同样不信，只不过他们总想着把虚假联盟的价值利用到最后。唯独周瑜心最狠，勇于把虚假的面具撕碎。

周瑜死了，刘备松了一口气。刘备真是运气太好了，靠周瑜救了一命，躲过曹操的重拳，又靠周瑜的死，避免让刘璋的益州成为东吴的地盘，给他的发展留下了广阔的空间。现在这个空间的大门正在向他徐徐打开。从这个角度讲，刘备真的应该好好感谢一下周瑜。

鲁肃借荆州

周瑜病逝后，东吴的政权存在巨大的真空地带。周瑜在病危之际，依然挣扎着给孙权写了一封信交代后事："人生有死，修命短矣，诚不足惜，但恨微志未展，不复奉教命耳。方今曹公在北，疆场未静；刘备寄寓，有似养虎，天下之事，未知终始，此朝士旰食之秋，至尊垂虑之日也。鲁肃忠烈，临事不苟，可以代瑜。人之将死，其言也善，傥或可采，瑜死不朽矣。"这番话的意思是说：我真的不行了，回不到您身边为您继续尽忠了，我为您做最后一次形势分析。现在曹操在北方，虽然新败，但对于我们来说，形势仍然不是一片大好，疆场还暗流涌动。刘备在我们身边就像定时炸弹一样危险，像在身边养着一头老虎一样后患无穷，必须时刻提防，加倍小心。现在正是我们事业发展壮大的最好时机，希望您能带领大家把事业做得越来越好，越来越大。

除了刘备，周瑜最关心的就是好朋友鲁肃了。周瑜表示鲁肃是一个久经考验的好同伴，自己死了以后，可以让他来接自己的班。

我们从这封信中能看出周瑜的胸怀与众不同。鲁肃是周瑜的好朋友，但此时他们在政治上已经有了比较大的分歧。周瑜认为刘备是一头老虎，最好把他一拳打死。鲁肃却是明显的亲刘派，认为刘备是东吴最好的帮手，在共同抗击曹操的日子里，必须好好对待刘备，哪怕借他一些土地也无所谓。这种政治分歧不可谓不大，甚至可以说周瑜和鲁肃在某种程度上是政敌，但是周瑜临死前却推荐鲁肃来接自己的班，这是何等的胸襟，何等的雅量。

周瑜不但是一个政治家、军事家，还是个超级大帅哥，音乐发烧友。他精通音律，即便是喝了酒，都能轻易听出别人在演奏中的瑕疵。每一次听到别人的错误，他都要转头看一下。所以民间有歌谣称“曲有误，周郎顾”。在最美的年华里，周瑜挚爱小桥一人，至死方休。

周瑜与小桥有两个儿子、一个女儿，女儿嫁给了孙权的长子孙登，两个儿子周循和周胤分别娶了孙权的女儿和孙氏宗女。

周瑜在历史上是一个完美的人，几乎找不出任何缺点。他德才兼备，文武双全，风流倜傥，气度不凡，品位非同一般，既从容又宽容，是一个真正高贵的男人，可惜英年早逝。

有人曾经问，魏失郭嘉，吴失周瑜，蜀失庞统，哪一个损失更大？毫无疑问，郭嘉智谋决断都是超一流的。但是郭嘉死后，曹操手下还有很多人，包括贾诩、程昱、荀彧等。刘备失去了庞统，还有诸葛亮，日后还有法正。而对东吴来说，周瑜的王佐之才远远超过继任的鲁肃、吕蒙、陆逊等人。无论文韬武略，周瑜去世都是孙权方面的巨大损失。

敌人的损失就是自己最大的收益。周瑜英年早逝，对于曹操和刘备来说真是天大的好事。曹操在某种程度上解了恨，毕竟周瑜在赤壁之战中让他太难看了。相对来说，刘备的收益更大，因为悲伤的孙权很快批准了周瑜临终前的请求，由鲁肃接手周瑜生前的全部工作。但新上任的鲁肃对刘备来说是个厚道的人，不像周瑜一样成天打刘备的主意。鲁肃的政治主张是团结一切可以团结的人，共同对敌。刘备毫无疑问是重点团结对象，所以鲁肃上任之后，主动调整了外交方针，联合刘备防备曹操。现在刘备已经成了暴发户，既然要团结，就得给刘备一点甜头。所以鲁肃主张，既然刘备想借荆州，就借一点地盘给他，比方说南郡就可以暂借给他。

鲁肃有自己的一套理论。他力推孙权将荆州借给刘备，这样刘备就可以慢慢发展势力，只要刘备守在江北，就可以帮忙抗击襄阳的曹军，相当于帮东吴减负。倘若曹操再次南下，孙刘两家可以再次组成联军对抗强敌。当时曹操手里握着北方的冀、徐、青、兖、并、幽六州，还有中原大部分土地，而东吴不过是控制着扬州和荆州的几个郡，要想不被曹操吃掉，只有与人联合，拉上刘备共同抗曹。这也是当时孙刘两方生存下来的唯一途径。

抗曹并不简单，《三国演义》出于贬曹的目的，才说得这么简单！说刘备麾下的关、张、赵随随便便一出马，就能砍死曹操几员大将。如果真是这样，曹操还怎么统一中原呢？

从理论上来说，鲁肃的想法没错，在鲁肃看来，借就是借，只要是借就得还，日后还得有利息，这笔买卖不会亏。孙权当然是不想借的，毕竟南郡是周瑜历经千辛万苦搭上无数将士的性命用血换来的，他也在攻打的过程中中了箭。周瑜刚去世，就把他打下的地盘借给他生前最想提防的人，这换谁都不乐意。但如果不同意，好像也不妥当。首先，鲁肃是军队的新掌门人，刚一上台提出这建议，如果直接被孙权一票否决似乎也不好。这不是让鲁肃难看，而是在打孙权的脸。而且仔细想想，现在也确实需要刘备的帮助和支持。

周瑜去世后，孙权面临着一系列新问题，情况不同了，东吴目前没有周瑜这样雄才大略的人了！周瑜生前进军四川，吞掉益州、汉中的蓝图，接任者鲁肃恐怕做不到。鲁肃看全局是不错，负责战略也还行，但具体到带兵打仗一类战术问题，那比起周瑜差得太远了。所以对他的要求不能太高。他能把东吴的一亩三分地守好就算及格了。

而此时，孙权在东面要与曹操开战，西面要与曹操搞对抗，同时铺开战线确实非常吃力，也实在耗不起。南郡属于西线，与曹操辖下的襄阳郡临近，姑且让刘备守在那儿，给自己当条看门狗，为自己减压减负，也不算吃亏，那就借吧。

孙权从豫章郡分出一部分土地设立了鄱阳郡，从长沙郡分出一部分土地，设立汉昌郡，让鲁肃兼任汉昌郡太守，程普兼任江夏郡太守。在孙权、鲁肃来看，把地盘借出去，对方今后应该主动奉还，而且要付利息。刘备心里的算盘却是当老赖，不打算还。刘备口头上说会还荆州，但是情节曲曲折折。最终这块地盘还是姓刘，由关羽把守着，这也导致东吴对关羽恨之入骨，要除之而后快。

正所谓，凡事有因必有果，有果必有因，荆州被借出一事，为孙刘联盟日后的合作埋下了祸端。鲁肃上台后主动把荆州借给了刘备。消息传到北方，一向心理素质极佳的曹操不淡定了。史料记载："曹公闻权以土地业备，方作书，落笔于地。"

历史真是反复循环，今天是你，明天是他，总有对应。当初煮酒论英雄，曹操把刘备吓得筷子都掉到了地上，今日却是刘备把曹操吓得笔都掉在了地上。可见这些事情发生的时候，对当事人心理的打击有多大。赤壁之战的惨败让曹操刻骨铭心，他对孙刘联军也恨之入骨，对于这样的敌人，必须彻底把他们打趴下，踩成粉。现在孙刘联盟不但没有瓦解，反而更加紧密，亲密到了土地都可以借出去的地步，再想硬打吃掉他们，估计是难上加难。曹操意识到，今后的事情不好办了。

孙权的野心

从刘备借来荆州这一刻开始，三足鼎立的局势初步形成了。当然这时天下不仅三家势力，只是这三家势力比较强大。不久的将来，那些二流的军阀会被曹、孙、刘三家一一消灭、吞噬。

赤壁之战后，曹操忙了些什么呢？他在忙着头疼。打赢了赤壁之战的孙权，居然在周瑜围攻江陵的同时分兵在东线进攻曹军。这不是胡搅蛮缠吗？这年的十二月，周瑜和刘备联手进逼江陵，孙权趁着新胜，想在乱世中获得最大的收益，于是同时向西、北、南三个方向伸出了触角。

建安十三年（208），曹操刚撤回北方，孙权亲率十万大军围攻合肥，同时派张昭进攻九江郡的当涂，加上周瑜在打江陵，一共兵分三路。三路人马中，西路军——周瑜联合刘备的一路——在历史上的名气明显高于其余两路。

东吴的南路军具体来说分两人统率：一个是张昭，攻打当涂；另外一个是贺齐，目标是丹杨，贺齐的任务是剿匪。

《三国演义》中似乎没怎么提贺齐，但在正史中他对东吴的贡献绝对不小。贺齐年轻的时候曾经当过地方一把手，当时他手下有个县吏叫斯从，很是霸道。贺齐看他不顺眼，可大家都劝贺齐说，斯从职务不高，人脉却不少，背景大得很，连山越都听他的话，如果现在处理他，明天山越就会打过来。贺齐大怒，立刻把斯从抓起来砍了。斯从的家族还真和山越联合起来进攻贺齐，贺齐一点也不怕，带上部队就反击。虽然手上人不多，最后还是把山越打得大败而逃，从那以后，山越一听到贺齐的名字，就怕得要命，吓得发抖，不敢再嚣张了。后来孙策来江东，通过考察，发现贺齐是个人才，就通过举孝廉的方式让贺齐为自己打工。

当时王朗正被孙策打得满世界跑，跑来东冶，当地一把手商升起兵帮助王朗。孙策派韩晏去攻打商升，反而被商升打个大败。孙策就把贺齐派了出去。

贺齐一出马，商升就被吓住了，他知道自己不是贺齐的对手，于是派人去见贺齐表示愿意投降。贺齐很爽快，立刻答应了。商升马上举行了投降仪式，准备正式归入贺齐门下。

哪知道商升的部下张雅和詹强觉得投降太没出息，就把商升杀了，要和贺齐死磕到底。当时孙策手上没什么人，贺齐手下的兵就更少了。而张雅他们人多势众，要是直接对打，贺齐必死无疑。于是贺齐高挂免战牌，不管对手如何嚣张就是不出战，不硬拼。贺齐不打，张雅他们反而闹出了内部矛盾，张雅和自己的女婿闹掰了，而且越闹越大。贺齐得到消息后，派出间谍在当中做了点手脚，让矛盾升级到不可调和的地步。结果张雅和他的女婿果然中计了，真的打了起来。贺齐立刻出兵，一战就把张雅打得没有还手之力。詹强知道后，觉得自己不是对手，于是就降了。

到了孙权时代，东南部地区还是不平静。以前地方势力怕孙策，现在觉得孙权没什么可怕的，就公开和孙权叫板。

孙权知道贺齐对付土匪最有经验，就把贺齐任命为剿匪总指挥，负责平定匪乱。其中匪首洪明、洪进、苑御、吴免和华当人人手下都有过万兵卒，天天喊打喊杀。贺齐首先和洪明交锋，一仗就把洪明打得大败而逃。其他匪首一看，贺齐确实不好惹，再打下去，估计洪明的今天就是自己的明天，于是先后缴械投降。这次剿匪的胜利为东吴打造了稳定的大后方，为后来的赤壁之战提供了有力的后方保障。赤壁之战后，孙权治下的地区又出现了土匪武装。孙权西路军和东路军向北开进的时候，南路军里就包括了贺齐这支剿匪部队。

贺齐的进攻对象是陈仆和祖山。这两个人手底下有两万多人，在林历山里称大王，不服从孙家的领导。林历山就像一个硕大无朋的炮楼，四面全是绝壁，史书上说林历山易守难攻，“高数十丈，径路危狭，不容刀盾，贼临高下石，不可得攻”。贺齐详细考察了一番，发现若是从正面强攻，出动多少部队就会死多少人。贺齐驻扎了一个多月，但也想不出什么具体方案来。最后他请了一批身体素质过硬、有攀岩特长的人组成小分队，悄悄从绝壁爬到山上去，然后放下布袋，把下面的人拉上去，前后上去了一百多号人。这一百多号人分散在大山里，然后一起猛敲战鼓，擂起冲锋号。山上的匪徒只想着守着险要的小路就可以了，对四周绝壁很放心，所以没提防。忽然听到四周鼓号连天，以为敌人都冲到山顶了，于是全涌回了大营去。路上没人防守，贺齐立刻率领大军从山路冲了进去，轻轻松松攻到山上，把这股武装力量彻底剿灭了。

消息传回去以后，孙权很高兴，任命贺齐为新都太守。不过南路的张昭运气就不太好了，不知道是他能力不行，还是带兵太少，反正没把看上去弱不禁风的小县城打下来就败退了。张昭管内务相当不错，商量一下国家大事、讨论一下东吴建设大业的走向趋势可以，但让他去打仗，就是用错人、点错将了。张昭对打仗这件事还不服气，带上军队猛打一通，结果也没捞着胜利的果实。

孙权这边也不乐观，他是很自信，合肥守军不多，自己又有十多万人，一人刨一块砖也能把这城墙刨个大洞。

孙权搞得曹操只能认真部署救援合肥的事。孙权在东线不是随便玩玩的，他一摆开架势，曹操就退回北方去了。逼退曹操的目的轻而易举地达到了，即便在东线一无所获也是赚的。当然这一路战果不怎么样，但阵容还是相当豪华的，孙权亲自担任前线总指挥，目的是攻取合肥，在此打开曹操集团的军事南门户，进而以此为跳板，进兵攻打青州、兖州、徐州。

带这些人来，孙权肯定是有自己的想法的。在赤壁的时候人数处于劣势还能取胜，现在人数占优，就不仅仅是如何取胜的问题了，而是如何赢得更漂亮的问题。可惜战争不是简单的加减法，合肥如今及日后都是曹氏方面东线防御东吴的重点军事要塞。曹操的守军确实不多，但有一样制胜的法宝就是团结。他们知道一旦合肥丢了，身后就无险可守了。

天降大雨，城墙被水泡，随时有可能坍塌，居民就用茅草加以覆盖，晚上在城墙上用油膏点灯点火，把城外敌军的动静看得清清楚楚。

孙权在合肥久攻不下，慢慢陷入了僵局，孙权下令包围得再紧一点，进攻更猛一些，可是合肥城的抵抗也越来越激烈。每当东吴士兵冲上前，雨点般的石头、木滚子就从城墙上落下来，发动夜袭也没戏，晚上照得像白昼一样，这仗该怎么打？

孙权射虎

其实合肥城墙上堆了这么多木石和鱼膏是已故扬州刺史刘馥的功劳。合肥是江淮一带最重要的军事重镇之一。无论是北方势力想南下，抑或是南方势力想北上，一定绕不过江淮一带的合肥。当年群雄逐鹿，中原混战，袁术被赶跑，带领部下跑到江淮，把江淮一带搞得乱七八糟、千疮百孔。袁术死后，江淮一带盗贼丛生，扬州刺史刘馥上任后，以文治手段安抚江淮一线各路贼寇，局面慢慢稳定。他还带领百姓开垦良田，兴建水利，使得江淮一线的社会经济生活得到恢复。刘馥不但文治了得，在军事方面也很有头脑。他非常清楚合肥的重要性，于是带领麾下人马开始整修加固合肥城，进行大规模重建，在城墙里堆积了大量的木石、鱼膏。可惜刘馥早逝，没能亲眼看见孙权在合肥城下狼狈不堪的样子。可以说，合肥能够成功抵御孙权的进攻，刘馥此前加固城墙、积累物资，立下了大功。

《三国演义》里说，刘馥在“宴长江曹操赋诗”这一回中因为劝说曹操不要酒后得意忘形，被曹操一槊直接捅死了。实际上，如果刘馥不是英年早逝，在唯才是举的曹操面前，肯定能成为曹氏集团的一颗政治明星。

孙权的战略眼光还是蛮高的，可惜在合肥，他的眼光没有发挥太大的作用，因为他的对手是曹操。像曹操、孙权、刘备这样超一流的高手，想法基本是差不多的。孙权能看得到的，曹操当然也能看得到。就像两个人在下棋，都知道对方的套路，不管自己怎么换底牌，对方总能猜出来。

曹操和孙权的比拼不仅是个人的比拼，为了决出胜负，还得扯上天时、地利、人和等因素。合肥之战中曹操相比孙权最大的优势就是曹军有城可守。打得过就打，就算初战告负，也可以迅速收兵回守城内，依据城池打持久战。只要能在最后赢得战争，龟缩也是一种策略。孙权的优势不算太多，人数和士气上比曹军好一点，士兵素质应该是和曹军留在江淮一带的守备部队差不多。

因为孙权手下最精锐的部队拨给周瑜去打江陵了，所以他带来的人虽然号称有十万，但实际上精锐很少，很多都是由守备部队临时凑数的。战争一开始，曹军不等孙权杀到，就退到合肥城里坚守待援。孙权在围城的同时，还得一心三用：一是要保持警惕，时刻注意曹军的援军；二是还得拼出吃奶的劲儿积极围攻合肥城，争取在敌人援军到达之前攻克合肥；三是离开本土，还得注意大家的吃饭问题，粮草问题也要重点关注。此消彼长，孙权大军的劣势完全凸显出来了。

刘馥早在十年前已经做好守城的准备了，而孙权显然没有在合肥城打硬仗的准备。本来攻合肥就是即兴决定的，对方用木石和鱼膏守城，孙权居然没有任何针对性的准备，这就说明他不仅没有长远的规划，想到哪儿就打到哪儿，而且缺少现场应对能力。

孙权能在赤壁打败曹操，是因为他手下有周瑜、鲁肃等武将和谋士。孙权的可怕之处在于他总能在生死决战的时刻找到解决问题的人。孙权一辈子亲自带兵打仗几乎场场不胜，但是他看人的眼光却很毒辣，但凡是他派出去打仗的人，往往能取得奇迹般的胜利。

在合肥城下，孙权想靠自己解决问题，可惜他已经努力了，却看不到成功的影子。焦虑之中，孙权骨子里那股家族遗传的热血冲动再次占领了他的头脑，他调集了一支精锐骑兵，准备亲自攻打城池。

对孙家父子的印象，我们总会或多或少受《三国演义》的影响，觉得孙坚、孙策父子俩英武刚烈，举世无双，而孙权比起父兄的英雄形象来说有点逊色。事实上，孙权和父兄一样，骨子里都是热血青年，勇猛刚烈。只是孙权成熟得比较早，少年持重，十五岁就被哥哥孙策任命为县长，十八岁继承了江东大业。比起父兄的勇猛，孙权的勇气是另外一种类型的，他更重视的是大局。孙坚、孙策虽然是英雄，但一个死在战场上，一个被刺客射成了重伤。他们除了英武外，还有轻率，包括孙权的三弟孙翊也是如此，都对敌人掉以轻心，结果死得不明不白。

孙权是一方统帅，手下兵将无数，他的一举一动关系着江东集团的安危。万一孙权学他的父兄，带一支人马冲上去了，被流箭射中了怎么办？被敌人砍死了怎么办？那江东集团该何去何从？不是孙权胆子小，而是职位限制了他的活动范围，而且他本身的稳重、周到，也是父兄所不能比的。如果非要举个例子证明孙权的刚烈，相信有句诗词大家都听过——“亲射虎，看孙郎”，射老虎的孙郎正是孙权。

孙权虽然稳重，不会轻易上战场砍人，但是骨子里的英武性格让他十分喜欢狩猎，别人打猎要么射几只兔子，运气好点的，也不过是射头鹿，能射个野猪已经算通天了。这与孙权比起来，简直就是小儿科。

当时南方原始森林比较多，隔几十里的树林里就会有老虎的痕迹。孙权喜欢骑马射老虎，这些老虎是野生老虎，非常凶悍。孙权知道野生老虎很悍勇，不仅皮糙肉厚，被强弓硬弩射一两箭一点事都没有，而且速度和力量也难以估量，刚射出一箭，准备拿第二支箭的时候，老虎会比箭还快，直接扑到你面前。所以射老虎不仅是个技术活，更是一个体力活，得准备和它搏斗。孙权射的虎多了，风险也就跟着来了。有一次他又去射老虎，结果这头老虎比过往的都要凶悍，没等孙权反应过来，老虎就扑到了他的马前，虽然孙权有很多实践经验，但他的马害怕了，吓得马蹄发软，结果被老虎咬伤了。于是，孙权被掀了下来。

孙权在坠马之后不等老虎逼近，率先捡起双戟朝老虎扔了过去，老虎虽猛但却因为距离太近被双戟扎中了。老虎也吃了一惊，转身就逃。得手的孙权拔腿就追，他的侍卫张世趁机用戈一击，终于把这头老虎抓到了。

孙权射虎是有史料记载的。《三国志·吴书》中记载：“马为虎所伤，权投以双戟虎却废，常从张世击以戈，获之。”事后孙权射虎遇险的事情被张昭知道，张昭一脸严肃地对他说：“将军，您怎么可以这么做？所谓为人君者，应当能驾驭英雄，驱使群贤，没听说过天天在原野上骑马奔驰和野兽比试武力的。如果一旦有危险，为野兽所伤，岂不是让天下耻笑吗？”孙权也算给面子，当时就道了歉，说“虑事不远，以此惭君”。

但是说归说，做归做，孙权控制不住自己。不骑马去射虎，就坐着车去射虎。于是孙权“乃作射虎车，为方目，间不置盖，一人为御，由于中射之。时有逸群之兽，辄复犯车，而权每手击以为乐。昭虽谏争，常笑而不答”。孙权让工匠专门制造了一种射虎车，车厢前面留下一个可以射箭的大方孔，没有车盖。每当有禽兽扑到车旁，孙权都会击打，以此为乐。张昭多次规劝，孙权都笑而不答。

蒋济奇谋

合肥久攻不下，孙权骨子里的英武之气被激发出来了，他组织了一支骑兵突击队，想像哥哥一样亲自向敌人发起冲锋。张纮听说孙权要带兵攻城，被吓了一跳。孙权可是三军统帅，任务是带领大家从胜利走向下一个胜利，而不是亲自到第一线去冲锋，杀敌立功是将士们的责任。于是张纮拦住了孙权。

“将军，兵器是不祥的器物，战争是危险的事情。如今将军您凭借锐气藐视凶暴的敌军，全军上上下下都为您担心。即便您杀死了敌将，攻破了城池，这也不过是一个偏将的职责，而不是主帅应该去做的。希望您能够压制心中的勇气，胸怀争霸天下的王者之气！”孙权听张纮说完，意识到自己犯了错误。于是口气缓和下来，停下了莽撞的脚步。

张纮松了一口气，接着说："我听说古代围城开其一面，可以迷惑敌军。现在我军围城如此，紧急进攻如此生猛，城内人必然感到恐惧，合力死战，所以我方才难以攻克。不如趁他们援军未到，我军稍微收力以观其变，不知将军意下如何？"

孙权不干，他坚持猛攻。其实孙权攻的不是一座城，而是一个心结——他要证明赤壁之战的胜利不是偶然的，他要把自己塑造成为一个随时随地能向曹操叫板的英雄。

比起孙权的焦虑，曹军的形势也非常不乐观。曹操收到扬州刺史的急报，知道合肥城局势非常紧张，深恐有失，准备派兵支援。可是他刚打完赤壁之战，元气大伤，曹仁还在和周瑜奋战，处处都缺兵少粮，曹操手里实在抽不出更多援兵。于是他派张喜带兵前往救援。张喜去救援的时候手上只带了一千人。曹操又补了一道命令，吩咐张喜经过汝南的时候把当地驻军给带上。可惜汝南兵要数量没数量，要质量也没质量。

张喜经过汝南的时候，军中不幸发生了传染瘟疫。这时合肥城内情况也很糟糕，孙权的猛烈进攻已经数不清是第几次了，形势吃紧。守军虽然听说确实有援军，可是左等不来，右等不来，城墙经过战火攻击，随时可能坍塌，糟糕的形势让城内守军个个面如死灰。

在扬州刺史发誓与城共存亡的时候，扬州官员正在私下合计，他们觉得合肥城撑不了太久了，一旦合肥失守，后面无险可守，孙权大军的铁蹄会立刻威胁到扬州城，所以他们暗暗准备行囊，做好了避乱逃走的准备。就在一片混乱的时候，拯救合肥的人终于出现了。这个人就是扬州刺史的别驾蒋济。

当时蒋济只有二十六七岁，在人才济济的曹营里，他显然是一个不起眼的角色。同在合肥城里驻守的张辽、李典比他出名多了。蒋济跑到刺史府，一路走，一路大声宣扬曹丞相已派四万援军救助合肥，已近城下。

这不是小事，扬州刺史都不知道的情报一个别驾又从何得知呢？刺史赶紧接见了蒋济，接过蒋济手中的信，信上只有几行字："散布援兵将至之假消息，以震慑吴贼，使其知难而退。"

原来蒋济想，如果再死等援军可能来不及了，要救合肥只能靠自己，但是硬打的话自己这边也没力量，只能用点诡计。蒋济向刺史建议，让刺史以个人的名义给合肥城内守军写封信，只说张喜四万大军即将杀到，希望城内守军兄弟再忍忍，过几天就可以守得云开见月明，对孙权来个里外夹击。刺史苦笑，听说张喜已经病得爬不起来了，哪来四万大军？蒋济一笑，说："是不是有四万大军不是关键，重要的是让孙权相信我们有四万援军正在赶来。"刺史说："孙权这么精明，怎么会相信我们？"蒋济说："我听说人们更愿意相信努力以后得来的东西，孙权不信，我们就做个局让他信。"刺史将信将疑，不过现在也没有别的办法了，只能死马当活马医。于是刺史写了一封信，内容大致是说，曹丞相派出的第一批四万援军已经出发，城里的弟兄们，再咬牙坚持一段时间，胜利最后是属于我们的。

蒋济找部下按照刺史的笔迹把这封信分抄了几份，把信分别交到了三批信使手里，吩咐他们说，这封信事关大局，关系到合肥城的得失，要不惜一切代价送到城里去！三批使者受到鼓舞，认识到自己肩上的重担，于是发扬不怕死的精神闷着头往城里冲。这些人还真是勇士，他们真冲进去了。但孙权军也抓住了其中一批信使，信被搜出来了。

孙权一看信，心都凉了。冲进城里的信使让城里人看了信以后，城里人也信以为真，以为援军真要到了，胜利时刻即将降临，士气高涨。城头之上一片欢呼，个个面露欣喜之色。这种场景是假装不出来的。孙权能不信吗？辛辛苦苦攻打了一个多月一无所获，本来孙权就有点泄气，再加上这封信，如果真的有四万援军杀过来了，到时候内外夹击，他能吃得住吗？于是孙权下令烧毁攻城器具，撤回江东。

曹操治合肥

孙权和父兄一样，都是好勇斗狠之人，但是有一点他不如孙策。孙策不会因为一封信而轻易上当，但孙权想的东西比较多，所以中了招。当然孙权也不是傻子，撤回去以后发现原来自己被人忽悠了，他非常不爽，打算杀个回马枪，再包围合肥，让蒋济、曹操及天下人看看。好勇斗狠也许是孙权一辈子最大的短板和无法突破的障碍，还好，张纮又劝阻他，建议他顺应天命，休养生息，积蓄力量。孙权听了，于是这件事不了了之。

幸好他没回头，因为曹操不可能放弃合肥这个战略要地。果然，建安十四年（209）三月，曹操腾出手来亲率大军来驰援，如果孙权没撤，他们就会直接在前线开战。面对用兵如神的曹操，孙权会不会吃亏还真得两说。

曹操到谯县就得知，孙权在不久前已经退兵。决战打不成也好，毕竟现在自己手头最缺的是水军，而这方面恰恰是东吴军的长处。曹操就让主力部队停下来，在当地制造轻便快捷的战船，训练水军。这时曹操的心态已经从之前的张狂变得谨慎和周到了。赤壁之战后，他的战略重心悄悄发生了变化。

鉴于孙刘两家联合起来确实厉害，自己未必打得过，在荆州方面曹操再也不敢轻举妄动。正所谓东方不亮西方亮，既然荆州暂时不考虑了，当然就只能指望东线的合肥。合肥的敌军只有一个小字辈的孙权，曹操对打孙权还是颇有自信的。

现在地方官要向他汇报工作了，扬州刺史派了蒋济到谯县拜见曹操，汇报最近的工作。曹操听说蒋济正是用奇谋逼退孙权的人，很高兴，他顺便把自己的想法和蒋济交流交流，想看看蒋济的意见。曹操的想法就是移民，为了防止孙权向北进攻，曹操打算把淮南的百姓迁往淮北。三国时代人口稀少，老百姓是稀缺资源，诸侯打仗除了抢地盘，还要抢老百姓。曹操害怕孙权向北进攻的时候打不下来，把老百姓给抢走了。事实上他不是第一次这么搞了。官渡之战前，曹操就曾经把老百姓往南迁，以避免自己有后顾之忧。那次很成功，所以这次他打算如法炮制。

他表面上是想听听部下（比如蒋济）的意见，其实心里早就有全盘计划了。许多时候领导对下属说自己的打算，并不是真的征询下属的意见，要的是下属的姿态，领导想听到的不是下属提出不同的意见，而是部下能称赞领导多么英明和伟大。

可是蒋济偏偏打破了这个官场潜规则。蒋济有才，也比较实在，不太会拍马屁。领导来征询他的意见，他就真的说出自己的意见了。他对曹操说，目前处于敌强我弱的情况，搞移民的确可以保存实力，但现在形势不同，社会已经逐步稳定，大多数老百姓不愿意背井离乡，不愿意被安置。如果硬要移民，会使得人心动荡不安，会出乱子。

曹操不以为然，他没有听蒋济的劝告，一意孤行要把淮南的十多万百姓向北迁徙，按既定方针去办。结果，江淮一带十多万老百姓积极行动起来了，扶老携幼向南逃，老百姓们受到了惊吓，像逃难一样主动逃到了江东一带。曹操偷鸡不成蚀把米，想抢老百姓没抢成，反而把老百姓推给了对手。这件事唯一好的结果就是曹操再次对蒋济的才能表示欣赏。

后来蒋济因为公事到邺城去，再次碰到了曹操，曹操对这事儿还是念念不忘，对他说的第一句话就是，本来想让老百姓避难，没承想，反而把他们全都赶跑了。这也是在变相地向蒋济道歉。后来曹操把蒋济拜为郡守，重点培养，日后蒋济在曹氏集团还有大把亮相的机会。

建安十四年（209）七月，曹操通过水路进驻合肥，恭候老对手孙权上门挑战。曹操信心满满，孙权也是鬼精鬼精的。孙权见曹操来了合肥，便死不出头了。

孙权方面没动作，曹操这边却是小动作不断。比方说庐江人雷绪反了，厚脸皮的陈兰也勾结梅成聚众叛乱。一般来说，能载入史册留名的人都不算小角色。雷绪的队伍连同家属至少有五万人，相当壮观。在史册中扮演一个跑龙套的角色，还是很有资格的。雷绪从前跟过张角，混过黄巾起义，也算是一个见过世面的人了，有些政治头脑。这是雷绪的第二次创业，考虑到外部环境不佳，他专门找到了外援孙权。

这对孙权来说是个好消息。但对于曹操来说，雷绪分明就是墙头草。如果单纯造反，曹操还能当成人民内部矛盾来处理，但如果和孙权勾搭，性质就变了，已经变成敌我矛盾了。曹操对付这种有组织、没纪律，有数量、没质量的农民武装一向有心得。他派出夏侯渊讨伐雷绪，派出于禁讨伐梅成，派出张辽、张郃、牛盖等人讨伐陈兰。为了防止孙权在南方接应，还派出臧霸主动攻击孙权手下的韩登。

这几个造反派中最狡猾的是梅成。他向于禁诈降，然后找机会把队伍拉到本地的天柱山和陈兰汇合。天柱山地势陡峭，通往山顶的是一条狭窄的小路。这条窄路有二十多里长，真是一夫当关，万夫莫开。曹军中有经验的将领多得是，一看这个地势就明白很难攻上去，只有张辽挺身而出说："难道因为困难，我们就畏缩不前吗？正所谓狭路相逢勇者胜。"张辽勇敢坚决地带队攻上了天柱山，把陈兰和梅成给杀了。

雷绪一看形势不对，估计投奔孙权也没戏了。这不是还有刘备嘛，他索性带领手下五万多人去投奔刘备了。对于弃暗投明的雷绪，刘备当然表示热烈欢迎，封他做了偏将军。当时诸葛亮不过是军师中郎将，级别比这偏将军还小一级。雷绪成功转会，官运亨通。但显然曹操是不可能容忍他长期存在的。曹操觉得如鲠在喉，派出了夏侯渊继续施压。最后雷绪的好运未能持续，他被夏侯渊斩杀。

整个平叛过程中，张辽险中求胜，立功最大，曹操当然更加欣赏他了，封赏起来也不手软。

这年年底，曹操从合肥回到了老家谯县，但考虑到合肥极为重要，特意留下了七千人，由张辽、乐进、李典三员猛将带领驻防，给他们的任务是防守。

不要以为孙权没来，曹操又走了，合肥就清净了。因为合肥的位置实在太重要了，接下来几年中，这里频繁发生大战，曹操、孙权都志在必得。

唯才是举

曹操到了合肥，等不到孙权来进攻，在南方也觉得没意思，就班师回朝了。

刘备正在做向西川进军的前期准备工作，孙权向西南部发展的同时，曹操也开始巩固在朝中的地位了。虽然曹操在铜雀台上宣布，打死也不做篡位夺权当皇帝的勾当，但他可没说自己的儿子未来不当皇帝。

为此，曹操专门增设了一个职位，叫副丞相。这个职位跟后来的副统帅差不多。担任副丞相职位的人不是曹操的亲密战友，而是他的儿子曹丕，这就是为将来的接班做准备了。

做好这一切后，曹操开始为将来的家天下打基础。天下最重要的是啥？人才！建安十五年（210）春季，曹操开始重新考虑人才队伍建设。曹操一直都非常重视人才队伍建设，手下的人才也是天下诸侯中最多的。但是他不满足，依然求贤若渴。分别于建安十五年（210）、建安十九年（214）和建安二十二年（217）颁布了三次求贤令。

东汉实行的是察举制，主要是考察人的名气、地位、人脉资源等等。一个人如果有才，但社会舆论对你的评价不好，那么即便你被推荐了，也可能被刷下来。曹操的求贤令把德行、名节、门第等迂腐无用的选才标准统统扔掉，大胆提出了唯才是举的用人方针。在文告中特别注释：“若必廉士而后可用，则齐桓其何以霸世？唯才是举，吾得而用之。”管仲在被选拔之前劣迹斑斑，做生意不老实，打仗还胆小，在辅佐齐桓公以前还是他的敌人，差一点一箭射死齐桓公，可是齐桓公不计前嫌，依然任用管仲。管仲给齐国甚至后世带来了多少贡献！所以曹操才会有说要唯才是举。只要你有才，其他我都不管了，一定会重用。

建安二十二年（217），曹操更是推出了主题更为鲜明的举贤勿拘品行令。有几句话直接概括了曹操的用人思想：“不仁不孝，而有治国用兵之术，各举所知，物有所值。”曹操说得很明确，要的是有本事的人，而不是道德模范，要的是有一技之长的劳动标兵，只要有才，不管道德水准、名声、家世、兴趣爱好如何，都可以得到录用。

人是很复杂的动物，只有有用和没用的区别，没有绝对的好和坏之分。所谓的好和坏是其他人的主观评判，所谓的社会舆论不过是绝大多数人对这个人的主观评判而已。曹操是做大事的人，不拘小节，他的用人思想甚至比后世之人还要先进。

赤壁之战以后，强势的曹操集团由战略进攻逐步转为战略防守相持。如果说赤壁之战前的曹操充满了雄心壮志，怀有浪漫主义精神，经过赤壁之战的一把火，曹操被烧醒了。孙刘联盟的根基更加稳固，一时半会儿是吞不下的，加上已经吃足了亏，所以曹操恢复实力以后，把战略由原来的进攻转向了防御。

转眼赤壁之战过去两三年了，曹操好好地放松了一下，既恢复了军队实力，也恢复了自己的元气。曹操就想出去搞点事。孙刘是不能碰了，但其他人不如孙刘联军那么强，比较好欺负，柿子挑软的捏，比如汉中的张鲁，关西的马超、韩遂，等等。先易后难，先把这些眼中钉肉中刺拔了，巩固了自己后院，再回头找孙权、刘备算账。

刘璋和张鲁一个在益州，一个在汉中，都是独霸一方的诸侯。张鲁无法无天，谁的账也不买。刘璋在益州是当地的土皇帝，原本是高举大汉伟大旗帜的，现在天天和刘备搞外交互访，要建立友好关系。曹操想，刘备如果再往西走，得到益州的力量，那可不成。必须搞定刘璋，切断这条线。而且刘璋没什么本事，应该很容易搞定。曹操觉得应该把张鲁和刘璋灭了，占据长江上游，以此为根据地放船东下东吴。这样一来，刘备和孙权就很容易搞定，至少难度没那么高了。

建安十六年（211）三月，曹操命令司隶校尉钟繇带兵向张鲁叫板，然后命令征西将军夏侯渊带兵从河东出发，准备和钟繇会师攻打张鲁。但是高柔提出反对意见，理由是，钟繇原来是专门对付西部几个造反派的，现在钟繇的军队有所调动，韩遂、马超等人会以为这是要对付他们，他们要是起疑心就会有所动作，还不如先搞定他们。把这些有数量有质量的资深造反派搞定了，张鲁肯定被吓住，到时候只需要给他写封信，威胁他，他自然会乖乖举白旗投降了。

这个分析看得非常透彻，有轻有重，有先有后，可曹操不愿意听。他的意思是，韩遂、马超这么多年在西凉半点动作都没有，还能有什么作为？韩遂都已经是半截身子入土的人了，早就过了搞事的年龄段。马超的老爸马腾还在我们这里当人质。一切都在我们掌握之中。

韩遂、马腾从来都是想自己当老大的，不愿意为谁打工。几十年来他们不停地闹，朝廷压得狠了，自己被消耗得差不多了，就不再搞武装暴动了。一旦有所积累，又会宣布起义，这样来回折腾，搞得朝廷很被动。钟繇做了西部一把手后，软硬兼施，内外兼修，通过自己为人处世的魅力让这帮人情绪稳定下来了。但这只是表面上的，他们只能算是勉强给他面子，实际上他们的内心依然是不服管教的。当然也不能说曹操认为马超他们不敢动的理由是苍白的，因为马腾现在正在首都任职，而这任职，其实就是当人质。

第八章

西凉是个火药桶

西凉这几年

李傕、郭汜之乱后，关中地区各路中小军阀蜂拥而起，相互攻伐，这当中马腾、韩遂的势力最强大。他们开始出来闯荡的时候，袁绍、曹操还在汉灵帝手下当公务员，一直到各路诸侯全被打光、中原一统、曹操平定北方的时候，他们还是西凉一带的军阀头子。他们久久难以成事的原因不是手下兵不够，也不是地盘不够大，而是没有胆子和能力。当初官渡大战时，如果马腾、韩遂有一点上进心，早就率领部队袭击曹操的后方了。曹操还怕他们来这一手，所以才把钟繇派去坐镇长安，安抚关中。如果当时马腾、韩遂下定决心进军中原，恐怕十个钟繇也镇不住。不是说钟繇能力不行，而是当初他手里的兵确实很少，只能向各个势力派遣使者，连哄带骗地跟群雄搞好关系，让关中不要再折腾。

等马腾、韩遂终于看清形势，为了能搭上末班车，他们不辞辛苦和袁尚搭上了关系。袁尚和他们结盟以后，还特别派了高干、郭援去西部串联进攻河东郡。只是他们还没杀到河东，就被钟繇的使者一番忽悠连带口头威胁给吓住了，马腾、韩遂急忙派遣使者通过钟繇向曹操献好，不但没有帮助袁尚，反而成了攻破郭援部的主力军。郭援的人头也是被马腾的部将庞德割下来的。这就是典型的窝里斗，真是猪一样的队友。这么一折腾，他们不敢再向中原地区伸手了，大约也明白了，以自己的眼光和能力摸不准中原政局的走向。走一步错一步，还不如退出这盘棋，做个旁观者好了。但这两位又是闲不住的人，不折腾别人了，就开始折腾自己人。因为部属之间闹了点小矛盾，他们便打了起来。一开始马腾把韩遂打得大败而走，但是韩遂早年在西凉一带就有很大的势力，败军之后他联络各路人马，共同进攻马腾。马腾大败而走，落荒而逃，妻子也死于乱军之中。

过了几年，曹操要南征刘表，怕马腾、韩遂又在西边添乱，就让钟繇派遣张既前往西凉说服马、韩二人放弃军权，入朝为官。马腾年纪大了，当年的雄心壮志早已扔到了九霄云外了，而且他和韩遂不和，感觉在西凉待下去也没什么意思了，倒是很容易被说服了。

曹操对于关中军阀的策略可以分成三个阶段。

第一个阶段，曹操迎汉献帝到许都后，对关中军阀主要采用笼络首领的做法。当时曹操身边强敌环伺，袁绍、袁术、刘备、吕布、刘表都不是等闲之辈，曹操实力不是最强的，所以对于偏远地区的军阀只能好言抚慰，先交个朋友。

第二个阶段，官渡之战时，曹操已经灭掉了袁术、吕布，收降了张绣、刘备，实力稳步发展。考虑到袁绍凶猛，关中军阀反复无常，光动嘴皮子套不住他们，曹操采用了在关中渗沙子的策略，一边慰问关中，一边让钟繇带兵向关中渗透，双管齐下，控制关中局势。这就是一手拿着胡萝卜，一手挥舞着大棒，效果相当好。结果在若有若无的压力下，关中诸侯不但很自觉地和袁家划清了界限，还友情赞助了曹操两千匹马。

有这层关系垫底，曹操和关中军阀的关系更紧密了。于是来到第三阶段，马腾、韩遂闹掰了。曹操一看机会来了，派钟繇和凉州刺史韦端前去调停矛盾。考虑到马腾确实为朝廷出了不少力，曹操封他为前将军、槐里侯，让他驻扎在槐里。前将军是地位尊崇的中央官，一般是要到朝廷办公的，曹操依然派驻他到地方去，这既是给马腾的面子，也是为了让他放心。只要马腾不闹腾，职务不是问题，待遇不是问题。不过曹操始终不敢掉以轻心，因为马腾手中有兵。有兵的军阀是什么？那就是火药桶，指不定什么时候一点就爆了，所以才有了曹操说服马腾入京为官的事情。

马腾到京城为官后，确实后悔过，但曹操的人实在太热情了，不断释放善意，大肆炒作不说，一路的欢迎仪式都非常隆重，让马腾一路心情舒畅。马腾如果脸皮再厚点，这种方法根本没用。问题是马腾的脸皮薄，人年纪大了，虚荣心也就上来了，开始讲情面了。他受不了欢迎仪式的冲击，觉得自己要是真不去，就太辜负大家的热情了。

曹操看马腾真的来了，立马给了他一个卫尉的职位。这可是当时国家的一级公务员，位列九卿之一，而且为了释放诚意，照顾马腾的情绪，朝廷又任命他的儿子马休为奉车都尉，马铁为骑都尉。马腾的家族几乎全迁到邺城了，只留下长子马超留守关中，统率马腾旧部。这也是曹操特意交代的。曹操让马超当偏将军，封都亭侯。意思是告诉马腾：你尽管安心在朝廷任职，不要有思想负担。你担心的问题也是我关心的问题，你只管放一百个心，我从来没想过要把你的队伍吞了。马腾进入曹操地盘后，相当于把老骨头交出去了。他明白，这辈子想离开京城几乎是没可能了。在曹操这里，最起码一开始的时候，他的待遇规格还是很高的。对曹操来说，识时务者为俊杰，曹操甚至希望马腾把儿子马超也叫过来。根据曹操一贯的做派，只要不是和他有深仇大恨的人前来归顺，他都是欢迎的，这些人当然也包括马腾全家，前提条件是他们不许三心二意。曹操不希望面对永无休止的军阀割据和战争。如果能用和平手段摆平军阀，职位、金银财宝算什么，统统都能给。

此后几年，蹲在边境啃了半辈子西北风的马腾终于吃上了热气腾腾的中原饭。在《三国演义》里，马腾被塑造成一个忠臣的形象，其实这是不符合事实的。马腾对朝廷的态度一直是模棱两可的，甭管谁当皇帝，对他来说都一样。如果事情就这么发展下去，也许再过几年马腾就能混个寿终正寝，被汉献帝封个谥号，这辈子也就过去了。可就在他入朝为官、想要享受天年的时候，马超正式走上了历史舞台。

对于马超，曹操原本是很乐观的，毕竟他全家人的性命都在自己手里捏着呢。可是马超不识时务，所以曹操一直没有忘记招安马超。根据史料记载，曹操刚自封为丞相的时候，就以朝廷的名义征召马超到朝廷做官。这也好理解，马超是马腾几个儿子中最精明、最生猛的一个，想当初支援钟繇、征讨郭援的时候，他被箭射中，立刻用布袋裹好受伤的小腿继续战斗，在他舍生忘死精神的感召之下，部队精神振奋，大破来势汹汹的郭援。现在曹操势力大了，又是丞相，主动来招安，一般人很可能点头同意，可马超愣是没去，他舍不得自家的一亩三分地。

这回曹操知道了，马超的胃口大得很，于是就加大了引诱力度，封马超为徐州刺史。徐州肥得很，而且和马超驻地一东一西。马超也是个聪明人，面对这枚飞过来的糖衣炮弹，警惕性很高地闪身躲开了。不久，曹操又给了马超安排了一份超级清闲的工作——谏议大夫，相当于国家的政策顾问，但马超依然不中招，又以种种理由推辞了。他心里其实已经有了小算盘，开始和关中其他军阀走动，甚至包括父亲以前的仇家韩遂。

曹操的算计

马超不想要曹操给的荣华富贵，他不想当任人揉捏的面团，他要的是地盘、军队。只要手里有这两样东西，就是土皇帝，比到朝廷给人打工强多了。马超父子尽管自始至终没有称霸天下的雄心，但割据一方的图谋从来没断过。

后世人看三国故事时肯定会提到马超，而且对他的好感度还不低，也非常同情他全家被杀的不幸遭遇。但仔细分析一下，曹操一开始并不想迫害马腾，也不想杀掉马腾。曹操是很奸诈、残忍，但是马腾有统一天下的雄心，他只是不希望在后院关中出现和朝廷、和自己唱对台戏的军阀，目的并不是把马家全灭了。而马超明知道自己的父亲和一大家子人在邺城当人质，却不管不顾起兵反曹，把这么多亲人置于极其危险的境地，这种做法无论如何都说不上“忠孝”。曹操的本意是让马超放弃兵权到城里安生享受荣华富贵，以土地换和平，以土地换前程，马超偏偏不配合。曹操明白了，只有用武力才能解决问题，只有用拳头才能解决一切。

曹操虽说打仗有一套，但是他不迷信武力。回头看看这几年他走过的路，我们就不难看出他比较喜欢不战而屈人之兵。可是面对马超，这一套不好使了。马超对于曹操来说就是绊脚石，必须搬开。

韩遂和马腾的关系时好时坏，但和马超的关系却相当铁，所以要夺取关中最省力的办法是拆散马超和韩遂的同盟。曹操对马家父子已经不抱希望，只能改变思路，争取韩遂孤立马超。韩遂也算得上是曹操的老熟人，天下刚开始乱的时候，他们的关系还相当不错。虽说几十年过去了，物是人非，但人是有情感的动物，不管怎么说，机会还是有的，兴许还能做点文章。凑巧的是，韩遂虽然偏安一隅，脑子还是灵光的，没忘记给自己找后路。建安十四年（209），韩遂再也无法忍受当下暧昧的局势，派出心腹阎行作为特使到邺城打探，看现在的政局中有没有空子可钻。

曹操明白，在两个政治集团相互摸底的时候，中间人的角色太重要了，他们的一言一行、想法都会决定整个政局走向。拿现在来说，这些人就是政治掮客。作为政治家，曹操非常重视这个人，于是抓住机会热情接待，把阎行封为犍为太守。犍为在今天的四川，人在中原，却封一个四川的官，这摆明了就是个虚职。不过，不管怎么说，这是一种善意的表达，阎行也蛮高兴的。他回去时，曹操让他给韩遂带了一封亲笔信，写得很简短，内容是“卿始起兵时，自有所逼，我所具明也，当早来，共匡辅国朝”。

韩遂、马腾都是靠造反起家的，严格来说都属于来路不正，这种暴发户总是担心哪一天被掌权者清算了，这也是韩遂派特使到邺城的缘故。曹操在这封信里明确表示，韩遂当初起兵反叛是有苦衷的，所以要放下包袱，早归正途。可以说这是曹操的一种手段，但从大局上来讲，曹操确实不愿意见到军阀割据的局面，从政治角度来说也是没错的。于公于私，曹操都得这么做。

阎行回去后，韩遂迫不及待地追问邺城方面到底是什么态度。吃人嘴软，拿人手短，阎行已经得了好处，自然要为曹操说话。他就说：“您起兵三十多年了，成就不算大，关中地区民不聊生不说，咱们控制的地盘还很小，照这么下去不是办法。”韩遂默默点点头。这事儿不正是自己担忧的吗？于是韩遂就问：“依你所见，该如何是好？”阎行等的就是这句话，他根本就没犹豫，直接说：“在下认为还是早日归附朝廷为好。我在邺城的时候已经表示要将老父送到京城去了，希望将军也能送一个儿子过去表示自己的诚意。”见自己的心腹是这种态度，韩遂也有点动心，但是一想到把军队交出去，把地盘交出去，韩遂实在舍不得。这么多年打拼积攒下来的血本被曹操拿走，韩遂当然不甘心了，何况还得送人质，心里更加忐忑不安。

可是没过多久，阎行说话算数，真把父母送到许都去了。韩遂看手下人都这么做了，也把自己的儿子送过去了。一般来说，送人质表达的是诚信，但后来的事实说明，韩遂送人质只是在忽悠，他心里还在观望，送人质只是想先麻痹曹操。

曹操费了这么大劲，最后马超不来，韩遂也没来。既然这样，那就开打。但是这里有个问题，马超名义上还是曹操封的偏将军，马超的父亲在朝廷当人质，韩遂的儿子也在朝廷当人质，两家都没有造反，总不能无缘无故地带兵攻打吧？师出得有名，当然这对曹操来说不是难事。没理由就找一个理由。就在曹操琢磨着找什么借口的时候，钟繇提了个建议：“主公给我三千兵，借口讨伐张鲁进入关中，必定可以使马超等人起疑，说不定他们会按捺不住起兵反叛，如此一来，岂不是有了正大光明攻打他们的理由了吗？”曹操大喜过望。

以征讨张鲁的名义进攻马超是一项国家机密，除了决策圈几个核心人物之外，一般人不知内情。很多人都以为真要攻打张鲁，就此提出了不同意见，其中也包括高柔。他们觉得只要曹操大军移动，马超肯定会有所反应。他们都不知道，曹操要的就是打草惊蛇，激起关中诸将反叛，然后名正言顺加以讨伐。只要摆平他们，关中就完全被控制了。反过来说，如果关中那些人一点反应都没有，曹操反而不舒服了。

史书上记载的关中之战都是攻打张鲁，而不是征讨关中。曹操是个优秀的军事家，对任何重大军事行动都有多个预案反复权衡。曹操大军经过关中，如果马超、韩遂规规矩矩什么也不做，曹操找不到借口，就真的去打张鲁；如果马超他们有所动作，那一反手就拍死马超。反正大军不能白跑一趟，不能空手而回。

转眼，到了建安十六年（211）了，正月，太原人商曜占领大陵（今山西交城县、文水县一带）发动叛乱，曹操派夏侯渊和徐晃前去镇压，攻下二十多个据点，干掉商曜，平定了叛乱。三月，曹操正式派钟繇率师出征，同时命令夏侯渊等人从河东郡出兵去与钟繇会合，大张旗鼓要打张鲁，摆明说因为地理条件不足，进攻张鲁的行军路线必须通过马超等人占据的关中。

关中军阀们一听，钟繇率领大军从洛阳向关中推进，果然开始起疑心。马超也是读过几年史书的人，他认为曹操此举必定是假途灭虢之计，明攻张鲁是假，暗屠自己是真。为了防止地盘被别人吞掉，马超决心先发制人，给曹操来个措手不及。当然积极行动是一方面，但也得讲实力。马超明白，自己手上力量有限，要组织各方力量搞联合阵线共同对付曹军，最重要的力量是号称西凉第一军阀头子的韩遂。只有韩遂加入战团，自己才有胜利的希望。

马超叛曹

当时的关中军阀中，除去当人质的马腾，韩遂年纪最大、资格最老、威望最高。偏偏这时韩遂不在大本营里，他正率兵在外征讨一个叫张猛的人。不过，这丝毫不影响他在众人心目中的地位。所以马超等人推举韩遂为总都督，总领叛军一起抗曹。韩遂回师后，一看自己一不小心当了头领，只能下定决心和众多头目一起反曹，一条路走到黑。当然，在此之前，他犹豫一下还是必需的，这就需要马超展示口才了。

马超口才不怎么好，但是他造谣扯谎的本事还是有的。马超拜见韩遂时，先把韩遂的左右侍从喝退，然后凑到韩遂耳边说："前几日，司隶校尉钟繇曾经秘密命我攻取将军，取您的人头，可见关东人的话已不能相信了。今超弃父，以将军为父，将军亦当弃子，以超为子。"

经过这么一闹腾，马超肯定是没爹了，曹操一定会对马腾下毒手。韩遂的儿子也在曹操手里，马超说，不如你舍了儿子，以后我给你当儿子。这就相当于是亲情绑架，硬要把韩遂绑到同一架战车上来。韩遂原本是犹豫、质疑的，但看马超一副诚恳的样子，心中已经信了七八分，然后又听说曹操派遣军队借道关东进攻张鲁，于是对马超的话已经全信了。

阎行的父母已经到曹操那里当人质，他自然不希望韩遂和马超搅在一起。不过韩遂很迷信，他说："今诸将不谋而同，似有天数。"封建迷信真是害死人。阎行看着干着急，好心提醒他莫冲动，他的儿子还在曹操手里。可是韩遂想的却是要干大事，儿子可以为老子的事业做点牺牲。

韩遂不听劝阻，终于正式和马超共同举起了反叛大旗。也别怪韩遂自信，因为当时在关中除了他和马超，还有其他大小军阀，比较有实力的包括侯选、程银、李堪、张横、梁兴、成宜、马玩、杨秋等，加上韩遂与马超，合起来有十部之众，十支队伍合在一起有十万大军，数量上远远多于钟繇的部队。这些叛军信心满满，浩浩荡荡地开赴潼关，准备把钟繇部队挡在潼关外。

消息很快传到曹操那儿，他很愤怒，但是并不吃惊。在他的如意算盘中，来的人越多越好，正好可以一起收拾。曹操甚至是故意这么安排的，他先命令钟繇出发。钟繇带的人马并不多，这支队伍的任务就是挑衅，打草惊蛇，让马超他们觉得自己还有胜算，所以发动叛乱赌一把。如果曹操一开始就率领十万大军出动，浩浩荡荡地向潼关杀过去，马超他们即便有疑心恐怕也被吓住了，根本不敢发动叛乱，这样一来，曹操的算盘就落空了。

曹操任命曹仁为安西将军，连夜赶赴潼关，都督诸军。这里说的是督军，不是去打仗。曹操特地吩咐，曹仁的任务主要是防守，只许守，不准攻，只要稳住局势，其他事情不要管。守到他亲率大军赶到，就是大功一件。

把曹仁派出去后，曹操要处理内部事务了。他很明白，马超相当生猛，除非自己亲自出马，否则很难搞定。但自己一走，大本营就空了，所以必须先把内部事务安排好。曹操安排最能守城的程昱辅佐五官中郎将曹丕镇守邺城。让程昱守根据地，曹操很有信心。

一切安排完毕后，曹操率领大军正式向潼关出发。建安十六年（211）八月，曹操亲率大军抵达潼关，著名的关中大战就此拉开帷幕。

打关中不是一件容易的事情，这里地势险要，易守难攻，是西汉的龙兴之地。守得好，保住自己的一亩三分地没问题。攻得好，从这里打向全国也胜算满满。可惜关中地区多年军阀混战，土豪们只管搞破坏，不会搞城防。

但关中地区的不幸正是曹操的大幸，因为马超、韩遂等人不修法度，乱搞一通，才使得后来曹操平定关中之战打得如此顺利。

曹操信心满满。这时有人提醒他，关中部队剽悍，擅长使用长矛，我军非竞选前锋不可，否则不好对付。曹操胸有成竹地说：“战在我，非在贼也。贼虽习长矛，将使不得以刺，诸君但观之耳。”曹操的意思是，战役主动权在我手里，不在马超他们那里。他们虽然习惯使用长矛，但是我会有办法让他们发挥不出这个长处来。曹操如此有底气，是因为他比较擅长使用骑兵，况且手下还有虎豹骑。虎豹骑一动，绝对可以一战灭敌。还有，曹操很清楚，虽说潼关地势险要，易守难攻，但此处并不是进入关中的唯一途径。从正面硬攻潼关，韩遂、马超凭险据守，曹军很难攻破，所以曹操考虑出其不意，渡过黄河，迂回到侧翼，展开攻击。

潼关之上，马超、韩遂看见曹操大军来到，摆出了一副非要从潼关进入关中的架势，心里十分惊慌，当即发布军令，调集后方军队来支援前线。当马超他们将注意力全部放在潼关一线的时候，殊不知已经掉进曹操精心设计的陷阱里了。曹操一方面对潼关发动猛烈进攻，牵制马超的注意力；另一方面挑选精兵从侧翼渡过黄河，声东击西。

率领这支小分队的是徐晃。曹操对徐晃说：“我打算派人渡河，来个两线夹击，如何？”徐晃回答：“敌我双方兵力全部集中在潼关，马超不分兵去防守蒲坂，说明他目光短浅，请主公下令让我率领一彪人马，渡过蒲坂，到河对岸去建立一个据点，从侧面袭击敌人，必可出奇制胜。”

徐晃的建议显然很对老板的胃口，于是曹操派出他和朱灵率精兵四千，夜间从蒲坂偷渡黄河，在黄河西岸扎下营寨。

黄河流经陕西、山西的时候走的是“几”字形，拐弯的位置是自古以来的兵家必争之地，春秋时崤之战发生地是函谷关，函谷关以西被称为关西或关中，函谷关以东被称为关外或是关东。古时交通不便，这里是出入关西关东的必经之路，但这并不意味着，这里是唯一的出入口。理论上说，从每个渡口都能够渡过黄河进入关中。只不过黄河大浪滔天，湍急凶险，一般人不会选择在其他地方渡河。潼关在函谷关后面，而徐晃所说的蒲坂叫蒲坂津（今山西永济），是黄河岸边的一个小渡口，从潼关向北走一段便到了，距离不算远，但很容易被忽视。

一旦徐晃渡河成功，一来可以调转马头向南直插潼关背后，二来可以接应后期从这里渡河的曹军主力，实属一箭双雕。曹操和徐晃自以为棋高一招，但是万万没想到，世上的聪明人不止他们，很快就有人识破了他们的计谋，做出了相应的反制措施。

蒲坂津的凶险

古人用“关门扼九州，飞鸟不能逾”形容潼关之险一夫当关，万夫莫开，想要正面突破马超的防线，难上加难。所以曹操想北渡黄河绕开潼关，与马超决战。

马超也是个聪明人，眼瞅着潼关外曹军攻势慢慢弱下去，曹军主力似乎不见了踪影，他便想到曹操必将从蒲坂津渡河。战国名将吴起所写的兵书《吴子》中有一句，“军半渡可击”，马超也是知道的。

在徐晃还没渡河的时候，马超就已经在开军事会议了，他建议到渭北一带和曹操对着干，不能让他们渡河进入渭南。只要顶住二十天，徐晃的口粮就会彻底吃光。那时他们再不走，就只有两条路：一是饿死，二是被自己打死。

后来曹操得知马超曾经提过这个建议后，不由得感叹："马儿不死，吾无葬地也。"

韩遂也觉得马超说的没错，原则上同意，但是他虽然是资深造反人士，脑子却和造反事业一样没长进。他不从双方力量对比方面做全面评估，老是以为自己现在占据优势。为了取得更好的效果，他自作聪明地对马超的方案做了一点修改。先由曹军渡河而来，依照兵法半渡而击之。按照兵法来做，原则上是没错的，但亏在生搬硬套。战场瞬息万变，脑子转得不够快，就会吃不了兜着走。其他人和韩遂的思想水平处于同一档次，都觉得韩老大的话太对了。于是马超的计划就被否定了，一个可以把曹操打得大败而逃的机会就这么被白白浪费了。韩遂期待的场景没能出现，因为他们动作太慢了。徐晃、朱灵已经连夜渡过了黄河。看到徐晃他们在河西站稳了脚跟，曹操立刻放弃了对潼关的牵制，趁着关中联军不注意，迅速让主力行军到潼关北部，准备大规模渡河。

马超知道后，一面派遣梁兴率领五千大军绕到蒲坂津对岸，争取在曹军全军渡河之前，来个半渡而击；一面亲率大军冲出潼关，在黄河东岸追赶曹操主力，争取和梁兴两面夹击曹操。时间就是生命，时间就是胜利，这在战场上体现得淋漓尽致。梁兴率领的先头狙击部队赶到的时候，发现徐晃部已经全部渡河，在黄河西岸安营扎寨。既然这样，直接开打吧。梁兴的人数是占优势的，他带了五千人，徐晃那边是四千人，而且徐晃部连夜渡河，又安营扎寨，体力消耗非常大，打起来梁兴胜算应该蛮大的。偏偏梁兴是个悲催的倒霉蛋，在占据优势的情况下仍然打不过徐晃。两军混战不久，梁兴就被徐晃打得大败而走。马超的计划就此破灭。

建安十六年（211）闰八月，已经尝到甜头的曹操赶到了黄河岸边，在蒲坂津下令主力全部渡河，全军绕到马超背后寻找战机。只是曹操大意了，没想到马超也不是省油的灯。曹军这边战机还没找到，马超却已经抓住了机会。马超的主力无论是处境还是素质都比梁兴的要好得多，绕到黄河东岸后，一路狂奔，撵着曹军主力跑，等赶到蒲坂津，发现曹军主力几万人差不多已经全部渡河了。

按说马超算是没戏了。偏偏在这个节骨眼儿上，曹操大意了，他让大队人马先过，自己留下几百个虎贲卫士断后，在岸边指挥。马超很快就找到了他，危险悄然而至。

马超的骑兵像风一样卷着风尘来到了岸边，喊杀之声震动原野，箭如飞蝗，密不透风。曹操却稳如泰山，依然按着宝剑，很有风度地端坐在椅子上督军，似乎身后蜂拥而至的敌军与自己一点关系都没有，把卫士们快给急哭了。

曹操要保持领导的光辉形象，可手下的部属们却不管这些。许褚、张郃跑过来架起曹操就往前跑，一直把他架到船上。来到船上，曹操依然稳稳地坐着。

曹操这么表现是有道理的，这时候他要是表现出一点慌张来，手下的士兵立刻就会乱了阵脚，所有人的命就没了。所以其他人可以动，可以乱动，他只能纹丝不动。马超早就远远地望见了前面的曹操，于是马超和士卒们都开始疯狂了，紧追不舍，砍杀不止，万箭齐发，向曹操的船飞过来。虽说曹操身边都是精英中的精英，虎贲卫士，但是再厉害，能架得住这么疯狂的追兵吗？看着乌云蔽日一般飞过来的箭雨，虎贲卫士也成了纸老虎。此时此刻，岸边全是马超的人，唯有上船才能保命，可船只有一条，在强烈的求生欲望的支配下，虎贲卫士争先恐后地向渡船涌过去。船很小，想上船的人却很多，力气大的拼命往上挤，力气小的只能紧紧抓住船帮不放。船眼瞅着就要翻了，岸边的人依然不断地涌来，拼命向上挤，看着身边一张张非常熟悉的面孔，曹操内心汹涌澎湃，一方面他希望这些贴身卫士能够得救，另一方面他又清楚救了他们可能大家都得一起死。但他表面上依然稳如泰山，纹丝不动。他身边，黄河水大声嘶吼，人们鬼哭狼嚎，一条小船左摇右晃，随时有可能被吞噬在鼎沸的人声和黄河水中。此情此景，宛如人间地狱，唯有曹操一人一动不动。

膀大腰圆的许褚发飙了，拔出刀来大吼一声："放手！"之后发狂似的挥起短刀向船舷上砍去，船帮上无数只手正在为生命做最后一次挣扎，许褚刀下，这些苍白的手顿时鲜血直冒，在一片血光中纷纷掉落，被浑浊的黄河水卷得无影无踪。这惨烈的场景，渡过黄河的曹军主力看得一清二楚，心中如火炉倒悬。那些被砍掉手，甚至被砍掉脑袋的卫士都是曾经和他们出生入死的兄弟，现在却一个一个掉入黄河，或是被马超军毫不留情地砍翻。

他们的死却换不来主帅的安全，曹操坐在船上，分分钟都有可能被卷入黄河，或是被马超一箭射中。一旦主帅有失，这仗还怎么打？但苦于隔着一条黄河，这边的人也束手无策，心急地拉过几条船向回划，希望能及时赶到，帮上一点忙。但黄河河面如此宽阔，一时半会儿怎么赶得到？

曹操身边的卫士越来越少，马超的骑兵越逼越近。一世枭雄曹操就因为一个大意，眼瞅着要在黄河边被杀了。

虎口脱险

曹操所坐的船并不大，启动以后应该向对岸划过去。可是船不大，吃不住劲，黄河水滔天蔽日，把船吹得东倒西歪，没向对面走，偏偏向下游漂去。马超的骑兵沿着河岸一边猛追，一边放箭。嘶吼声、马蹄声在黄河岸边伴随着秋风传来，飞尘阵阵。铺天盖地的箭雨像一把黑伞，死死地盖在曹操的船上。对岸曹军士兵被吓傻了，箭如飞蝗，不长眼睛，指不定什么时候会有箭扎中主帅。

很快，令他们更加惊恐的一幕发生了，替曹操划船的船工在箭雨中躲避不及被射成了刺猬，当场身亡。这下，船彻底没了动力，只能顺着黄河水道被大浪冲击，向下游漂去。船上不断有人倒下，岸边的箭没有一刻停息，一波又一波向船上飞过来。好在许褚挺身护主，挡在了曹操面前，史书记载“褚左手举马鞍以蔽操，右手溯船”。此时此刻，岸边还有很多曹操的贴身卫士没有撤离，这些人不是人人都贪生怕死，依然有人拼死抵抗，想为主帅赢得更多的时间。有一个叫丁斐的校尉不但拼死护主，而且特别聪明。

和大部队一起渡河的还有一些辎重，包括很多牲口，大军渡河，不可能先把牛羊渡过去。所以在乱军中，这些牛羊被围在一起动弹不得。丁校尉灵机一动，把这些牛羊放了出来。牛羊一看自由了，像炸开了花，散得到处都是。大部分打仗的士兵是农民出身，对牛羊视若珍宝。岸边突然多了这么多牛羊，谁抢着就是谁的，士兵还有心思打仗吗？于是很多追兵箭也不射了，刀也不抡了，全副精力地去抢牛抢羊。顿时，箭雨变得稀疏了，只剩下马超和死忠的卫队在继续追赶。许褚的压力减轻了，他可以和其他活下来的士兵齐心协力把船划向对岸了。曹操命硬，也有运气。如果没有这几个好兄弟，没有许褚，估计曹操早已被扎成窟窿了。

这艘船向下游漂出四五里后，居然奇迹般靠上了对岸。已经渡过黄河的曹军诸将，看到老板终于活着从船上下来了，又惊又喜，很多人跪倒在地，流下了热泪。这泪既是为曹操而流，也是为战场的残酷而流，更是为生命的珍贵而流。整个过程中，曹操一言不发，始终端坐船中，不管马超军追得有多急，箭雨多密，他的脸色毫无改变。正是这样的英雄，才有机会改变历史。

曹操的这一出虎口脱险让所有人揪心不已，但对曹操来说，他已经经历过很多次这种场面了，每次都是有惊无险。所以下得船来，见下属欣喜若狂的样子，他反而很镇静，只是回头看着对岸的马超骑兵哈哈一笑道："今日运气稍逊，差点儿被马超小贼给困住了。"

每到危急时刻总能看出一个人的品质，宛城大战如果没有典韦拼死狙击张绣，为曹操逃跑争取时间，之后也不会有曹操。而这次战斗中，如果没有许褚奋力救主，没有丁斐使用妙计，恐怕曹操也会死得很难看。典韦、许褚忠勇，但为什么他们会舍命救主？中国有句古话叫知遇之恩，以命相报，典韦、许褚忠勇护主，一方面是他们身上有忠烈之气，一方面他们是感恩曹操平时对他们的重视。

典韦、许褚说破天不过是保镖队长，在名将如云的曹操集团中并不出彩。但曹操丝毫没有瞧不起他们，还主动和他们这些武夫一起吃饭喝酒聊天，这恐怕不是每个老板都能做到的。这就是曹操的魅力。正如刘备有关羽、张飞，孙权有周瑜、鲁肃一样，这三家集团能够得天下，首先是得人心。

曹操九死一生渡过黄河，扭转了战场局势，牢牢掌握了主动权。他率领大部队进入河西后，沿着黄河缓缓向南推进，利用有利地形，用大车和木头围成了一条甬道，将粮食和辎重不断运往渭河北岸，准备南渡渭水。潼关在渭水和黄河的交汇处，一旦曹操主力渡过渭水，绕到潼关背后，那么潼关和关西的联系就会被彻底截断，潼关就会变成一座孤城。曹操渡黄河这一招是险中求胜，把僵局变成自己的活局，变成马超、韩遂的死局。韩、马之前狙击曹操的计划彻底被打乱，不得不放弃潼关一线，迅速率领主力赶到渭水南岸狙击曹军。他们速度很快，在曹操来到之前就到了渭水之南。但是渭水那么长，河水又不像黄河那么湍急，哪里都可以渡河。马超虽然有十万之众，也总不可能在渭河沿线全线驻军，到底要在哪几个点布下主力，马超心中没底。

曹操心里可是很有谱的，他弄了很多小分队，在渭水沿岸多处设置疑兵，今天在这里突一突，像要渡河了，等马超主力扑过来，那边又传来消息说也有曹军要渡河，搞得马超疲于奔命，狼狈不堪，不得不日夜放哨，生怕打一个瞌睡，曹军主力就过来了。

战场上最怕的就是被敌人牵着鼻子走，毫无保留地接受敌人的忽悠。某天，几个小分队再次出动，在多个点上开花，等马超部队分散后，曹操率领主力赶到一处马超军没设防的渡口，迅速乘船过河，然后在渭水上搭设浮桥，让后继主力通过。他们过河后也不休息，立刻在渭水南岸修筑工事。马超很快知道自己中计了，他当然不能容忍曹操在渭水以南安营扎寨，于是趁着夜色带兵偷袭。

当然，曹操已经算定了马超必然会趁机劫营，所以在大营附近也安排了几处伏兵。马超没想那么多，只想冲过去把立足未稳的曹军痛扁一顿，但是他低估了对手。马超带领人马拼命向曹军大营奔来的时候，已经掉进埋伏圈了。这次马超人数不占优势，碰到伏兵不败才怪，他只能灰溜溜带领残部退回大营，不敢再偷袭了。

马超不是傻子，甚至还智谋过人，他在几次战斗中都看到了机会，而且抓住了机会，只可惜在临门一脚的时候，让曹操挡住了胜利的脚步，最后以失败告终。

马超终于明白了，和曹操这种军阀终结者作对没什么便宜可占。曹操确实厉害，再加上自己处处被动，硬撑下去胜算不大。万般无奈之下，他把大家叫在一起商议，达成一致，打不过就求和。

马超的方案是以土地换和平，把黄河以西的土地割让给曹操，以求曹操退兵。问题是，曹操已经占据了战场有利局势，不会满足于黄河以西，他要的是整个关中。

一场风花雪月的谈判

曹操不同意和谈。绝望之下，马超不断派骑兵进行袭扰。曹军每过来一部分，马超的骑兵就过来突击一次，反正不能让曹军舒服。马超的行动取得了不错的效果。曹操的大部队在骑兵突击之下很难扩大地盘，加上渭水南岸是沙地，没法构筑工事，北岸的曹军也很难继续渡河。曹操为这事儿又开始头疼了。参谋娄圭想出了一个因地制宜的办法，他献计说："这两天天气寒冷，我军可在南岸筑沙围墙，以水浇灌，按现在的天气，一夜之间就可以把沙墙冻住，形成坚固的堡垒。"曹操茅塞顿开，当即下令让士兵在岸边筑起沙墙，就地取材引来渭水浇灌上去。

天气寒冷，一夜之间沙墙都冻硬了，即使拿刀剑去砍，也只有一道白痕。沙墙筑得多了，就围起壁垒，一天弄一点，曹军在渭河南岸的阵营越建越大，终于大到可以容纳主力部队，北岸曹军才陆陆续续渡过渭水，在南岸站住了脚跟。

曹操并没有积极进攻，而是采取稳固防守的策略。这反倒让马超心里发毛，命部下多次前来挑衅，但曹操置之不理，严令不得出战。等曹军主力全部渡过渭水，马超心里凉透了。毕竟是年轻性子急，马超觉得曹操实在太讨厌，于是再次出手。不过马超这次不是挑战，而是求和。虽然求和是老调重弹，但是条件是越来越优厚了，比如为了显示诚意，马超特意献上了建设性意见，把儿子送给曹操当人质。曹操不是没有考虑，只是他不再相信人质了。马腾全家已经在做人质了，可马超也没在乎他老爸的生命，既然这样，他还会在乎儿子吗？所以曹操坚持认为，你虽然忍痛割爱做出了牺牲，但还不够。我对你儿子不感兴趣，我感兴趣的是你的地盘和你的人头。

马超给曹操留下的印象太深刻了。如果韩遂真听了马超的建议，曹操能不能渡过黄河还是个未知数。这是一个让人寝食难安的搅屎棍，怎么能轻易放虎归山呢？地盘全要，人也不能放走。现在战场主动权已经掌握在曹操手里，所以此时此刻马超没有资格讨价还价。

虽然曹操对马超的求和不屑一顾，但他是一个精明的政治家，并没有一口回绝。此时贾诩提出了更绝的建议：“曹公不妨同意马超的建议，假意答应以后，好好利用一番。”曹操追问：“先生何意？这事最后还是得以武力解决。”贾诩阴阴一笑，“主公若一口回绝，恐怕只能用刀剑说话了。马超、韩遂失望之下必定团结一心和我军死磕。到时战胜的难度就加大了。”曹操进一步追问：“该用何计？”贾诩终于不卖关子了，说：“离之而已。”直接用离间计，使他们不能联盟，等他们内耗以后，曹军再开打，成本会降低很多。

曹操何等聪明，又一向善于用计，听贾诩这么一说，不由得粲然一笑。曹操立刻想到自己和韩遂是老熟人，经过贾诩的提醒，便觉得切入口就在韩遂身上，于是曹操立刻批复，同意马超方的请求，但具体细节还需当面探讨，一旦取得共识，立刻停战。为了安全起见，双方约定在阵前会面，具体事情具体商量。

关中联军得到消息当然是非常高兴的。既然要谈判，就要派代表，自然是德高望重的韩遂亲自出马为好。曹操跟韩遂年纪差不多，私下还真是有点关系。曹操和韩遂的老爹是同一年被举为孝廉的。当年汉朝还没有大乱，曹操和自己这老同事的儿子韩遂也算是见过几次面。这些年双方虽然打来打去，但只是政治上的敌人，一旦政治问题解决了，就可以回到私人关系，所以曹操盛情邀请韩遂过来好好聊聊。曹操有意利用这层关系和韩遂套近乎，这样就能离间他和马超了。

对方如果派出的不是韩遂，而是马超也好办，因为马超的父亲在曹操手里当人质，而马超又提出了谈判请求，双方共同语言更多。双方和和美美地交谈，就能引起其他人的戒心，离间计同样也能成功。

曹操答应议和的第二天，双方来到两军阵中见面。来谈的人果然是韩遂，当然马超他们也来了，只是没走那么近，在自己军阵中远远地观望。

谈判主题是以土地换和平，但曹操和韩遂见了面以后，却是从家长里短开始谈的。作为这场好戏的主角，曹操相当健谈。他们俩谈起了过去在京都洛阳时认识的老朋友和过去那些老故事，没有谈军事，也没有谈双方共同关心的政治话题。聊着聊着，韩遂觉得不对，好几次张口想提及和平谈判的问题，可是话语权在曹操那儿，韩遂刚开口，曹操就故意给岔开了，正事不谈，依然滔滔不绝地谈及其他。

韩遂也被曹操的热情感染了，感觉他不是敌人，而是老朋友，于是慢慢被带到沟里去。说到高兴的时候，两个人拍手哈哈大笑，远远望去，简直就是一对亲密无间的战友。只可惜这是一场秀，当年的友谊早已不复存在，这场谈判就在亲切友好的气氛中落幕了。当然，谈判没有取得任何成果。

“巨星”见面会

韩遂空手而回。曹操和韩遂交谈是在两军阵中进行的，双方军队隔得比较远，所以曹操和韩遂之间的谈话内容除了他们俩，其他人根本听不见。双方士兵看到两人在阵中谈得很热闹，都很狐疑：这俩人到底是敌人，还是朋友？特别是马超，他心里本来就忐忑，看见韩遂和曹操谈得这么投机，难免心里七上八下。回营以后，马超立刻非常关切地追问：“公何言？”韩遂觉得和曹操只是叙旧，没有谈及军事和政治，于是就答：“无所言也。”马超当然不信。

韩遂说的是百分之百的实话，可是马超他们也是百分之百持怀疑态度：韩遂该不是心中有鬼，准备变节投降吧？曹操的目的就在于此。没过多久，他又约韩遂、马超在阵前见面。曹操手下诸将对曹操说：“同敌将在阵前交谈不能大意，可放些木形马阻挡敌军可能的冲击。”木形马就是用木头交叉成栏杆似的障碍物，可以阻挡对方前进。曹操明白还是稳重周到些好，就吩咐照办。为了给对方施加压力，曹军特别挑选了铁骑五千分成十队在曹操身后整整齐齐地排列着。双方见面后，曹操依然非常热情，当然这种热情只是对韩遂。聊着聊着，曹操发现韩遂身后还站着阎行，阎行此刻就是曹操派出去的、意志不太坚定的卧底。曹操特意对他说了一句："你应当想一想，如何做一个孝子。"潜台词是你千万不要忘记养育之恩，你父母可在当人质啊。

这边说得热闹，那边马超手下一些将领已经被这阵势折服了。眼前这位是"当红巨星"，强大的气场确实不是一般人能比的，这让那些平时不可一世的关中诸将不由自主地被吸引，居然情不自禁地在马上给曹操行礼。将领们见到曹操尚且如此，那些只听过曹操大名、没有见过曹操本人的士兵就更不用说了。马超手下的军人，特别是那些胡人，也纷纷挤到前面遥望曹操，感觉就像是热情的粉丝想亲睹明星的尊容。

史书上说人太多了，结果前后重叠，曹操专门抽出时间策马来到众人近前，对他们说："尔欲观曹公邪，亦犹人也，非有四目两口，但多智耳。"一看"巨星"如此亲民，涌上来观看的人更多了。

这些人看到的不光有曹操，还有他身后的铁骑，阵容严整，威风凛凛，金光耀日，个个不寒而栗。军阵构成的舞台上只有一个主角，那就是曹操，他出尽了风头。旁边的马超心里能舒服吗？

马超自富勇力，正当壮年，力气很大，武艺很高，属于典型的力量型肌肉男，他看见曹操虽说背后有军阵，离自己却很近，身边只带了一个卫士，于是突发奇想，擒贼先擒王，如果这时候冲上去把曹操抓住，不就什么问题都解决了吗？

当然曹操料到马超肯定心中不爽，所以特意命许褚换上骑士衣甲伴随自己左右。马超想要抓曹操的时候，第一眼就看到了许褚。许褚头脑虽然不发达，智商没那么高，但知道自己的本分，只想做好保镖工作，不让任何恐怖分子靠近老板。职业敏感度很强的许褚一看到马超的脸色就知道他动机不纯，于是死死盯着马超。见许褚看着自己，马超想起来了，曹操身边有个许褚，绰号虎痴，非常有名，碰到这个人恐怕一时捞不着什么便宜。不过马超不认识许褚，所以动手之前特意问了一句："曹公，敢问您身边有一虎侯，其人何在？"曹操笑了，往身边的许褚看了一眼，下巴微微一抬，示意此人正是虎痴，也就是马超所说的虎侯。马超当时心就凉了，一眼看过去就知道许褚太猛了，硬冲上去肯定过不了那一关。即便马超身手不错，和许褚死磕也不是没有胜算，但是一旦纠缠起来，曹操早就跑了，突袭计划不就落空了吗？马超知道自己惹不起，就不轻举妄动了，于是继续无聊、郁闷又疑心重重地看着曹操和韩遂说说笑笑。

曹操要的就是这个效果，经过几回折腾，曹操猜到马超肯定已经起疑心了。他想趁热打铁再下一剂狠药。没过几天，曹操命令手下给韩遂送去一封信，信的内容故意往军事机密方向写，表面上却看不到敏感词汇，这封信写好以后专门做了涂改，紧要的地方用笔给划掉了，弄得好像是草稿，按照双方交往礼仪这种草稿不应该送过去。史书上记载："又与遂书，多所点窜，如遂改定者。"这封信送过去的时候，信使来到关中联军军营附近，故意扯开了嗓门喊："我是曹公派来送信的，我家主公给韩将军写的信。他们俩打小关系铁，不给他写信，难道还给马超将军写信不成？"信使像唱戏一样一喊，联军士兵都知道曹操给韩遂写来了一封信，看起来有很重要的内容。

韩遂听说了，立刻让信使把信拿过来拆封观看，一看就糊涂了，这信里写的统统是无聊的话，虽然讲了一点军事机密的内容，但每提到敏感词直接就抹掉了。韩遂看了信，根本没弄懂曹操到底想表达什么意思。正当韩遂一头雾水的时候，马超来了。

一封要命的信

曹操的表演正是离间韩遂、马超的一个环节，而声称要把韩遂当成父亲的马超一直以来心怀猜忌，这种猜忌在韩遂收到曹操的来信后达到了高潮。听说韩遂收到一封来自曹操的信，马超肯定想要看一看，他是怕曹操要和韩遂联手，于是找到韩遂要求看信。韩遂心中无愧，但是也知道马超已经怀疑自己了。为了表示自己是清白的，满怀着对马超怀疑自己的不满，韩遂干脆大大方方地把信拿出来给马超欣赏。

可惜，马超看到这封信后，心中的疑团不但没有消去，反而更大了。因为他看的重点不是无聊的话，而是涂涂改改的地方。欲盖弥彰，若是不心虚，涂改做什么？为什么在关键的位置上改了这么多？分明是韩遂把关键字眼给抹了，因为韩遂怕密谋被人得知。于是马超指着修改的地方问："这下面是什么内容？"韩遂茫然地摇摇头："我拿到信的时候已经如此了。"马超当时就大怒："这种话三岁小孩都不信。曹操给您写信，如此重要的文书，怎么可能到处涂抹呢？"

韩遂很悲催地发现自己陷入了一个怪圈，他原本是想解释清楚的，却不知从何开口，对方根本就不听，听了也不愿意相信，这种事情越描越黑，解释不了，只能清者自清。最后，韩遂也忍不住生气了，你不信是你的事儿，老子用不着你相信。

马超与韩遂的联盟，从马超的父亲马腾开始就着手经营了，双方十几年来甘苦与共，现在只因为一封信，就开始解体了。这不能不说是一种悲剧，但从另外一个角度讲，这正是曹操的巨大成功，是贾诩的巨大成功。贾诩久居西凉，对西凉的风土人情了解得非常透彻，对西凉诸将很了解。这些人小心眼，过分注重自己的利益，没有安全感，但凡有点风吹草动，就会草木皆兵。典型的代表就是李傕、郭汜，他们从来只看到自己的利益，心中没有大义和大局。这就是西凉将领的风格。这种个性在讲究礼义传统的中原人看来，简直是不可理喻。马超也是如此，贾诩看穿了这一点，适时献上了离间计。

当然，贾诩也挺下三烂的，献了毒计，让人背后发凉。马超与韩遂的裂痕加大了，曹操看在眼里，他明白火候到了，于是撕下伪善的面具。既然马超一而再再而三地要拼命，接下来直接用刀剑来交流吧。

曹军给马超、韩遂的关中联军下了战书，约定日期决战。这时，马超才隐隐感到自己被人耍了，那也只能打了。

两军对阵，曹操没有将所有军队都压上去，只派出了一支轻装部队和马超交战。马超是怀疑韩遂的，所以在决战的时候他们就不可能互相协作了，马超的部队在玩命进攻，而韩遂的部队只站在旁边当观众，喊几声口号，挥两下兵器，一点支援的意思都没有。出于这个原因，一向精锐的西凉兵和曹操的轻装部队打了很久都没分出胜负，曹操的轻装部队竟然顶住了马超疯狂的冲锋。就在战事渐渐胶着的时候，曹操下令麾下精锐骑兵迅速出击，从侧翼夹击关中联军。联军原本和曹操的轻装部队打的时候已经有点吃力了，现在对方更精锐、人数更多的部队又冲杀上来了，哪里扛得住！联军内部先乱后败，原来稍占上风变成了兵败如山倒，在曹军大规模夹击下大败。

打完马超，曹操将兵锋直指韩遂，展开了对韩遂的打击。韩遂也扛不住，被狠狠揍了一顿。这时韩遂才明白，自己一直以来都在被曹操耍着玩。那些无聊的说笑、毫无内容的信，对自己来说是无聊，可对于曹操来说，都是害人的阴谋诡计。可现在才觉悟有什么用？韩遂也只能跟在马超屁股后面跑。

这一仗下来，马超、韩遂联军中的好搭档成宜、李堪等人先后被杀。战败后，韩遂、马超等人逃往凉州，杨秋逃到安定。曹军大胜，基本解决了西部问题，从此关中无大事，这显然符合曹操的心意，所以他难免有些得意扬扬。

在总结大会上，麾下众将众星捧月一般围着曹操，争先恐后地问曹操："一开始敌军主力占据潼关，而渭水以北的道路空虚无备，没有多少敌人把守，为何不选择从这里直接进攻关中，反而率领主力在潼关对峙了那么久？"曹操哈哈大笑，意气风发地说："这说起来很简单，马超他们集中部队守住潼关的时候，如若我们就此进入河东，他们必然会分兵守住各个渡口。他们若是守住了渡口，我军主力如何渡过黄河？所以孤故意带大家在潼关驻扎下来，是在打心理战忽悠他们。敌人看见我们主力都在这里，当然会集中兵力守住潼关了。这样一来，北面的黄河渡口基本上就防备空虚了，徐晃将军他们才能够顺利渡河，毫不费力拿下河西。我们也就可以渡过黄河，这样敌人就无法阻挡我们的脚步了。徐晃他们早已在河西站住脚跟，渡河之后我们再向南修路，一来是为了我军主力安全而来，二来也是向敌人示弱。我们坚守不战，是为了让敌人骄傲自满，一旦敌人放松了警惕，我们就可以以逸待劳，逼他们求和。到最后他们丧失警惕性了，我们突然展开进攻。这样一来，取胜易如反掌。”

将领们拼命点头，又追问主公：“为什么关中叛乱分子军队越来越多，多一些您就笑一次？敌人人数多了，我们的困难更大了呀！”曹操又笑了：“此言差矣，关中地区太过庞大，如果这些人守住险要，各据一方，咱们挨个儿打他们，那要花很多功夫。现在我们有意示弱，让他们自动集中，这样我们就可以一次性把事情办了。而且他们人数虽多，却没有真正的领袖，个个都想发表意见，人人都想当决策者。这样的联军能打胜仗吗？所以人数多也没啥可怕的，正好让我们一举歼灭。他们来了，等于帮我们降低了成本。我能不笑吗？”

众将没有一个不服气的，如果说之前的称颂有拍马屁的成分，曹操这番话说完，人人都由衷地赞叹，发自内心地佩服。跟着这样的老板打天下，那才是爽。

建安十六年（211）十月，曹操率军从长安出发，去安定讨伐杨秋。

杨秋明白马超都不是曹操的对手，自己更不行了，所以主动降了。对于这种识时务的人，曹操是很欢迎的，让杨秋官复原职。什么人投降都可以，就是马超投降他不接受，因为马超太强悍了，比马腾和韩遂都要强太多，这种人不能留。

之后，曹操让夏侯渊带领一部分大军留守长安，又任命张既担任长安京兆尹。夏侯渊与张既共同防卫着西方防线，镇守关中的使命就交给他们了。曹操班师回到邺城后，为儿子所坑的马腾也走到了人生的尽头。曹操下令诛其三族，将马家人质杀光。

曹丕第一次表现

曹操为什么没有痛打落水狗，追过去把韩遂、马超彻底消灭呢？其实曹操是有这样的想法的，但就在这个节骨眼儿上发生了一些事情，打乱了曹操的部署。

在曹操带兵征西的时候，河间地区发生了群体性事件。田银、苏伯带领农民发生了暴动。他们看曹操率领大军去跟马超拼死拼活，认为大本营空虚，他们的机会来了。于是几个人凑在一起复习了陈胜、吴广的那句口号——“王侯将相宁有种乎？”一番讨论下来，他们发现其实自己也可以搞事情，于是就到处动员组织幽州和冀州很多不明真相的群众喊打喊杀，想要趁机推翻曹家的统治。

这一波暴动波及曹家最为看重的幽州和冀州，影响非常广。曹操担心留在邺城的曹丕搞不定，自己必须亲自回去处理，而且慢一步说不定局面就控制不住了。

曹操这一回师等于留下了安全隐患。凉州刺史韦端手下有个参军叫杨阜，他向曹操建议：“马超像韩信那样英勇，在羌胡等少数民族部落里享有很高的威望，若是您大军撤回，就给了马超喘息之机。假若他卷土重来，关中恐怕会很危险。”杨阜说得很有道理，只是曹操认为关中虽然重要，但冀州更要命。如果大本营的暴动不能及早扑灭，可能会引发一系列连锁反应。这些年来，隐藏在民间和朝廷里的反对派不少，他们只是暂时被压制了，如果反对派瞄准了空子趁机发难，那就大大不妙了。冀州是曹家的心脏，牵一发而动全身，关中只是手脚，断手断脚是很疼，但总比心脏停跳要好。两害相权取其轻，曹操思来想去，决定还是先解决心腹大患。

当然，曹操班师也不会一甩手走个干净，他在安排好后续工作以后，才匆匆忙忙赶回去的。

建安十七年（212）正月，曹操回到了邺城。这次曹操回师的决定太匆忙了，因为这支农民暴动的武装规模并不大，曹丕完全能应付。

曹丕一听说身边居然有人造反，就大为不爽。这是太不给他面子了，他老爸在的时候，这些人吭都不敢吭一声，他老爸一走，这些人就扯起造反大旗了，这不是欺负他，认为他不会打仗吗？当然曹丕更想做的是漂亮地打一仗给曹操看看，让曹操心里舒坦舒坦，确定自己的接班人地位。

因为这时候，曹丕和弟弟曹植已经开始了争夺继承人的明争暗斗。如果能趁这个机会立下战功，曹丕的前途当然好多了。所以他决定亲自带人和那几个农民干一仗。曹丕手下功曹常林对他说："不要太激动，现在我们周边形势没什么大问题，那几个农民是成不了气候的。主公大军在远方，您肩负留守大任，假如您自己出去打仗，邺城就真的空了。万一别人瞅准了机会打进来了，那可怎么办？而且那些乌合之众就是瞎折腾，您过去就算取得了胜利，也是胜之不武，算不上什么伟大战绩。如果万一不幸被对方打败了，后果则不堪设想，您还是派个手下去得了。"

真是一语惊醒梦中人，曹丕这才意识到，自己如果办事不踏实，老爸肯定也看不上。作为一个优秀的接班人，应该具备什么样的品质？就是好好说话，妥妥办事。所以常林说的对。于是曹丕非常冷静地派出手下一个叫贾言的将领去收拾那帮人。

贾言很快就把田银、苏伯那帮人搞定了，剩下的一千残兵知道再搞下去也是死路一条，于是也向曹丕投了降。这次暴动事件就这么解决了。

曹丕解决了暴动，接下来要处理的就是投降的一千人的问题了。战争结束后是否要杀降，体现的是个人的政治艺术。曹丕很清楚，光讲打仗不讲政治，在老爸那里的印象就只能是个战将，而不是接班人。所以曹丕专门开了个会，把大家都聚在一起集思广益。

大家都觉得这个主题根本无须讨论，曹丞相早有政策，凡是被包围以后再投降的，一律杀头。只有程昱反对。他说："以前丞相确实有这个政策，执行坚决。但是那是战乱时的一种临时应变策略，为的是震慑敌军。现在形势已经变化了，中原北方已经大体安定了。这时候是不能随便屠杀的，此时不能再照搬以前的法律。应该允许这些人改过自新，重新做人。如果非要杀不可，至少也得请示一下丞相。"提出屠杀意见的人认为，这是军事问题不是政治问题，不用请示，可以专断一回。程昱仍然反对："专断乃是紧急突发事件时，必须依据当时情况立刻做出决定，现在不一样，那一千人已经被控制了，想什么时候解决就什么时候解决，想用什么方法来解决就用什么方法解决，都是我们说了算。所以处置起来还是小心一点为好。"

曹丕默不作声听了很久，等程昱和其他人争论得差不多了，他拍板决定，对程昱说："我同意先生的意见。"为什么曹丕不听大多数人的意见，偏偏认可程昱呢？这是曹丕第一次主持工作，如果他不听程昱的话，曹操对他难免会有负面的看法，曹操有了负面看法，曹丕的前途很可能会受到影响。

曹操虽然在愤怒的时候不计后果屠城过，但是他到底是个大政治家，明白要夺得天下，不仅要靠个人水平，更要靠民心。民心不偏向你，你水平再高，也会从胜利走向失败。所以不管曹操是否在同样的问题上犯过错，他选择接班人的时候，肯定不会选择一个喜欢屠杀人民的儿子。

果然，曹丕派人向曹操请示的时候，曹操直接提笔赦免了那一千人。如果这时候曹家在北方再弄一次大屠杀，北方人还能服吗？现在北方就是他们的大后方，所有人力物力都得靠这个大后方提供。如果这里乱套了，后果会有多严重？

这事发生在曹操回邺城的路上，等他回到邺城，事情都办妥了。所以他对儿子曹丕这次的决断非常欣赏，还专门就这件事的前因后果做了一次全面调查。得知是程昱力主曹丕这么做的，他当场表扬了程昱。“程先生不仅水平老到，精通知识，而且很善于在我们父子之间处事。”这是一种很高级别的表扬了，因为他表扬的不是程昱处理政事的才能，而是处理父子之间的事的周到。

幸好曹丕听了程昱的话，在这次的工作中得了很多分。假如曹丕没有听程昱的意见，像其他人提议的那样，非常冲动地处理了这些人，那么下一次守邺城的估计就不是他了。邺城驻守这个位置，一旦丢了，接下来他就没有机会表现了。

阎温舍生取义

曹操可以大笔一挥赦免河北一千多名造反群众，但是他不会放过马腾。其实马腾才是真正的不明真相的人，他听了曹操的忽悠，很傻很天真地来到了首都，当了一个毫无意义的卫尉，说是当官，其实就是做人质。

卫尉的公章还没收好，曹操就把他的所有家属（长子马超除外）迁到了邺城，目的就是控制他们。

曹操虽然把许都当成首都，但内心却认为最安全的地方始终是邺城。曹操在战场上很果断，但实际上疑心超级重。统一北方后，他特地将所有带兵将领的家属送到邺城来。表面上是说这个地方离前线远、安全，敌人不可能打过来，实际上这就是怕别人叛变，把他们的家属看管起来。他甚至把所有宗族的人都放到了邺城。马腾一看自己享受的是这个待遇就后悔了，所以很识趣地低调做人，在朝廷里撞钟度日，混吃等死。

《三国演义》里说马腾想和刘备他们密谋搞定曹操，保密工作做得不严，被曹操抓起来一刀砍死，导致马超义愤填膺宣布与曹贼不共戴天，起兵杀往许都来。除了马超起兵是真的，其他都是假的。是马超造反在先，曹操杀马腾在后。说起来，马腾被杀是很冤枉的，他根本不知道儿子会不顾他的性命和曹操作对。可曹操不管他冤不冤，毫不客气地以汉献帝的名义处死了马腾及他在邺城的所有亲属。

至于韩遂，曹操原本还是抱一丝希望的，写信、面谈，该走的程序都走了，韩遂最后的迂腐和固执实在令他失望。所以曹操决定扔掉幻想，下令处死韩遂的儿子。

唯一得到宽大处理的是阎行的家属。阎行曾经劝阻韩遂不要叛乱，而且还跟马超动过手。马超有一次和阎行对阵，阎行毫不示弱，用矛刺到了马超的脖子上。不过当时马超穿了一种能把脖子也保护住的铠甲，救了自己一命。这一段在《三国志》中有记载。正是因为对阎行的表现还算满意，曹操对他还抱有一丝希望，没杀他父母，只是把老人家送到监狱里。

这时候马超有没有消停？没有，几天后，马超又跑到蓝田一带闹事了。看起来，马超真不是什么大气的人才，和一般土匪势力没两样。这次根本不用曹操出手，在长安的夏侯渊过去给马超了一次教训。夏侯渊几乎没花什么力气，就消灭了马超盘踞在蓝田一带的势力。

以前和马超一起造反的梁兴到左冯翊一带侵扰。当地的太守郑浑发动群众严密防守，同时进行招抚，梁兴势力慢慢被瓦解，退到了鄜城（今陕西延安富县）。

夏侯渊看马超已经消停，就协助郑浑讨伐梁兴，攻破鄜城，杀了梁兴。这下大家都安生了，觉得关中基本已经没什么大事儿了。

可是马超被赶跑了，梁兴被杀了，更大的困难也跟着来了。马超和马腾一样，也是少数民族问题专家，在凉州一带搞关系很有一套。回家后没多久，马超就和羌人、胡人打得火热。有了少数民族部族的支持，马超的队伍又膨胀起来了。

这一年秋天，马超带着这些人再次起兵反叛。东汉的凉州本来就是少数民族部众的聚居地，当时天下大乱，军阀割据，中央政府没什么权威，更谈不上对少数民族的政策了。在凉州地区，少数民族的日子过得并不如意，对中央政府很有意见。马超在这里发展势力，策划反政府行为，群众基础并不差，他振臂一呼，立刻应者如云。马超就率领着羌胡混合部队在凉州攻城略地。

虽然夏侯渊进驻了长安，但是长安到凉州还有千里之远，西部地区太广袤了，夏侯渊即使想管也鞭长莫及。既然中央政府的军队来不了，马超造反如火如荼，硬顶又打不过，周围郡县的人纷纷望风而降，况且地盘是谁的关我什么事，有吃有喝就完了。但这当中，偏偏有一朵奇葩不降——凉州治所冀城（今甘肃省甘谷县）。

马超势头正猛，汉中的张鲁也来凑热闹，派出手下大将杨昂前来相助。双方一会师居然有精兵过万了。这么多人攻打冀城，不是很轻松吗？冀城中守兵很少，而且马超已经把周边郡县都拿下来了，冀城就是一座孤城。被马超这么凶悍的人围着打，陷落似乎只是时间问题。当时的凉州刺史和汉阳郡太守都在城里，实际上冀城的主心骨却是参军杨阜。

杨阜肩负着保卫这座城市的重任，把城中士人、宗族子弟之类但凡能打仗的都组织起来，勉勉强强凑到了一千多人，要对付马超的一万多精兵，看上去很悬。

但参战人数多少、武器好坏是一个因素，最后能够取胜的法宝是人的意志，只要下定决心以死护城，战斗力就会超常发挥。

马超他们围住冀城是在建安十八年（213）正月，城中军民坚守待援。从春天到夏天，转眼就到了八月，整整守了七个月。七个月时间，长安城虽然远，但真要派出救兵，爬都爬过来了。可城中军民就是盼不到一个人影，无奈之下，凉州刺史韦康派出别驾阎温溜出城向夏侯渊求救。

围城的士兵像铁桶一样，阎温不得不趁着夜色跳进护城河里，潜水溜出去。晚上潜水别人看不见，可是天一放亮，围城部队就发现了护城河边上的可疑踪迹。马超意识到城中有人逃出来了，下令急追，阎温没多久就被抓住了。不过马超没有立刻杀掉他，他想利用阎温向城里喊话，说援军不会再来了，让大家死了心，瓦解城中守城士兵的意志。刀架在脖子上了，阎温很识趣地表态说，一定听从指示。于是，一行人把阎温押到城下。

阎温乖乖地扯起嗓子喊："夏侯大将军的援军最多三天就到了，大家一定要坚持下去，挺住！"守军看阎温被五花大绑地押过来，早就明白阎温根本就没逃出去，阎温喊的话大家都知道是假的，但是看到这个场景都被感动了，深受鼓舞。阎温被刀架在脖子上都不怕死，还有什么可怕的？

马超和士兵们听了，鼻子都气歪了。他刀都抽出来了，想把阎温当场给肢解了，但是又犹豫了，这座城久攻不下，多杀一个少杀一个其实区别不大。如果当众把阎温杀了，城里人不是更团结了吗？先把阎温押回去，说不定他还能回心转意，做城里人的工作。

把阎温押回去后，马超问他："你城中可有熟人能帮我拿下城池吗？"想不到阎温硬气得狠，抬头挺胸直接拒绝了。马超再也忍不住了，一怒之下，把阎温给杀了。

阎温在三国历史上算不上什么大人物，但在《三国志》《魏书》《三国演义》中都有提及，不是因为他才能过人，而是因为他舍生取义、向死而生的精神。这种精神是中华民族传统文化最推崇的，所以他有资格在中华历史中流芳百世。

马超的无耻

阎温被马超杀了以后，冀城缺衣少食的情况进一步恶化。凉州刺史和汉阳郡太守先顶不住了，这两人一点骨气都没有，想出城投降。当然，他们的理由也很冠冕堂皇：如果坚守，城里的粮食迟早要吃完的。没了粮食大家会一起饿死。维持下去，就算没断粮，城也迟早会破的。城破以后，大家不都要被砍头了吗？既然左算是死，右算还是死，还不如投降。当然不是投降就一定能活，但至少机会是百分之五十，这是没有办法的办法。

杨阜非常着急，撑了这么久，这不等于前功尽弃了吗？于是极力劝阻。可是，领导又哪里肯听。于是，马超就被放进城来了。可笑的是，马超进城后第一件事就是把这两个投降派给杀了。刺史和太守都没了，马超就是这里的霸主，他自称征西将军，领并州牧，督凉州军事。

夏侯渊其实是派了救兵的，不过在路上耽搁了，来迟了。援军赶到离冀城几百里的地方时，冀城已经投降了。马超看夏侯渊派人来打，带上队伍到离冀城二百多里的地方迎战。

夏侯渊吃了个闷亏，准备不如别人充分，而且军心士气相差太远。原本以为过来是救人的，现在不但要救人，还得破城。

在这个节骨眼儿上，又传来有人造反的消息。夏侯渊只能放弃了冀城，率部队赶回长安。冀城真成了没娘管的孩子。不过希望还在，杨阜没死。冀城陷落后，杨阜一直没放弃。为什么马超进城以后，把守城意志最坚决的杨阜给留下来了呢？因为杨阜在凉州人脉很广，他的亲戚朋友在凉州政治圈里当官的不少，而且都是掌握实权的人。马超也明白，杀杨阜容易，但是杀了他会在凉州引起地震，还是谨慎为妙，免得吃不了兜着走。不杀归不杀，还是要管控的。所以尽管杨阜想把自己的人脉组织起来和马超拼一拼，但一直没机会脱身。

不久，转机来了，杨阜的妻子去世了。杨阜趁机向马超请假回去料理亡妻后事。杨阜有个表兄是抚夷将军姜叙，驻守历城，杨阜就前往历城，向姜叙和自己的舅妈谈起了冀城的情况，把反对马超的计划全盘托出。杨阜的舅妈非常支持，表兄姜叙自然也没反对。

杨阜和姜叙秘密串联姜隐、赵昂、尹奉、姚琼、孔信、李俊、王灵等人举兵讨伐马超，还派人秘密通知了在冀城中的梁宽、赵衢、庞恭等人，让他们做内应。等一切都铺排好了，在马超进入冀城后的一个月，杨阜和姜叙率兵进攻卤城（今甘肃天水西）。

马超听说杨阜居然反了，非常生气。有人等的就是马超发火，那正是杨阜留在冀城的卧底赵衢，他趁机火上浇油，说："杨阜良心太坏了，应该千刀万剐。但这人还是很厉害的，整个凉州恐怕没几个人是他的对手。只有您亲自出马才能把他抓获归案，您放心大胆地去，冀城有我们守着。"

马超急火攻心，直接落入了圈套，真的带兵去讨伐杨阜等人了。马超前脚刚走，后脚赵衢、梁宽立刻变脸，下令紧闭城门，全城搜捕马超的妻室儿女，抓住以后直接就地砍头。

马超现在怒上加怒，他觉得城丢了，降将倒戈了，这都是杨阜在暗中捣鬼，只有把杨阜给抓住，才能够抵消心中的怒火。马超决定直接攻打卤城。他觉得他的人比杨阜的人多得多，打败杨阜问题不大，但是他忽视了人的因素。杨阜、姜叙抱着必死的决心，带领手下顽强抵抗，再加上卤城人同仇敌忾，所以人人斗志昂扬。杨阜也生猛无比，守城的时候身上连受五处重伤，宗族兄弟七人战死，依然战斗不息。

榜样的力量比口号更实在，卤城团结得如同铁桶一般，战斗力噌噌往上涨，非常顽强。马超付出了巨大的代价，依然一无所获。现在前进打不下来，后退冀城已经失陷了，处境相当艰难。于是马超决定攻打姜叙的老家历城。

这回马超的运气非常好，历城守军有点想当然了，前线传回的消息说马超打不下卤城，进退无据，不得不跑到汉中投奔张鲁了。于是他们都放松了警惕，以为有个短暂的和平期。城外有军队来的时候，守军还以为是姜叙率军凯旋，直接打开了城门。马超捡了个大便宜，轻松就进了城。仇敌姜叙不在，他就把姜叙的老妈抓了。姜母也是大仁大义之人，被抓以后痛骂马超无情无义。马超恼羞成怒，下令把姜母和姜叙的儿子都杀了，把城池全部烧毁，然后带上军队往汉中去了。

在汉中，马超和张鲁混得还算不错。建安十九年（214）春天，马超软磨硬泡地从张鲁那里借了一些兵，卷土重来，反攻凉州，包围了祁山。姜叙赶紧向夏侯渊求救。

夏侯渊把手下人叫在一起商议，大家的意见都是等曹操的命令，曹操让怎么做就怎么做。夏侯渊不同意，之前冀城会失陷，就是因为自己等领导的训示。从长安到邺城来回快也得半个多月，这不是一封信就能解决的问题。到时候救援大军到位了，黄花菜都凉了。将在外君命有所不受，夏侯渊命令张郃率领骑兵五千人作为先锋，从陈仓峡谷进军，自己率领主力和粮草辎重随后跟进。张郃的轻装部队很快赶到了渭水边，正好和马超碰上了。

张郃是曹营中一等一的猛将，马超是西凉的神威天将军，两人碰在一起，这一仗绝对有看点，但很戏剧化。一向生猛的马超看见张郃，居然扭转马头跑了。因为跑得太匆忙，留下的辎重、器械被张郃缴获。马超一口气逃回了汉中，而且以后再也没有跨进凉州的地界。

很多三国迷说马超又能打又够义气，而且还长得挺帅。可惜正史中他的形象恰恰相反。他能打，但是主要战绩是靠西凉兵团打出来的，而西凉兵团的战法是比较特别的。这种打法让汉朝的士兵——无论是中原部队，还是凉州正规边防军——都一下子难以适应。所以在战争初期或局部冲突中，马超屡战屡胜，而曹操看穿了他的战法后，马超就一败涂地了。

《三国演义》说曹操杀了马腾，马超义愤填膺于是反曹。正史中，马超是在全家被软禁的情况下，依然置父亲的安危于不顾，不停折腾。马超反抗曹操并非为了汉室，也不是为了大义，而是为了割据地盘，为了私利。为一己之私，将父亲和兄弟的安危置之不顾，这种人让人不齿。

韩遂也在扑腾

马超被吓跑后，凉州很多郡县都已归降。韩遂带领阎行他们跑到哪儿去了？他们逃到金城（今甘肃兰州）去了。金城离邺城很远，曹操尽管对韩遂非常失望，也不想跑这么远去揍他。劳师远征打韩遂，实在不值，但把韩遂晾在那儿也不是个事儿，不知道他什么时候会造反，性价比最高的做法是策反他身边的人。

哪个人最容易被策反？毫无疑问是阎行。所以曹操只是把阎行的父母扔到监狱里，没有处死，然后派人给阎行送了一封信，循循诱导："观文约所为，使人笑来，吾前后与之书，无所不说，如此何以复忍"。文约是韩遂的字，意思是，韩遂这个人的做事不太讲究，我跟他无话不谈，但是他却如此对我。曹操顺便说："你的老父目前平安无事，当然生活居住条件稍微差点，在牢狱之中，也别奢望太多。我也是被你们逼的。我提醒你，监狱不是养老院，中央政府不可能为你的父亲养老送终的。"（"且又官家亦不能久为人养老也。"）

这封信就相当于是最后通牒。韩遂很快就听说马超全家被砍头，又听说自己的儿子也被杀了，唯独阎行的家属得到了优待。韩遂心中狐疑，可阎行是韩遂的心腹爱将，韩遂舍不得杀他，也不可能放走他。思来想去，韩遂决定发动感情攻势，把阎行的心拉回来。

这下，原来并不出名的阎行，一夜之间成了抢手货。对于这种稀罕人物，好言好语说服教育估计不顶用，想留住人才最管用的是实惠。对这点，韩遂很明白，也挺够意思，他给的实惠是别人都给不了的——韩遂要把宝贝女儿嫁给阎行。阎行却直接拒绝了。其实阎行应该算是曹操的人了，韩遂的事业上已经在走下坡路了，和他扯上关系注定倒霉。但问题是，阎行现在名义上还是在帮韩遂打工，哪怕心里一万个不乐意，胳膊始终拧不过大腿，只能勉为其难娶了韩遂的女儿。

现在阎行成亲了，韩遂也放心了，都是一家人，胳膊肘总不能往外拐。事实说明，有时候，舍得孩子也套不着狼！韩遂有点想当然了。实际上阎行的心是归于曹操的，更要命的是曹操的耐心是有限的。留给阎行的时间不多了，他的心苦得就像黄连。

正当阎行左右为难的时候，机会来了。韩遂自我感觉良好，认为阎行不可能叛变，所以把他派出去，驻守西平郡。阎行摆脱了控制，简直像出了笼的鸟。阎行又想，就这么过去投曹，没个见面礼说不过去，就算曹操不介意，也绝对会影响他在曹营中的地位。所以阎行决定为曹操献上一份见面礼——韩遂的人头。

动起手来，阎行才知道烂船还有三斤钉，韩遂不是想打就能打得赢的。在没有任何收获的情况下，阎行只能带着家人赶紧投奔曹操去了。到了曹操这里，曹操还是很欢喜的，把他封为列侯。

韩遂的女儿没了，女婿跑了，队伍缺了一票人，再加上周围都是曹操的势力，未来的路越走越窄，真是有点灰心丧气。他感慨："今亲戚离叛，人众转少，当从羌中西南诣蜀耳。"想经过羌族聚居地区投奔巴蜀。而这时候，韩遂想投的益州已经快成刘备的地盘了。刘备正率军攻打益州。

韩遂这么想，别人可不这么想。他手下的部将成公英认为最好的方案是打游击。他对韩遂说："将军怎么能气馁呢？不就是一个夏侯渊吗？曹操又不能亲自来，更何况他也不是老虎。我们现在在羌族的地盘上，凉州我们熟得不能再熟了，只要他们来了，我们就躲；他们走了，我们就招呼羌胡们举事。总比去给别人打工，看别人眼色要强。"（"招呼故人，绥会羌、胡，犹可以有为也。"）韩遂觉得有道理，于是决定扎根基层，开始第二次创业。

韩遂就是当地人，以前对羌人、胡人都不错，群众基础比较好，二次创业工作开展得比较顺利。少数民族部族平日里没少受朝廷的欺压，听说韩遂要率领大家造反致富，人人眼红。韩遂几乎不费什么力气就组织了一万多人。正所谓手中有枪，心中不慌，很快韩遂的野心又膨胀起来了，再次向东逐步发展。

韩遂这条咸鱼又翻身了，夏侯渊自然感到威胁了。一万多人对于韩遂来说不算少，混成个土匪山大王什么的是够用了。但凉州地盘大，想在这里打出一片天地，还得扛住夏侯渊的压力。

建安十九年（214）春天，张郃刚把马超赶跑，韩遂也正打算和夏侯渊打上一仗。韩遂打起正规军来，根本没底气，也是直接跑了。马超是一口气跑到了汉中，张郃追不着。韩遂跑到略阳去了，夏侯渊不肯放过他。追到离他还有二十多里的时候，将领们建议立刻对韩遂发动攻击，直接对韩遂造成毁灭性打击。夏侯渊却拒绝了。

凉州终于平定

夏侯渊，字妙才，是夏侯惇的族弟，也是曹家势力的主力战将之一。《三国演义》里的夏侯渊有勇无谋，刚愎自用，最后被黄忠结果在定军山。但这些是小说家言，历史上夏侯渊不是无才无德之人，而是有勇有谋，才堪大任。曹操派夏侯渊镇守关中不是心血来潮，而是经过反复权衡的。

这次夏侯渊觉得韩遂带来的人比较精锐，战斗力强，不如先奔袭长离的羌人部落。这些部落里有不少子弟到韩遂军中当兵，当兵的知道自己老家被打了，肯定会先赶回去救援，这样韩遂军心就动摇了。如果这些人开了小差，韩遂的兵力就单薄了。假如韩遂真的赶回去救援，就等于把自己从城池里拉了出来，自己可以打野战，在运动战中把韩遂给“吃掉”。

这才是一个将领应有的智慧。夏侯渊留下一部分人驻守大本营，另外派了轻骑兵进攻长离，攻击烧毁羌人村落，杀了不少人。正如夏侯渊预料的那样，韩遂军中的羌人纷纷开小差跑回自己部落去了。韩遂迫不得已带上主力去救援。于是曹军和韩军在旷野中相遇，摆开架势决战。

夏侯渊一看，韩遂那边人不少，自己这边是轻骑兵，真要打起来，恐怕要吃亏。很多将领说，先挖壕沟稳住阵脚，可夏侯渊还是不同意。他的意思是狭路相逢勇者胜，胜败在此一举，等沟挖完了，黄花菜都凉了。夏侯渊令旗一挥，曹军就发动了总攻。韩遂的军队虽然人数不少，看上去都是羌、胡精锐，但打起来没那么顽强。这帮人也是土匪性质，想跟着韩遂出来抢地盘，碰上曹军这样不要命的硬茬，可没那么傻，愿意当炮灰。所以曹军一冲过来，这帮人没怎么抵抗，就一哄而散了。兵败如山倒，韩遂带领少量人马逃到了西平。

夏侯渊满意了，班师回大本营，留下了刚刚投降的阎行留守边塞，防着韩遂卷土重来。万万没想到，韩遂的生命力比任何人都要强，很能扑腾。夏侯渊撤走以后，没人盯防，他就像变魔术一样不知道又从哪儿找来了几万人，凑成了一支部队。这回他不找夏侯渊的麻烦，而是盯上了自己的女婿阎行。韩遂憋足了气来报仇，阎行当然抵挡不住。阎行一跑，韩遂总算是收获了一场比较像样的胜利了。只可惜胜利来得太晚，也太少了，这已经是他生命中最后一次荣光了。建安二十年（215），韩遂病倒了，再也没能爬起来。

韩遂刚死没多久，他手下将领田乐、阳逵、蒋石等人立刻和他划清界限，把韩遂的脑袋割下来献给曹操领功去了。

韩遂一死，夏侯渊的工作也要告一段落了。战争年代，只要天下没有和平，将军就永远没有坐下来休息的那一天。

没多久，曹操又给夏侯渊派任务了，让他去讨伐宋建。宋建看凉州动乱一片不断折腾，想趁机另立朝廷，自号河首平汉王。群雄割据，个个都以匡扶汉室为名，宋建却自称为王，自立年号，设置百官，这都是皇帝才能做的事。

实际上，宋建已经逍遥了三十多年。因为地盘不大，地处偏远，所以中央朝廷管不上这些事。政府不愿意管，当地没人敢管，直到曹操想起了他。

曹操心里是渴望统一的，所以反感军阀割据。天下大乱，张举也罢，袁术也罢，都号称皇帝。事实上曹操也想当皇帝，但当皇帝需要实力足够强，本事足够大，运气足够好，人缘足够广，方法也只有一条，就是把其他想当皇帝的人打败，自己撑到最后。

曹操派夏侯渊来打宋建，一个月后，夏侯渊很顺利地杀了宋建。消息传到邺城，曹操很高兴，说："渊一举灭之，虎步关右，所向无前。"

三国时期的右和左与现在的概念相反，比如江东，现代人的观念是在南京那一块，长江往上拐了一下，向上拐这段的右手边是江东，当时人把这一块称为江左，对岸才是江右。关右也是这个意思，指的是函谷关西面，我们后世人看到的关东，在当时被称为关左。

受到老板的表扬，夏侯渊再接再厉，越战越勇，率领大军如秋风扫落叶一般攻打各少数民族部落，均一一击溃，缴获了大批粮草牛马。

曹操西征张鲁的时候，夏侯渊已经通过武力把凉州一带的叛乱基本平定，还收降了很多部落将领。因为夏侯渊表现突出，曹操每次接见羌人、胡人代表的时候，都特意安排夏侯渊在旁边陪着。

此时夏侯渊已经成为征服凉州的神了，少数民族部落听到他的名字可能比听到曹操的名字还要害怕。四年时间里，曹操消灭了凉州大小割据势力，任命张既为雍州刺史。

建安十八年（213），曹操把天下十三州进行裁并，恢复了古代九州制。凉州地盘与司隶校尉部的三辅地区合并在一起为雍州，治所在长安。曹操时代，雍州地盘十分广大。张既是在这块土地上成长起来的，曹操任命他为雍州刺史也是让他衣锦还乡。

曹操搞定了西凉后，野心已经很大了，如果说以前他心里还装着汉朝，这时候他心里装的就是自己家的王朝了。

第九章

丑人不可貌相

张松很生气

现阶段蜀中的一把手是刘璋，诸葛亮早就对他下过评语了：暗弱。所以周瑜、刘备都计划着把刘璋的地盘划到自己名下。刘璋没什么大志向，心态就是混日子，自己在益州当土皇帝就好，这种乐观的生活态度让刘璋的人生过得十分欢乐。

欢乐时光中唯一令他感到不爽的是张鲁，张鲁成天叽叽歪歪地找他麻烦。刘璋和张鲁天天小打小闹，但不管怎么闹，刘璋就是打不过张鲁，得不了汉中，反过来，张鲁也打不进益州，灭不了刘璋。

既然这样，只能找外援了，刘璋先看中的是北方霸主曹操。如果曹操肯帮忙，别说是一个张鲁，就是十个张鲁都不在话下。刘璋就找机会和曹操套近乎。建安十三年（208），曹操南征刘表的消息传来。听到消息，刘璋第一感觉是十分惊慌，第二感觉是机会来了，何不趁这个当口儿，向曹操表达敬意？刘璋于是派出特使到曹操那里嘘寒问暖。

曹操一看就明白了，刘璋这是害怕他击破刘表之后转头打益州。虽然曹操也很想吞掉益州这块大肥肉，但毕竟时机没成熟，要避免双线作战。

所以曹操见刘璋的使者时非常客气，既然刘璋这么会做人，礼尚往来，曹操就给了他一个振威将军的头衔，又封刘璋的哥哥刘瑁为平寇将军。

刘璋喜出望外，赶紧派张肃带领叟族精兵三百人，以及各式各样供品到荆州去拜见曹操。叟族是当时在益州的一支少数民族，先祖是西羌部落的一个分支。由西北迁入之后慢慢和当地人融合，被称为叟族，据历史学家考证，叟族的后裔就是云南的纳西族。

曹操看刘璋又派使者来了，还带来这么多东西，心里也挺高兴的，就把张肃封为广汉太守。

这两次拜访后没多久，刘琮不战而降，曹操派出追兵在长坂大败刘备。形势已经明朗，曹操大军威猛无比，把刘表、刘备的势力压得无法抬头。于是刘璋又派了一个使者到荆州拜见曹操。第三次派出的使者是张肃的亲弟弟别驾张松。

其实张松一开始是旗帜鲜明地劝刘璋投降曹操的，既然无法反抗，早一点投降，未来还能有一个属于自己的位子。张松认为，曹操势力这么大，等他统一了全国，就不需要他们再投降了，所以投降也要抓住时机，抢在前头。刘璋也是这个意思，前两次派使者过去表达的就是这个意思。

派张松作为使者去见曹操，本来应该是水到渠成的事，没想到坏在张松身上了。自古以来，使者都是政治集团中非常重要的联系纽带，是政治集团的脸面。既要面子，也得讲究里子，所以如果没有才华卓越的帅哥当使者，就退而求其次找学识渊博的人。刘璋这次派出的使者张松就属于第二种人。历史记载，张松为人短小放荡，不治节操。他里子不错，但形象不佳，又自认学识渊博，所以很自负，心气儿非常高。

本来人长得帅不帅是个人的事，和历史进程没什么关系，偏偏张松的相貌影响到了历史进程。其实，这跟刘璋也有关系。既然张松觉得自己智商高，应该派他去欺负别人才对。现在是去求曹操，还用这么趟的人，不是用人失误吗？

这时的曹操刚拿下荆州，处于飘飘然的状态，正觉得自己特别了不起，天下第一。虽然嘴里还喊着要重视人才，但实际上对人才的认识没有达到绝对的高度。

曹操和张松碰在一起当然会有好戏看了。曹操看张松长得太丑，说话又嚣张，恨不得把他拖下去砍了。这种心态写在曹操的脸上了，主簿杨修早就知道张松才能非凡，于是悄悄对曹操说，这个人值得收入帐下。要是在往日，曹操听说有人向自己举荐贤才，就算再忙，也得亲自接见。但今时不同往日，荆州投降的部将个个溜须拍马，嘴像擦了蜜一样甜，曹操早就找不着北了，所以对于杨修的举荐，他不以为然。

张松知道原委后，心里很生气，自己千辛万苦跑来向曹操献上益州这块黄金地皮，曹操却拿这种态度来对付他。张松一生气，后果很严重，历史进程居然拐了个弯儿。

法正来了

张松是刘璋手下的别驾，类似于现在的省长助理，在益州是响当当的角色。没有受到曹操的礼遇，他很生气。回到益州后，他还是愤愤不平，天天缠着刘璋，劝说刘璋与曹操断绝关系。就在刘璋犹豫的时候，曹操就在赤壁被周瑜一把大火打回了原形。这回张松抓住曹操的痛脚了，再次找到刘璋，大骂曹操太狂妄，对人一点礼貌都没有，他们要去投靠他，他却不要。现在他被孙刘联盟打得这么惨，劝刘璋不应该和这种人结交，应该和刘备结好。

刘璋原本就没什么主见，张松一番话把他说得晕头转向，差点儿要找曹操拼命。劝说刘璋之前，张松已经考虑很久了。他是很有危机感和忧患意识的人，他明白刘璋暗弱，益州早晚是别人的。刘璋让自己出使曹营，就是在找靠山，这不就是在找新主人吗？见到曹操的时候，张松一度认为曹操未来会成为益州的主人，他也满怀希望，希望曹操能够像对待张肃一样对待自己，但是曹操很不客气地给了他一张冷板凳，让他到一边凉快去了。

张松的满腔热情化为泡影。历史多次证明了一个颠扑不灭的真理，在关键时刻，小人物是不能轻易得罪的。张松在曹操那里求官不成，又羞又恨，反目为仇，倒过来劝说刘璋背弃曹操。对于张松来说，东方不亮西方亮，既然曹操靠不住，那就找一棵靠得住的树，张松心底已经默默在考虑曹操的替代人选了。糊涂的刘璋问他："曹操不可靠，那先生心中可有合适人选吗？"张松立刻回答："有，咱找刘备去，结交刘备，作为外援。孙权和刘备联合打败了曹操，我们要是和刘备联合，自然也可以击败曹贼。"（"刘豫州使君之肺腑可与交通。"）

这番话换成别人听到都不会信，偏偏刘璋就信。他本来就心里没底，拿不出更好的主意，又没什么政治头脑。张松说什么就是什么了，于是刘璋就同意了。

历史在这里绕了一个圈。后世人谈及此事的时候说："昔齐桓一矜其功而叛者九国，曹操暂自骄伐而天下三分，皆勤之于数十年之内而弃之于俯仰之顷，岂不惜乎！"简单概括，就是态度决定一切，曹操要是当时态度好一点，结果就完全两样了。很可能是曹操得到了益州，如果曹操得到了益州，刘备还到哪儿混饭吃去？刘备没有立足之地，迟早会被孙权或是曹操给“吃掉”，又哪来的天下三分？

当然也必须承认，这些都是外部条件，是诱因，更重要的是内部条件。曹操因为骄傲没能得到益州，东吴因为周瑜之死也没能得到益州，这等于给刘备送上了绝无仅有的好机会，刘备这回算是瞎猫碰到死耗子，赚翻了。

益州刘璋决定和刘备结交后，向部下们征询谁可担任使者。虽说两人都是姓刘的皇族，但一直没交往，使者必须给力才行。万一周旋失败，说出去定会丢人。张松毫不犹豫地站了出来，不过他推荐的不是自己，而是自己的哥们儿法正。或许他也担心自己跑到刘备那儿，又被笑丑。这就是后来刘备集团中赫赫有名的那个法正，法孝直。刘璋已经一步一步落入张松精心设计的陷阱中，他自己却毫无察觉。

法正，字孝直，陕西扶风人。爷爷叫法真，是一个大名士，有意思的是，法真的号是玄德先生。法正的父亲也做过东汉公务员，不过职务不高。

建安初年，天下饥荒，法正不得已与同郡好友孟达一起到了益州，投靠刘璋。一来为了避难，二来是混个官做做。他们觉得这个地方相对其他地方来说安定一点。只要用心干，靠自己的才能，总会干点成绩出来。

可惜刘璋就是个软蛋，没有伯乐的眼光。在益州多年，刘璋始终不重用法正，还说法正人品不好。法正是很有才的，是一个想干大事的人，一直渴望能找到发挥自己特长的平台。刘璋显然不是这个明主。法正待了好久才谋上了新都县县令这个差事，混到县令级别，对于普通士人来说也够了，但对想做大事的人来说，显然小了，比如庞统当县官的时候就不安心工作。法正不是庞统，但心气和庞统差不多。正所谓心有多大，舞台就有多大，但现实是残酷的，舞台太小，法正也没有从基层一步一步做起的打算，他只是感觉过得很郁闷。

别说法正郁闷了，他身边的人都笑话他。和他一起来益州的老乡，多少都在益州官场上混出了名头。老乡聚会时，法正就会被老乡们讥讽。早年法正在益州的经历就四个字——怀才不遇。显然这十多年的压抑对法正后期的个性形成具有极大影响。正所谓物以类聚，人以群分，法正和张松一见如故，他们都觉得自己才是天下难得的奇才，却不受重用。所以两个人经常发发感慨、发发牢骚。张松当时已经是别驾了，属于刘璋的心腹。

有了张松的推荐，刘璋决定给法正一些机会。不过机会不多，每次人事变动，基本都没有法正。因为张松的推荐，法正改任了军议校尉，但也只是一个顾问性质的闲职，依然不受信任。

看自己前景不乐观，怀才不遇的法正更郁闷了，以前他是躲在角落里找张松发牢骚，现在他在公开场合也开始长吁短叹了。

正在此时，张松向刘璋推荐法正去做使者。法正熬了十几年，终于有了出头的机会，结果法正居然拒绝了。

张松、法正的密谋

法正非常难为情地向领导表示，自己能力有限，辜负了领导的信任，请领导另请高明。法正说自己地位低，代表不了益州人民，其他人位高权重，当然是让他们去。法正是在演戏，刘璋却没看出来，不住地做法正的思想工作。磨叽了很久，法正看再推辞就是抗命了，勉勉强强接受了这个使命。

史料上说，“正辞让不得已而往”。公正地说，法正确实是个人才，这次出访取得了圆满成功。见到刘备以后，法正觉得刘备比刘璋强太多了，就有了跳槽的想法。而刘备再三表示，荆州和益州是山水相连的好邻居，荆州将和益州发展全面战略合作伙伴关系，并且全力支持益州的发展和稳定，为维护本地区的和平与发展做出应有的贡献。这次外交出使在桌面上取得了相当丰硕的成果，当然私底下法正和刘备说了什么，后人无从得知。反正法正一回到益州，立刻和张松会面。

张松也迫不及待要知道刘备到底怎么样，正好法正也有一肚子话要和好朋友说，于是两人就开始了密谈。法正说刘备这人的确不错，有魄力有能力，待人也热情，绝对是个好主子，是实实在在的绩优蓝筹股，投资在他身上是没错的。法正和张松应该是当时益州最聪明的人，他们的心思活络了，刘璋的末日也就不远了。

张松、法正知道刘备现在缺的不是头脑，而是地皮，如果这时把益州献给他，他将来一定会感激他们。经过一番密谋，他们达成了私下协定，日后不惜一切代价完成投降计划，把刘备当成新老板。

张松想认刘备当大哥，最重要的一步是刘璋是否同意。刘璋虽然软弱，但毕竟不能靠一张嘴就说服他把益州献出去。《三国演义》中说，张松在曹操那里受到羞辱后去拜会刘备，受到隆重的接待，深受感动，就把地图献上了。但根据史料，张松可能一直没见到刘备。

在张松和法正的努力下，益州和荆州的关系达到了一个新高度。好归好，要把刘备请来还是有难度的，于是这两人开始了漫长的等待，足足等了三年。

建安十六年（211）的春天，是一个与众不同、带来新希望的春天。当然，这是针对张松和法正说的。对于其他人，特别是刘璋，这一年简直是雾霾连连，乌云压顶。因为这一年开春，曹操宣布西征汉中，这种军事部署不仅让关中的韩遂、马超害怕，连千里之外的益州官场也受到了强烈震动。按常理来推断，曹操攻取汉中不成问题，有了汉中当跳板，顺便就能把益州给收拾了。刘璋一想到这儿，急得直冒汗，曹操若是收编了张鲁的力量南下，后果不堪设想，因此必须未雨绸缪，找个宽厚的肩膀靠一靠。

刘璋着急，手下人更着急，曹操如果拿下了益州，对刘璋还可能手下留情，对下属来说，炒鱿鱼是最好的结局，稍不小心脑袋就得滚到一边去，必须为自己找退路。

对张松和法正来说，这是期盼已久的机会。于是张松摆出一副忧心忡忡、愁容满面的样子找到刘璋说："曹操现在势头很猛，天下无敌，谁也打不过他。汉中张鲁对付一些神神鬼鬼倒是有水平，要打曹操的大军恐怕困难，估计扛不了几天就会被曹军搞定了。曹操若是搞定了他，利用他的粮草南下益州，我们能挡得住吗？"刘璋不知道这是张松的圈套，一听张松这话，频频点头。张松慢悠悠地说："主公，我们没办法对付曹操，但可以请外援，咱们现在最强的外援在哪儿？当然是刘备。刘玄德乃是汉室宗亲，说起来和您还是亲戚。此人为人厚道也有本事，是曹操的劲敌。若和他搞好关系，让他借道益州征讨张鲁，还怕什么曹操？到时若曹操想打我们，就必须从刘备的地盘上走。刘备当然不会同意曹操从他的地盘上过，他们必定开战。曹操虽是人中龙凤，但遇上刘备这个乱世枭雄也未必能赢，如此，我们再跟刘备结成友邦，大家就可以相安无事，共谋发展。”（“鲁迫则益州强，曹公虽来无能为也！”）看刘璋还有点犹豫，张松又补刀：“使君您留意一下，目前我们益州所处的环境相当恶劣，外有强敌环伺，内部祸起萧墙，譬如庞羲、李异等人以老资格功臣自居，对您三心二意，不服管理，个个都想脱离您的领导，实在是心腹大患。若我们不请刘豫州进来，则曹操、张鲁从北边打来，庞羲等人在内部捣乱，我们的活路何在？”（“不得益州则敌攻其外，民攻其内！必败之道也。”）张松的意思很明了，就是要把刘备请入益州，赶在曹操之前把张鲁给灭了，占据汉中。有了刘备的帮忙，庞羲、张鲁都是浮云，搞定这些问题不过是举手之劳。

先请来刘备征讨张鲁，然后共同抵御曹操，这个思路确实很有创意，但这种引狼入室的把戏，也就只能欺负欺负刘璋这样的老实人了。张松说得天花乱坠，头头是道，刘璋听得心花怒放，完全同意了。这回也不用张松推荐了，刘璋再次把法正叫来委以重任，让他带四千人到荆州去，务必把刘豫州请过来。刘璋并没有认为自己蠢，反而觉得自己很精明，把刘备叫过来当炮灰好像没错，可是刘璋没有仔细研究过刘备是什么样的人。

益州是谁的

看到四肢发达、头脑简单的刘璋如此豪爽，益州内部有人不高兴了。想想也是，益州这么大，人杰地灵，要是没有几个智谋之士就怪了。

所以刘璋要把刘备请来灭张鲁的消息传出后，立刻有人一针见血地指出，这是引狼入室。首先说这话的是主簿黄权。

黄权，字公衡，巴西人。他说："刘备的野心很大，让他过来给我们当部下，他能答应吗？以前对曹操、袁绍这么强的人，刘备都不愿意久居其下，这充分说明他不是为人打工的人。刘备骁勇善战，世间有名，请他来蜀以部下之礼待他，他必觉得委屈不干。若是把他当主人，一国容不下两位君王，不清不楚的定位迟早是要出问题的。依在下愚见，不如先关闭边境，加强守备，等局势明朗了再说。"

黄权一番苦谏，说的不无道理，但是头脑发热的刘璋哪里听得进去。刘璋表示坚决不听。黄权还不死心，继续苦劝，结果把刘璋给惹毛了，把黄权调走了。可怜黄权好心建议却碰了一鼻子灰。

广汉从事王累也知道刘备来者不善，让他来，就等于引狼入室。为了阻止刘璋这种极端愚蠢的行为，王累也要去劝刘璋，但他没有像黄权那样直接去见刘璋，发表自己的意见。他让人把自己倒着吊起来，挂在城门上。王累这么做是有理由的。他的想法是，如果让刘备进来，先过自己这一关。其实这招也不是王累的发明，春秋战国时，有些人死谏无效后也用过这种极端的方式进谏，不过通常下场都比较悲惨。王累这么做，除了让自己头昏脑涨外，对刘璋迎接刘备的行为没半点影响。

刘璋就像被灌了迷魂药一般，对此一笑置之。其他人看王累这么有创意的劝谏行为，刘璋都不理，也就没人敢再说什么了。

刘璋力排众议，坚定不移地相信刘备是自己的大救星，而法正、张松更是把刘备当成了自己的大救星。

法正带着刘璋的命令，率领四千人的队伍去迎接刘备，同时也带着自己不可告人的目的。来到荆州以后，法正不可能把自己和张松的密谋满大街嚷嚷，当着众人的面，他还是假模假式地先把刘璋的意思转达了一下。晚上，法正才把自己和张松的密谋向刘备全盘托出，直奔主题。

“刘使君，现在刘璋昏庸无能，益州迟早落入他人之手。以将军的才干，应该抓住这千载难逢的机遇，益州内部有张松和我做内应，拿下仅是举手之劳。”（“以明将军之英才，乘刘牧之懦弱。张松，州之股肱，响应于内。宜取益州，犹反掌也。”）

这时候的刘备日子是很难过的，就只有半个荆州的地盘。东有孙权，北有曹操，西有刘璋，刘备被这三股势力夹在中间很郁闷，要想发展就必须打破包围圈。曹操惹不起，孙权是亲戚不能惹，剩下能欺负的也只能是刘璋了，拿刘璋开刀也是他目前唯一能走的道路了。

这些年来，刘备四处奔波，现在最想做的就是拿到一块属于自己的地皮，打下事业的基础。因此，不管地皮是谁的，只要有条件，刘备都想去抢。现在，他心目中最黄金的土地被送到了面前，刘备心里乐得放烟花了，脸上却看不出一点喜悦，硬是挤出了一个犹豫不决的表情来。

刘备做梦都想进益州，在三顾茅庐时诸葛亮就已经为他规划好了。既然想要也必须要，刘备的不高兴肯定是假的，但他必须演戏。

说起来都姓刘，如果硬去抢，很多人会说他人品有问题，所以刘备显得非常难为情，也非常迟疑。他想要顺利拿下益州，又想维护自己的德字招牌。假如师出无名，硬攻益州，自己的招牌砸了，以后的事业发展会不会受阻？

看刘备这个态度，军师中郎将庞统着急了。庞统的意见是“目前荆州荒凉残破，人才已尽。我们东有孙权，北有曹操，保不准这两位强敌哪天过来跟我们打一仗，如此还何谈发展？想要发展，必须扩大地盘。益州地域辽阔，土壤肥沃，是一个好地方，得到益州，我们才能成就大业”。庞统的意见是非常在理的，可是他还没有说到刘备的心坎里。

刘备沉吟了很久说：“今与吾水火相敌者，曹操也。操以急，吾以宽；操以暴，吾以仁；操以谲，吾以忠；每与操相反，事乃可成。若以小利而失信义于天下，吾不忍也。”刘备的意思是他凡事与曹操相反，才走到今日。如果因为贪小利而取了益州，失信于天下人该怎么办？ 说白了，刘备所说的信义就是个面子问题。

庞统是个智商很高的人，但是未必会玩政治，听到刘备这一套立刻就生气了，但他是个现实主义者，三言两语就打消了刘备的顾虑。“世道这么乱，还讲什么规矩？大鱼吃小鱼是自然规律，只要我们得到益州，封刘璋一块土地，让他继续过幸福生活，还有谁敢乱嚼舌头？不趁现在攻取益州，等人家攻占了，我们连汤都喝不上了，到时再后悔都没用了。”

刘备之所以扭扭捏捏作秀大半天，就是想找一个进攻刘璋的理论依据，以便自己占领益州后不受舆论的谴责，这才是物质精神双丰收，这才是一个大政治家的应有素质。庞统帮他解决了具体的技术问题。

刘备这个人仁义吗？从某个角度讲，挺仁义。比方说对老百姓，对老朋友，如当初的孔融、吕布，他都待之以宽。但如果从政治角度讲，他好像就不是拘泥于仁义道德的人了。当然如果真的是条条框框抠得很死，他也当不成政治家了。虽说刘璋和自己都有皇族血统，但双方之前并无交集。东汉末年连皇帝都是穿着龙袍的叫花子，说话不算话，毫无交情的人互相抢地盘也是很正常的，这和道德无关，只与实力相连，所以仁不仁义谈不上，刘备完全不用内疚。

庞统句句都说到他心坎里了，那还犹豫什么？刘备知道现在时间已经很紧迫，慢一拍都可能会丢掉机会，于是做好部署分配任务，让诸葛亮、关羽留守荆州，自己和庞统、黄忠及数万精兵向益州进发。

从这个分配我们可以看出在刘备心目中诸葛亮和庞统的区别。

刘备看人方面眼光很毒，用人方面很少出现错误。他明白诸葛亮不是打仗的人才，庞统才是行动专家，所以留守荆州这事交给诸葛亮没错，进攻益州就得把庞统带上。

拦江截阿斗

庞统，字士元，是个绝顶聪明的人。颍川名士水镜先生司马徽曾说过，卧龙、凤雏，二人得其一，可得天下。凤雏说的就是庞统。

庞统从小就以丑出名，爱读书，满腹经纶。水镜先生发现他有干货，于是就宣称："庞统乃是南州贤士之首。"此评语一出，庞统就成为当地的名人，很快收到了南郡太守的辟召，当了功曹。赤壁之战以后，南郡落到周瑜手里。于是庞统就到周瑜那里求职。可惜好景不长，一年不到，周瑜去世了。

经过这么一折腾，庞统对东吴不抱希望了，转头到刘备这儿求职。刘备一开始也不看好他，毕竟庞统的外貌实在是太对不起观众了。刘备虽然人手紧缺，但庞统的外形也实在是入不了他的法眼，于是让他当了几天从事，又扔到基层去做了个县令。庞统对县令这项工作真的不太熟悉，把县政府的工作搞得乱七八糟，政绩不佳。年终考核的时候说他业绩不佳，就是不称职，刘备大笔一挥——免职。

就在庞统再一次面临失业下岗的处境的时候，鲁肃听说了，他特意给刘备写信举荐庞统的才能，告诉刘备，您让这种人去当县令实在屈才。诸葛亮也想起了与自己齐名的庞统，于是向刘备举荐。刘备这才亲自考核庞统。刘备和庞统一聊天，发现这个人不得了，当机立断把庞统提拔为军师中郎将。

在刘备麾下，庞统施展平生所学，不但让曾经看不起他的人瞠目结舌，也让刘备对他越来越信任。

在刘备心目中，诸葛亮不是打仗的人才，他的长处在于治理，规划大局，而庞统是领兵参谋、行军打仗的行家。于是，进军益州的时候，刘备把诸葛亮留下，而把庞统带在身边。

如果东吴或曹操又来打荆州了，诸葛亮自己能撑得住吗？刘备也不是傻子，关羽也被留下来了。军事方面关羽负全责，而且张飞、赵云也在，他们也都是打仗的高手。

刘备率领大军，跟着法正直奔益州而去，大本营荆州却发生了一段很不愉快的政治小插曲。

刘备此时此刻的一举一动都牵动着东吴的心，孙权得知刘备真的向益州西进了，不由得醋意大发。周瑜在世的时候，孙权就一直在打益州的主意，那可是一块大肥肉。如果不是周瑜意外去世，怎么会轮到刘备？刘备当初在荆州没有半块地盘，被曹操追得丢盔弃甲，是他孙权断然出手卷入与曹操的对抗，解救了刘备。赤壁之战后，刘备要风得风，要雨得雨，拿走了半个荆州，现在居然敢取益州。孙权一直希望刘备不折腾、不惹事、不捣乱，但刘备是这种人吗？

现在孙权后悔了，当初为什么要借出荆州？真是养虎遗患。孙权悔不当初，没听周瑜的话，看来，刘备确实不是池中物。周瑜死后，孙权在自家阵营中没发现和周瑜一样有雄才大略的帅才，接班的鲁肃才干好像也不如周瑜，而在政治上一直主张和刘备联盟。

从地缘政治上来讲，刘备离益州最近，进军最方便，孙权要打益州，还必须得从刘备那里借道。即便刘备让他路过，突然一翻脸背后插一刀，他的远征部队恐怕就会陷入腹背受敌的危险处境。思来想去，只能说现实残酷，不认不行。

荆州的账慢慢算，其他的账必须早点算，比如我们两家还是亲戚关系，这笔账怎么算？ 简单，直接派人把妹妹接回来，和刘备彻底断绝关系。把亲情断了，今后动手才更方便。显然孙夫人对刘备也没多少感情，孙权派人来接，她二话没说拍屁股就走人了。更重要的是，她要带走刘备的宝贝儿子刘禅。

也许孙夫人还不至于无情无义地把刘禅带走，估计这是孙权的意思。如果把刘禅控制在手里，以后跟刘备有什么麻烦，就有了主动权。哪知道留守后方的诸葛亮、关羽、张飞、赵云个个都是好手，张飞和赵云最先得到了孙夫人要带刘禅回东吴的消息，这两人粗中有细，直接带上本部人马，跑到长江一线截击东吴船队。要换成是没主见的人，就算事先得到消息也得磨叽一阵子。也正因为张飞、赵云遇事果断，把东吴船队给截了下来，才使得孙权绑票刘禅的想法最终破灭。

孙夫人不得已，只能把刘禅放回来。诸葛亮都不用出马，这事儿就解决了。有这么猛的团队在后方坐镇，刘备当然放心。

刘璋迎刘备

刘璋不是请刘备到益州喝茶聊天的，而是让他攻打汉中张鲁的。现在刘备真的来了，刘璋很高兴，心情很激动。刘璋有这样那样的缺点，但有一个优点很突出——对朋友仁义。比方说对刘备，刘备一进入益州地界，刘璋就发文让地方随时供应荆州部队一切所需，刘备要什么就给什么，需要多少就提供多少。总之，往后刘备就是好邻居、好朋友、好伙伴。刘璋说到做到，手下人也深刻领会了领导的意图，坚决贯彻领导的指示，根据史书记载，刘璋前后供应的财物折合一亿钱之多。

刘备好像一夜之间成了益州的主人，一身轻松地来到巴郡。巴郡太守严颜叹息说："此所谓独坐穷山放虎自卫者也"。可他也只能叹息，眼睁睁看着刘备的队伍开进了他的防区，又大摇大摆地离开，到达涪城（今四川绵阳）。涪城不是前线，刘备要在这里休息。

刘璋亲自率领益州的仪仗队离开成都，到涪城与刘备见面，要在这里为他举行热情洋溢的欢迎仪式，以壮行色。刘备不远千里、不辞劳苦来一趟不容易，是该好好款待欢迎一下。之前各级政府的欢迎仪式不够隆重，规格不够高，显示不出益州人民的热情。刘璋相当重视这次会晤，排场很是铺张，所有车辆都挂着帷幔，装修超级豪华，跟节日里的彩车一样。不过刘璋也不是毫无戒心的，为了这次会晤，他带上了三万人，带这么大阵仗来见一个素不相识的人，除了摆阔之外，主要是想考察一下对手。虽说张松、法正把刘备吹得像朵花似的，但是百闻不如一见，刘璋还是想亲自考察一番。

建安十六年（211）冬天，刘璋和刘备终于见面了。双方亲切交谈，像多年未见的老朋友，更像失散已久的亲兄弟。对于刘璋如此热情的欢迎，刘备心里还是很忐忑的。毕竟第一次到人家地盘上，说不紧张那是假话。不过刘备也不担心，因为有人比他更紧张，这个人就是刘璋身边的张松。张松把所有宝都押到刘备这儿了，见刘璋亲自带人去见刘备，突然有了一个大胆的想法：要不趁着双方热热闹闹的时候来个“斩首行动”，一举拿下刘璋。

当然张松自己不方便去见刘备，他草拟好了书信，快马送给了法正，让法正劝说刘备在涪城与刘璋会面的过程中找机会袭击刘璋的部队，生擒或者当场斩杀刘璋，这对日后发动进攻有很大帮助。法正看到信，二话不说，找到了刘备，把张松的意见传达给了刘备。张松的主意很激进，刘备手下也有不少人表示赞同，比如庞统就表示，如果见面时发动袭击，就可不费一兵一卒得到益州，省时省力，何乐而不为。

可惜张松和庞统都忽略了一点，刘璋表面上是来欢迎新朋友的，实际上也是来考验刘备的。通过了啥都好说，刘璋就没戒心了；如果刘备真按张松的主意做，一不小心露了马脚，后果相当严重。偷袭可能性高不高姑且不论，即便刘璋人头落地了，他手上那几万人就愿意听刘备的吗？这三万人一旦哗变，刘备也未必能赚到便宜，搞不好吃不了兜着走。

刘备在想些什么呢？对于张松、法正的一片好意，刘备没有采纳。刘备是做过小本生意的，他当然明白零成本是最好的买卖。可这时候刘备考虑的要比张松、庞统他们多。他知道虽然现在他的名声很响，但实力还是很单薄。抓了刘璋，夺了人家的公章可以做得很麻利，过程也许很顺利，但是这么一来，益州人民不就把他当成是入室打劫的暴徒了吗？这等同于劫匪，人心会向着他吗？如果人心浮动了，挑头的人就会煽动不明真相的群众唱反调。到时候曹操之类的外部势力攻过来，后果相当严重。

刘备心里更想搞定刘璋，可是他坚持认为，必须等刘璋做了对不起自己的事，他再反击，那时所有人都得闭嘴。即便有人不服气，群众的眼睛是雪亮的，也不会跟着挑头的人做反对自己的事。刘备坚信，以刘璋现在的表现来看，虽然热情周到，但不久就会犯错误，所以他摇着头说："我们初来乍到，人地两生，恩德信义还没有建立，不可冒险。"（"初入他国，恩信未筑，此不可也。"）他想要益州，也想要人心。

所谓鱼与熊掌不可兼得，换成是曹操、孙权，可能二话不说就动手了。比如孙权对山越、曹操对辖区内农民的暴动都是这种政策。

刘备也有野心，他两样都想要，虽然很难，但他决定迎难而上，这种勇气是让人佩服的。

刘备进入涪城，看到刘璋仪仗队的阵势，真的吓了一跳。刘璋虽然软弱，但并不傻，也怕刘备有非分之想，所以想摆个威势给刘备看。刘备的心怦怦直跳，还好没听庞统、法正的话，不然刘璋没杀成，自己先被三万大军剁碎了。也正是因为刘备心里没鬼——至少暂时没鬼——再加上刘备是阅历丰富的人，对所谓的考察非常了解，所以很顺利就通过了刘璋的考察。经过这次会面，原本就是软蛋的刘璋的思维方式更具有浪漫主义色彩了。看刘备不远千里不辞辛劳来到益州，把益州人民的事业当成自己的事业，刘璋决定，以后汉中的事情就交给刘备。今后有什么困难尽管开口，他在成都当后勤部长。

刘璋父子俩在益州的政绩虽然不怎么突出，但社会比较稳定，当时也没什么内乱，所以相比中原群雄缺衣少粮的情况，刘璋应该算是地主了。为了招待刘备一行人，刘璋花了大价钱，在涪城附近安营扎寨，设宴招待双方将士。史料记载，刘璋随行三万士卒，刘备也带了差不多两万人，就算不是设宴，只拿面饼来打发人，数量也是惊人的。两军在涪城光大吃大喝就延续了一百多天。就从这一点看，刘璋不但有钱还任性。

双方吃吃喝喝，共叙友谊，若说他们会翻脸真是没人相信。《三国演义》里还杜撰了一个鸿门宴。鸿门宴是庞统设计的，他让刘备集团的几个猛男在两大巨头喝酒的时候进去做剑术表演，表演中找机会把刘璋的脑袋给砍了。殊不知道刘璋的手下不脑残，看刘备那边几个猛男提着宝剑出来，就知道他们要干什么了，于是要陪他们一起舞剑，最后刘璋和刘备同时发话才把他们都轰出去了。

通过这一段故事，把刘备渲染得很“高大全”，庞统的计策也落空了。其实没有这回事，当时庞统跟随刘备时间并不长，要搞这么大的事情，肯定要征得刘备的同意。庞统不会连这一点都不清楚。

第十章

成都我来了

庞统献三计

天下没有不散的筵席，刘璋虽然管了刘备一百多天饭，但管得了一时管不了一世，意思到了也就差不多了。按照约定，大吃大喝完，刘备就得去打张鲁了，临走前刘璋大力发扬东道主热情好客的精神，给刘备又是发慰问品又是发奖金，刘备又吃又拿手都发软了，心里很感动，长叹一句："富哉，今日之乐乎。"他们会晤的山由此得名富乐山。

双方还一致认为，光吃吃喝喝没什么没创意，于是上书朝廷推荐对方当更大的官。刘璋表态，刘备只当个左将军太不合适了，应该当大司马兼任司隶校尉。刘备认为，刘璋在西部开发劳苦功高，应该提拔为镇西大将军。于是刘备就成了行大司马，刘璋成了行镇西大将军。"行"就是代理。官是他们给自己封的，没得到皇帝的认可，所以要代理。

建安十六年（211），在经过三个月漫长的饮宴后，刘备终于出发了。为了让刘备找到宾至如归的感觉，早一点除掉张鲁，占据汉中，把益州与曹操阻隔开来，刘璋又很大方地送给刘备大批粮草、军马，以便让刘备从益州杀入汉中的道路畅通无阻。刘璋还特别下令，驻扎在白水关（今四川青川县）的益州军队全部听从刘备的安排与调遣。这样，加上刘备带来的部队，刘备手下能调动的总兵力已经达到三万人了，至于后勤，刘备更不用担心了，刘璋全部保质保量提供。

进了巴蜀后，刘备就像到了自己家里一样方便。相对而言，刘璋的动机是很单纯的，花钱请你来干活，只要你表现好，帮我拿下张鲁，多给你点钱也没问题。在他心目中，刘备是自己的雇佣军，但这只是刘璋的一厢情愿。刘备进入益州真实的目的是借着打张鲁的旗号“吃掉”益州。现在他已经成功进门了，沿途还收了不少好处。就目前实力来说，攻占益州已经有条件了，但刘备平生行事最为稳妥，喜欢搞以德服人这一套。况且，刘璋如此热情好客，大大出乎了刘备的意料，搞得刘备不好意思对刘璋下手。现在官也升了，慰问金也拿了，人员也补充了，接下来该干活了。等刘璋返回成都后，刘备北上推进到葭萌关（今四川广元市昭化区）。这个地方后来被刘备改名为汉寿县，离汉中郡的阳平关不远。

在这里，刘备并没有按刘璋希望的那样北上进攻张鲁，也没有像张松希望的那样反过来攻打刘璋，而是停留在此地，小动作不断，不断给当地人施以小恩小惠，收买人心。史料上说：“厚树恩德以收众心。”

刘备的目的很明显，只有刘璋不知道，或者他选择性失明了。刘璋糊涂，但他手下还有很多人是清醒的。除了严颜，还有奉命服从刘备的白水关守将杨怀、高沛，他们看刘备四处树立自己的光辉形象，醉翁之意不在酒，怀疑刘备北攻汉中是假，暗中图谋益州是真。于是他们悄悄向刘璋打报告，强烈要求把刘备送回荆州，把刘备送走就少了一个安全隐患。可是刘璋依然不动声色，稳稳地在成都等好消息。他满脑子想的是这下张鲁不敢来欺负他了，至于将领们的话，他没有认真想过。

刘璋是真糊涂，张鲁还没有南下夺取益州的计划，刘备却早在几年前就已经对益州流口水了，现在连部队都带过来了。张鲁与刘备哪个更需要防备？

纸是包不住火的，刘璋手下的人情绪激动，刘备也有点担心，陷入了迷惘，虽说进攻益州主意已定，但具体步骤还没想好。

对当前的形势，庞统非常警觉，他之前就建议刘备来个突袭行动，直接拿下刘璋，当时刘备不忍心下手，现在事情快暴露了，还顾什么兄弟情分、朋友情谊？经过深思熟虑，庞统向刘备献了三条计策："现在我们的工作已经做得很到位了，刘璋依然没什么准备，仍在成都吃喝玩乐。我们可以趁这个机会组织精兵南下，袭取成都拿下刘璋。此乃上计。白水守将杨怀、高沛都乃蜀中名将，关口守得很紧，此二人对咱们一直抱怀疑态度，多次写密信给刘璋，要求刘璋要把咱们赶回荆州，咱们就借这个机会，谎称荆州出现了意外，赶回去救援。他们必会出关送别，我们在送别宴席上趁机杀掉二人，吞并二人手下精兵，然后率军迅速南下直击成都，此乃中计。下计就是咱们啥都不做，权当旅游一趟，退回白帝城到江州与荆州力量连成一片，耐心等待机会再杀回来，稳扎稳打逐步平定益州。这三条计策还望主公考虑，如果待在本地啥也不做，不用多久就会陷入极困难的状况，要早下决心，如果失去机会，后果会非常严重。"（"若沉吟不去，将至大困，不可久矣。"）庞统的计划可行吗？我们可以仔细分析一下。

他是献了三条计策，但管用的就只一条，比如上策——在人家地盘上组织别动队，袭取对方大本营——基本上等于自杀。广元到成都有三百多公里，沿路都是刘璋的关卡，别动队怎么过去？刘备也思考过，上策听上去见效比较快，但意味着失败也快。一旦被发现，全盘计划就要泡汤，风险太大了行不通。

下策确实稳扎稳打，紧靠荆州大后方，不用担心后援不济的问题。但等于免费来一趟，原路返回什么也没做，以后回来见效太慢了。益州地势险峻，易守难攻，就算刘璋再糊涂，只需要用最简单的方法在各地要道派军队驻守，刘备就一点都摸不进去了。

庞统的三计中能用的其实只有中策。先把刘璋派过来监视的杨怀、高沛除掉，把南下成都最大的障碍去掉。接下来，刘备军可以借刘璋给予的军事物资为基础，稳扎稳打，由北向南一步一步直取成都，能成最好，不能成至少还有地盘在手，军队也相对完整。

刘备当场拍板决定用中策。方向定下来了，并不等于立刻就动手。在葭萌关已经待了一年多，以刘备的谨慎性格，必须准备一段时间，不打没把握的仗。可历史舞台不是他一个人唱主角，天有不测风云，人有旦夕祸福。

怒斩张松

曹操这个时候正好带领着四十万大军到濡须，准备向孙权发动大规模军事行动。孙权看曹操这次带的大军比上次赤壁之战还多，赶紧派人给刘备写信，要求刘备遵守孙刘联盟的协议，过来和他一起抗击曹操。孙权突然醒悟了，这时候和刘备翻脸不可能，指望刘备放弃益州与他并肩作战也不太可能。因为刘备的荆州形势也不太乐观，曹操在进攻孙权的同时也派出手下大将乐进带兵与关羽在青泥对峙。荆州方向战事吃紧，但刘备显得并不特别紧张，反而有点高兴。关羽有本事，还有诸葛亮当军师坐镇后方，不用担心，至于孙权，写信敷衍两句就行了。刘备现在的战略重心依然在益州，接到孙权的信以后他相当高兴，曹操打孙权太及时了，要是不打，他还不好找借口。

以往在曹操的心目中，刘备的反应是慢半拍，但是这次，刘备反应相当迅速，立刻就给刘璋写了信。说是求援信，事实上也是告别信。信里写道："孙氏与孤本为唇齿，又乐进在青泥与关羽相拒，今不往救羽，进必大克，转侵州界，其忧有甚于鲁。鲁自守之贼，不足虑也。"意思是说，孙权受到曹操的攻击，向自己求援，乐进又跟关羽对峙，不救关羽，乐进攻克青泥之后，就会进犯两人的州界，危险比张鲁更大。

可以看出，刘备自己确认此时在荆州主持军事大局的是关羽，而不是诸葛亮。接下来刘备向刘璋提出请求，想要借点兵力和物资。

客人贪得无厌，主人不翻脸就怪了。刘璋很生气，但他不想翻脸。而且，他还没有看穿刘备的真正用意，对刘备还是抱有幻想的，他不太想得罪这尊大神。可事实证明了，喜欢幻想的人最后会摔得很惨，不能看透事物本质的人终究要付出惨痛代价。面对刘备的请求，刘璋没有完全满足，也没有直接拒绝，只是暂时给了刘备四千兵，物资减一半。在刘璋看来，这么处理很妥当，已经算是仁至义尽了。这件事上刘璋很善良、很体贴、很厚道，刘备的意思也很简单，你不满足我的一切条件，我手下将士不答应。

刘备进益州这么久，一直被人当神一样供着，之前真不好意思对老实人下手。但这次他终于找到行动的借口了。于是刘备勃然大怒，召集手下将领把刘璋给自己写的信公布出来，对大家说："吾为益州征强敌，师徒勤瘁，而积财吝赏，何以使士大夫死战乎？”意思是说，我们辛辛苦苦翻山越岭来到益州讨伐张鲁，大家辛苦得要命，刘璋却如此抠门，怎么让人替他卖命？这表明，刘备是客人当腻了，想翻身当主人。

他手下的将士们不明真相，看主公这么说了，当然深信不疑。刘备的厚黑学成功忽悠了大批不明真相的人。这些人中，甚至包括远在成都的刘备卧底张松。张松不明就里，听说刘备要走，立刻着急起来，忙给法正和刘备写信说：“今大事垂立，如何释此去乎！”我们离成功就差那么一点了，为什么要放过机会？ 张松口才很好，想法也不错，绝对是高智商人才，可再聪明的人也会有浮躁的时候，一冲动人就蒙圈了。张松这封信刚刚写好，还没发出去，就被他哥张肃看到了。张肃是广汉太守，有权有钱，生活滋润，最怕出差错被人拿走位子。现在发现弟弟在做通敌的坏事，当场就头皮发麻了。他的智商和张松比差远了，他没想到，刘璋迟早是会被淘汰的。刘璋被其他势力淘汰后，他这个广汉太守还能活吗？其实弟弟的选择是对的。可张肃偏偏一根筋拐不过弯，他决定大义灭亲，出卖弟弟，勇敢地向刘璋举报。

刘璋把前因后果连起来一想，就知道张松已经坑了他。刘璋当场发飙，叫人把张松的脑袋砍下来。张松还没有看见胜利的曙光，就被诛杀了。

刘璋砍了张松，也不能挽回损失了。但是张松的死对刘备来说损失巨大。这次刘备入主益州的策划案中，张松是主谋，法正只是帮手。假设张松不死，以后投到刘备阵营中来，肯定会像法正一样是高层主要领导之一，对刘备的帮助会很大。

其实杀张松，刘璋心里并不轻松，他很后怕，身边藏着卧底，想内外勾结，掏空自己家当，自己自始至终都是冤大头。刘备就是一匹披着羊皮的狼，自己却可悲地一直在引狼入室，被人卖了还在替人数钱。

这盘棋已经下烂了，但是再烂的摊子也得收拾好才行。刘璋大彻大悟，亡羊补牢，下令停发给刘备的援助，所有益州将士不得擅自与刘备交往。可惜为时已晚，狼已经进来了，再怎么修补羊圈，该被叼走的羊还是要被叼走的。

君臣俱失

刘璋清醒过来了，可是他手下还有人没清醒过来。出人意料的是，懵懂的人竟然是白水关守将杨怀和高沛。按说这两位是精明人，之前刘备刚来的时候，整个益州载歌载舞，他们都能及时发觉友军私下不务正业，不太对劲，还曾经提醒刘璋，把刘备送回去。

刘备动作很快，他对时效性这个概念比谁的认识得都深刻，一旦做出决定，绝不会再慢半拍。公开撕破脸皮后，他立刻采取行动，写了封信，把两位白水关守将给叫过来。这时杨怀、高沛还不知道刘备和刘璋已经撕破脸，刘璋下发的紧急文件还没到他们手上。一接到刘备通知，他们就过来了，还以为是给刘备送行。刘备一见他们，就把他们狠狠骂了一通，说他们没礼貌，让人把他们抓起来。他们原本对刘备就很有意见，天天要求把刘备踢出川外。哪知道还没收到刘璋的答复，刘备却抢先一步把他们给抓起来了，最后以对客人无礼的罪名把他们处死了。

刘备计划的第一步得手了，然后他把杨、高的部队进行改制，组合到自己麾下。刘备收编了白水关军队后，转头占领了涪城。进城的当天，刘备举行了一场盛大的庆功会，大宴将士。刘备喝到得意处，满脸红光地说："能有今天这样的聚会，我特别高兴。"庞统正在他身边，庞统和刘备的关系也比较随意，这时候也喝个半醉，听刘备这么说，他冷言冷语地说："征伐别人的国家却感到高兴，这不是仁义之人的军队。"

刘备向来注重形象，虽然喝得晕晕乎乎，但是依然耳聪目明，庞统的话他听得真真切切，于是当场反驳："当初周武王讨伐商纣之时也有歌舞助兴，你能说那是不仁吗？你说话太不恰当了，话中有病，赶紧给我出去。"越聪明的人个性就越强，庞统也是有脾气的，听刘备这么说，呼地站起来，转身就离开了。没一会儿刘备后悔了，觉得自己当众把庞统赶走，实在有辱斯文，太不符合领导的形象，于是又派人把庞统给请回来。庞统倒也没拒绝，真回来了，坐在原来的地方，也没向领导说软话道歉，自顾自地吃东西，好像什么也没发生。史料记载说："统复故位，初不顾谢，饮食自若。"刘备沉不住气了，原以为庞统回来，怎么也会向自己低头认个错，谁知庞统像没发生什么事一样，继续大吃大喝。刘备好奇地追问："士元先生，刚才我们讨论的话题，您看是谁对谁错啊？"庞统等的就是这话，他回答："君臣俱失。"领导和下属都有不对，刚开始是领导错了，现在自己也有错，没有谁对谁错。刘备哈哈大笑。

刘备打响了夺取益州的第一枪后，益州上下立刻进入了战争状态。以前刘璋一直认为，最大的敌人是曹操，张鲁次之。现在他才清醒地认识到，真正危险的敌人就在眼皮子底下，还是自己主动请来的。刘备大军虎视眈眈，完全把益州当成一块大肥肉，恨不能一口就吞下去。这时候他手下说什么的都有，有的说主动迎击，有的说就地搞好防守。听上去这些主意都不错，但实施起来似乎都困难重重，没有绝对把握。

刘璋一如既往地没主意，又陷入了恐惧和迷茫中去了。本来如果自己没办法，有人提供办法，不管怎样采纳一下也可以。问题是刘璋糊涂，自己没办法，还嫌别人的办法臭。他手下有个叫郑度的官员，是益州从士，听说益州形势已经大乱，就对刘璋说："我有个办法可以搞定刘备，归纳起来就是四个字，坚壁清野。现在刘备看起来很嚣张，但实际上手下兵力不足一万，远离后方，乃孤军一支，军用物资少得可怜，只能靠到处抢劫过日子。我们只要把巴西和梓潼境内的百姓疏散到内水、涪水以西，把巴西与梓潼仓库的粮食物资，还有田野里的庄稼烧掉。刘备的部队要吃要喝，如果来挑战，我们就天天躲在城里不出战，我们一边吃饭一边欣赏他们叫骂，不久，他们的口粮就会吃完，到那时他们只能夹着尾巴逃跑。在他们逃跑的时候，我们再从后面追击他们，必能生擒刘备。"

这个主意太绝了，而且为了照顾刘璋的畏敌情绪，还善解人意地把刘备军队说成一万。这主意听上去很不错，很多后世人也觉得如果刘璋采纳了这个主意，将会阻止刘备前进的步伐，至少能让刘备占领益州的时间再推迟几年。事实上这个计策执行起来也没那么容易。移民是个让人头疼的大工程，况且现在刘备的军队已经热火朝天地在路上了，在他眼皮底下把这么多老百姓带走，真是把刘备当傻子了。

这个主意只能听听，做起来很难。害了自家老百姓，却帮了别人，是典型的馊主意。这个主意很快传到刘备那儿了，刘备吓了一跳，赶紧把法正叫过来商量。法正笑着对刘备说："此计狠毒，若实施起来，咱们不是饿死就是冻死了，但是我敢向主公保证，刘璋是不会采纳的。"法正对刘璋非常了解，刘璋真的没有采纳。他说："抗击敌人目的是保护老百姓，让他们安居乐业，哪有把老百姓赶来赶去躲避敌人的，如果这么做了，我刘璋还算是益州百姓的父母官吗？”（“吾闻拒敌以安民，未闻动民以避敌也。”）

这个刘璋真是让人又爱又恨，虽然不是一个优秀的政治家、军事家，但不管怎么说都是个彻底的好人。而且，刘璋为了表达对出馊主意的郑度的鄙视，直接摘掉了他的乌纱帽。从这件事可以看出，刘璋昏则昏矣，庸也庸得很，但对于老百姓来说，他是个好官。

吴懿、李严、费观

刘璋明白，龟缩在城里被动挨打不是好办法，还得主动出击，于是就派出了第一梯队，包括刘璝、冷苞、张任、邓贤、吴懿等五位将军。万万没想到，这五个人的水平实在不怎么样，和刘备一交手，都被打了个大败，集体退守到绵竹开始死守。

吴懿的父亲和刘璋的父亲刘焉关系不错，所以战乱时全家进入了蜀地。吴懿的妹妹嫁给了刘焉的儿子刘瑁，不过刘瑁没多久就去世了。刘备拿下益州以后，在法正的帮助下，把吴懿的妹妹娶回了家，她就是后来的穆皇后。

吴懿在益州官场中的地位非常重要，他来到绵竹死守的时候，就开始思考当前局势了。他知道自己可能守不到胜利那一刻，正所谓识时务者为俊杰，于是就向刘备投降了。吴懿可是益州的资深高管，一举一动对整个政局都有很大影响。

刘备很高兴，这就意味着刘璋少了一条左膀右臂，刘璋内部再也不是铁板一块了。而对于刘璋来说，连吴懿这么重要的人物都投降了，其他人是不是也在考虑退路？吴懿投降，正史中记载得很简单，只说他投降以后刘备很高兴，任命他为讨逆将军。但是在《三国演义》中他的形象就丰满得多，故事也精彩得多了。

刘璋看大事不妙，先派出的五个人，个个打不过刘备，其中一个还叛变了。第二梯队跟着上，但第二梯队只有李严和费观两个人。李严是南阳人，费观是江夏人，都不是本地人，属于刘璋的亲信。

费观是刘璋的亲戚，他姑姑是刘璋的母亲，刘璋的女儿又嫁给了费观。李严曾经担任过成都县令，为官政绩相当不错，名声也很好，属于久经考验的那种人。把这两个人派出去，等于刘璋掏出底牌了。考虑到人多嘴杂，为了加强领导指挥，刘璋特意给了李严一个监军头衔。这种工作安排很明显是刘璋手下无人可用了，挑选了一个政绩突出的人来领兵打仗了。

李严工作表现很突出，但是到了战场却和费观一起临阵倒戈了。估计李严也已经看透了刘璋，知道自己再努力、办事能力再高，在刘璋的领导下也会败给刘备。与其以后再投降，不如提前投降，况且已经有吴懿开了先例。两军对阵，一方主要将领接连投降，这属于改变力量对比的标志性事件了。作为刘璋的亲信，吴懿、李严、费观带头投降，这对益州军民的影响和心理震撼是巨大的。

刘备没费多少功夫就白得了几支人马，部队规模迅速扩大起来，他把部队分成很多路，派他们占领四周各县，占地面积不断扩大。

而刘璋方面，绵竹守不住，其他将领退守到广汉郡政府所在地雒城（今四川广汉雒城区）。这是成都北方最后一道屏障了，距离成都只有几十公里。如果刘备攻破了雒城，成都就无险可守了。刘备对雒城志在必得，而刘璋也绝对输不起。双方毫不退让，一场恶战不可避免。

刘备率领大军把雒城死死围住。雒城守军基本上都是之前被刘备打败过的，其中有一个特殊人物叫刘循。刘循是刘璋的儿子，关键时刻把儿子派过去守城，不是去看风景的。守城将领们都清楚刘循是来做监军，监督大家工作表现的。自从李严投降后，雒城的实际指挥官就变成刘循了。

按目前形势来看，防守是最好的策略，但是刘循当监军要的是实实在在的战果，缩在城里不行，必须出去打一阵，赢一仗。刘璋手下有个大将叫张任，尽管之前曾经被刘备打败过，但是一有刘循的注视，二来被人围在城里太窝囊，于是他点起兵马出城来到一个叫雁桥的地方找刘备决战，只是他运气更差。据史料记载，张任被打了个大败，被刘备活捉。

当时刘璋手下最能打的就数张任了，刘备也是爱才的人，要把他招降了。没想到张任是个有血性的汉子，明确表示这辈子认准刘璋，想劝我投降，别费心思了。刘备非常感动，下令把张任杀了。在《资治通鉴》里张任是战死的。

《三国演义》对张任的描写很多，说张任是诸葛亮设计抓住的，还把庞统牺牲的责任套在了张任头上。小说这么写是让故事的可读性增强，强调诸葛亮在刘备集团中的重要作用。

断头将军

建安十九年（214）四月，刘备与庞统包围雒城已有一年多，场面很好看，主动权似乎在刘备手上，但是刘备军队始终在外围。没有成绩，刘备输得起时间也输不起颜面了，雒城都打不下来，何年何月才能拿下益州？刘备决定从荆州调集精干力量增援。根据史书记载，诸葛亮留下关羽镇守荆州，自己带着张飞、赵云逆流而上，进入西川到益州帮忙。这个决定是英明的，因为诸葛亮他们来了就能更快地拿下益州，但换个角度想，这个决策其实也是失误的。因为诸葛亮他们一走，荆州空虚，最后他们失去了荆州。

当然客观来说，无论是刘备还是诸葛亮，都不会想到关羽会骄傲自满丢掉了战略要地，这是出乎所有人意料的。诸葛亮原本在荆州是给刘备充当萧何这样的角色的，为他保住大后方，现在也带着部队入川了，说明刘备这边真是有点困难了。

本来刘备、庞统都以为刘璋暗弱，他手下的部队也好不到哪里去，战斗经验有限，估计没多久就可以攻下益州全境。哪知道刘璋虽然很傻很天真，他手下人却并不全是傻瓜，再加上蜀中地形险要，易守难攻，刘备的部队人数又不占绝对优势，孤军深入，没有后方支援，限制也大。幸亏刘璋没有采纳坚壁清野之计，否则刘备早就被拖垮了。

现在刘备比谁都明白，要是拿不下益州，这辈子也没有翻盘的可能了。表面上自己占了荆州，但大半面积是打了借条从孙权那里借过来的。而且荆州北有曹操，东有孙权，虽说刘备现在和孙权是同盟关系，但能维持多久还不一定。荆州只是个暂时的落脚点，益州才是最后的根据地。再拖下去，曹操估计都入川了，他一来刘璋就会倒向他。

刘备只有拿下益州，事业才有发展的基础。诸葛亮就是在这种情况下带兵入川的。诸葛亮他们来了以后率先攻陷了巴东，又攻下了巴郡。巴郡太守严颜年纪很大，声名也很响亮，但显然在战场上与张飞的差距不小，一仗下来，大败亏输，严颜成了张飞的俘虏。

虽然做了俘虏，但是严颜似乎很有骨气，不求饶不投降。张飞抓到他以后破口大骂，咆哮道：“我大军兵临城下，你为何不投降？竟敢顽抗到底！”严颜虽然是个浑身被绑的俘虏，却半点也不怕张飞，他说：“卿等无状，侵夺我州，我州但有断头将军，无降将军也。”说完毫不畏惧，昂首挺胸。张飞本来脾气就急，听到这话更加愤怒，于是下令把严颜拉出去砍了。没想到严颜还真不怕死，面不改色，从鼻子里哼了一下，大声说：“要杀就杀！”张飞愣住了。在这一瞬间，张飞觉得严颜还挺可爱，于是态度来了个一百八十度的大转弯，说：“老子最佩服的就是你这种人了，死都不怕，那才是够义气，够爷们儿。老子决定不杀你了。”然后张飞亲自给严颜松绑，还给严颜端上了茶，热情邀请对方加入自己阵营。

这下轮到严颜吃惊了，看来张飞也不是野蛮人，有个性，可以结交。严颜是个明白人，张飞是抓他的人，地位不低，这么给他面子，于是就顺台阶下，接受了邀请，归顺了张飞。

在《三国演义》里，这段故事被放大，添了很多猛料，强调了张飞的聪明。当然这次战斗不是张飞独立完成的，还有诸葛亮、赵云。不过从处理严颜这事来看，他应该是这次行动的最高指挥官。诸葛亮是他的军师，赵云只是他的副手。

严颜归顺以后，荆州来的部队在诸葛亮的授意下兵分两路，开始对蜀地进行迂回包围：一路由张飞带领，沿阆中迂回，准备经雒城与刘备会师后抵达成都；另一路由赵云带领，沿着江阳、犍为直逼成都。两军夹攻刘璋，最后在成都会师。

按照这个计划，益州大部分土地会落入刘备集团手里，总体形势对刘备比较有利，但在局部战场，刘备的局面却很难看。

大半年前张任死了以后，雒城没人再敢出头，只是采取防御措施。刘备无计可施，整整围了一年，越围城内越坚韧，攻城的人反而越攻越焦躁了。心浮气躁往往会给自己带来不可预测的后果。不久，刘备方面就出事了，出事的人是凤雏庞统。庞统觉得关键时候得亲自带部队上前线，一举攻破雒城，可打起仗来和在指挥部是两回事，战场上乱哄哄的，没人去分辨你到底是不是高级参谋。在一次战斗中，一支来历不明的流箭扎中了庞统的要害。后来庞统因伤势过重，医治无效去世了，年仅三十六岁。庞统牺牲的情节和《三国演义》里出入太大。他的死和马没有关系，和落凤坡也没有关系，和张任也没有关系。

庞统虽然死得一点都不轰轰烈烈，但对于刘备集团来说是不可估量的损失，其严重程度和当年曹操没了郭嘉可以相提并论。但是曹操手下人才多，没了一个郭嘉，还有荀家叔侄，还有程昱，后来还有司马懿，等等。刘备这边人才储备太寒酸，真经受不了失去高级人才的打击。

如果庞统不死，刘备阵营里能独当一面的人多一个，估计就不会出现荆州只有关羽一个人独立支撑的情况，也就不会发生关羽因为无人指点，骄傲自大，大意失荆州的悲剧了。如果没有这个悲剧，夷陵之战的悲剧也不会发生了。没有夷陵之战，刘备和张飞也不至于那么早去世。当然历史没有如果。庞统的死对于事业正在起步的刘备而言，无疑是个超级大利空，不过这不等于对刘璋是个利好，因为刘备很会发现人才。庞统一死，他马上物色了一个人补缺。这个人就是法正。

实际上，刘备进入益州后，法正就是刘备和刘璋之间的联络官，被刘璋长期外派驻扎在刘备军营里。他和张松一起谋划了投靠刘备的计划，但是张松丢了命，法正因为长期在外，成了幸运的漏网之鱼。虽然他和张松一样，头上都顶着卖主求荣的帽子，但此人的才干不亚于诸葛亮、庞统。自从跳槽到刘备阵营后，法正基本牢牢占据了刘备集团的重要位置，有才又能见风使舵，明白掌握权力斗争的关键。庞统死后，法正上位成了刘备身边最重要的参谋之一。

马超投刘备

既然刘备已经把法正扶上一个重要位置，法正必须好好表现了。看新老板围攻雒城比较吃力，法正琢磨出一个很简单的方法。只要这个方法有效，那么雒城里的千军万马立刻就会变成小绵羊。法正自告奋勇给刘璋写了一封信，把双方目前形势对跟老领导进行了全面的分析，强调了现在刘备越来越强，刘璋越来越弱，请他务必不要顽抗下去。信中说："左将军从举兵以来，旧心依依，实无薄意。愚以为可图变化，以保尊门。"意思是说，刘备举兵进入益州以来没什么恶意，内心一直念念不忘刘璋的扶持之恩。他认为刘璋应该改变态度，以保住家门的尊贵。法正这封信口气谦虚，但态度虚伪。刘璋自然对这封信是不感冒的，愤愤然甩到一边去了。问题是没过几天雒城支持不住了，被刘备的部队杀上了城头，益州北部重镇就这样被刘备占领了。没过多久，诸葛亮、张飞、赵云也带着部队开到雒城，与刘备胜利会师。

形势越来越紧张了，整个益州似乎地盘很大，但是偏远山区的人是不会计较谁当老板的，真正能拿得出手的似乎只剩下成都这座孤城了。该来的始终会来，从前称兄道弟推杯换盏的弟兄，现在要兵戎相见了。而且刘备还不是一个人来的，身边还带着马超。马超的到来令到成都一片惊恐，因为他的名气实在太大。马超怎么跑到成都来了？对很多人来说，马超是个麻烦制造者。

马超投靠张鲁以后发生了什么？为什么现在在刘备阵营了呢？马超刚来的时候，张鲁觉得很爽。毕竟马超是战力超群的英雄，张鲁不但热情接待了他，还给了他一个都讲祭酒的职位。汉代儒学独尊，祭酒逐渐成为学官首席和五经博士之首。张鲁的天师道非常重视老子的道家理论和道教教义宣讲，给马超的这个职务大体上相当于中高层管理干部。马超的运气还不止于此，张鲁见马超不仅长得帅，而且有本事——当时的人一来讲究名门出身，二来是“外貌协会”——如果这个人有名气，还长得好，别人当然就会有兴趣了。所以，张鲁想把女儿嫁给他。

马超原本无人收留，现在不仅有了靠山，还能娶一房老婆，简直是时来运转。只是，不是每个人都愿意看到马超这么爽，有人开始在背地里使绊子。杨昂等人就不欢迎马超，一来是马超人品有问题，连亲爹的性命都不顾；二来是马超有本事，要是长期在这里干下去，他们的前途会受到影响。他们一有时间就放大马超的负面形象，大力开展排挤工作，把马超说成大坏蛋。有人干脆直接对张鲁说：“马超这种人不讲亲情，没点人味儿，连自己家人都顾不上，还能顾我们？”张鲁恍然大悟，于是态度来了个一百八十度大转弯，对马超的好感大打折扣。

此时的马超已经成熟了，什么大风大浪没见过。所以张鲁对他态度的变化，他一下子就看出来了。他也明白，张鲁虽说号称占领汉中，但绝对不是做大事的人，自己继续在这里混下去的话，只能越混越差。况且他来到汉中不是为了把张鲁的事业发扬光大，而是为了报仇，是来寻找支援反攻曹贼的。马超没过多久就向张鲁借兵，准备光复凉州。问题是张鲁对此事毫无兴趣，马超提的次数多了，颜面上过不去，就勉为其难、象征性地给他派了一点虾兵蟹将。

马超一看太寒酸了，带上这帮人出去打仗，连游击队都算不上。趁人不备打闷棍是够用了，若是大举反攻，收复失地，那还不够夏侯渊塞牙缝的，所以马超的复仇计划就难产了。计划没成，霉运开始了。嫉妒他、想看他倒霉的人更加活跃，不断排挤他进谗言，搞得张鲁也成天疑神疑鬼的，怀疑马超的忠诚度，害怕马超另立山头。

到别人家做客，主人却老怀疑你是贼，那就没意思了。这时，刘备和刘璋翻脸了，在巴蜀大地大肆攻城略地。马超当然也注意到了。刘备也关注着马超，他在打刘璋的同时也时不时地瞄着汉中。因为汉中是益州的门户，如果只得益州，缺了汉中，益州仍然是不安全的。所以刘备不管有多忙，都会抽时间关注张鲁的动态。张鲁和马超之间的事儿，刘备很快就知道了，他派李恢去劝马超跳槽。李恢悄悄和马超见了面，劝马超赶紧脱离张鲁，投奔刘备。马超原本在张鲁那里过得就很不顺心，看刘备来请，心里乐开了花，于是就离开了张鲁。

不过马超没有直接跳槽到刘备那里，而是绕了个圈，毕竟刘备的名义是打张鲁。从台面上来看，这两家算是敌人，处于交战状态，直接从张鲁阵营跳到刘备那里，恐怕别人会骂他投敌，所以马超打算曲线救国。刘备包围雒城的时候，马超从武都跑了出来，逃到了氐族人的地盘上，打算从零开始。之前马超和这个部落的人关系不错，来到这里后，他就煽动部落的人跟自己一起去投靠刘备。

马超给刘备写了一封信，真诚地表示，自己希望尽快南下来到左将军身边尽犬马之劳。收到这封信，刘备兴奋之情溢于言表，哈哈大笑，说："益州是我的了！"（"我得益州矣！"）。当然，高兴归高兴，事情还得一步步来，不能太冲动。刘备让马超少安勿躁，秘密派遣一支部队北上迎接马超。

为什么这么安排？因为马超现在基本等于光杆司令了，如果他投靠刘备的消息被张鲁知道了，在路上埋伏一支小部队，就能把马超置于死地。另外，刘备比别人看得更远，他把一支部队交给马超，由他带领南下到成都比一个光杆司令到成都的震撼力要强很多。打心理战，在气势上压倒敌手正是此时的刘备最需要的。

当马超雄赳赳气昂昂地带着这支部队出现在成都北面的时候，成都军民心里立刻产生了恐惧。马超是谁？马超曾经差点儿杀了曹操，这种人都杀到成都来了，成都军民心里能不怕吗？史料里用了四个字来形容——"城中震怖"。刘备要的就是这种效果，不但要吓破你的胆，还要吓破你的城。

刘璋之败

现在，几路大军汇聚成都城下，拿下城池不成问题，但是刘备不急于进攻，考虑到城中的居民对自己有特殊感情，都恨他恩将仇报，如果硬攻，对方会拼个鱼死网破，自己损失太大。在刘备看来，刘璋的心理素质肯定不如城墙过硬，与其带部队去拼命，不如派人去搞垮他的心理，用和平手段解决问题，至少可以保持自己仁义的形象。

刘备围而不攻，城里人的心就一直悬着。马超来了以后，刘备还是不动手，刘璋的心绷得更紧了。十几天过去了，刘备终于有动静了，他派了一个叫简雍的元老作为谈判代表进城，要和刘璋谈谈。

简雍，字宪和，涿郡（今河北涿州）人，算起来是刘备的老乡。他本来不姓简，而姓耿。当时幽州人把耿说成简，所以就把他的名字叫成简雍了。光和七年（184），刘备举事，简雍就从老家一直跟随。这个人本事不算大，打仗不行，出主意也未必靠谱，跟着刘备到处奔走，刘备给了他一个从事郎中的职务。简雍能说会道，所以需要交往联络的时候，刘备就把他派出去，就像是刘备手下的公关部长。简雍跟着刘备一起进入益州，和刘璋见过面，当时他幽默的谈吐给刘璋留下了非常深刻的印象，刘璋非常欣赏他，所以刘备派他进城做谈判代表再合适不过了。

进了城以后，简雍去见刘璋，说了一大堆威胁利诱的话，告诉刘璋现在最好的出路就是投降，不过他的言辞并没有让刘璋反感。刘璋是很愿意谈的，毕竟简雍开出的条件很优惠，很有吸引力，但这时成都城里还有三万精兵，其他军用、民用物资完全可以支撑两三年。所以刘璋想谈判，手下个个都不干，他们准备和刘备死磕到底。

城中居民士气高昂，都愿意死战，而刘备未必能围两三年，真要围下去，曹操、孙权都该找刘备麻烦了。很多人都劝刘璋一定要抵抗到底，这些人信心爆棚，决心也很感人，却感动不了刘璋。刘璋想问题的角度不一样，他考虑的是短时间内可以支撑，但是一两年以后，成都就是一座孤城，撑到最后谁来支援？城一旦被破，后果又会怎样？刘备的部队天天在外喊打喊杀，连马超这样的人也跑过来给他卖力，而自己被包围，没见哪个人出来声援一下。这不正说明自己有问题吗？真的值得好好反省。

刘璋考虑了很久，把手下人叫在一起做了一次声情并茂的演讲。“回想这二十多年，我父子二人主政益州，没对大家做过什么有利的事情，没能让大家享受更多的福利，过上幸福的生活。反倒是最近几年战乱不断，老百姓的尸骨都化成肥料滋润着荒野里的野草。这都是我一个人的原因，看着大家跟着我受苦受累，我怎么能忍心？”史料记载，他的原话是：“父子在州二十余年，无恩德以加百姓，百姓攻战三年，肌膏草野者，以璋故也，何心能安！”刘璋虽然打仗没水平，做老板也没能力，但是这番话实事求是，把责任都扛在了自己身上，算起来良心真的不坏。这次检讨书式的演讲，实际就是刘璋的辞职报告了。这份辞职报告发自肺腑，非常感人。如果不是在战乱时期，他做一名很有政绩的地方官已经足够了。刘璋说完以后，下令打开城门欢迎刘备进城。自己和简雍坐车出来向刘备投降。

刘备终于等来了胜利的一天，兴致勃勃地办完交接手续后，下令把刘璋送到公安住下来，还把所有财产都还给他，依然让他佩戴振威将军印信。刘璋就这样离开了益州。

他先是被安置在公安，接受关羽的领导，后来关羽被孙权杀了，他又归到东吴，孙权让他官复原职领益州牧，驻于秭归。当然那只是一个安慰性职务，那时的益州已经被刘备控制在手里，没过多久刘璋就去世了。

刘备进入成都以后，立刻搞了个庆功大会，让大家大吃大喝，然后打开刘璋的金库。之前刘备进益州的时候，刘璋大手笔欢迎他，大家都觉得太奢侈了，这回打开金库才发现，刘璋的钱还真多。在军事方面刘璋不行，但在治理地方方面还是很厉害的，否则诸葛亮也不会说益州“国殷民富”了。

当时全国一片战乱，各路牛人层出不穷，能做到益州这样水平的还真不多。我们可以通过一些事来看看刘璋的政绩。在刘备的治理下，人口仅增加了四万人，还包括了蜀汉政权用武力征服的少数民族部落，以及周边一些以前属于黑户性质的人。可以这么说，蜀汉统治益州后，虽说人人都夸诸葛亮是治国高手，但从人口数量上看，他的成绩也没超过刘璋多少。

诸葛亮《隆中对》中说益州“国殷民富”，庞统也说益州“国富民强，户口百万”，由此可知，刘璋领导下的益州是当时东汉末年全国的经济特区典范。诸葛亮在北伐时写的《出师表》中却承认，“益州疲惫”。当然这是鞭策刘禅的意思，但估计当时的蜀汉 GDP 确实不怎么样，至少与国殷民富是不配的。诸葛亮当政时是蜀汉最辉煌的年代，但蜀汉的经济情况，诸葛亮也说：“今民困国虚，决敌之资，唯仰锦耳。”蜀汉没有支柱产业，依靠的依然是传统蜀锦。

刘璋对蜀中老百姓是非常好的。第一，他请刘备来是为了保境安民的。第二，刘备向他叫板的时候，郑度提出坚壁清野的建议，也被他否决了。第三，成都被围困，而城里还有足够三年以上的生活资料的时候，城里百姓都愿意死磕到底，刘璋却不愿意，理由是老百姓不能再伤亡了。这正说明了刘璋的民本思想很重，坚持以民为本。

所以诸葛亮说他“不知存恤”是不符合实际的，诸葛亮说刘璋手下“智能之士思得明君”，好像刘璋手下没什么人才，有也是想跳槽的。张松、法正确实是这样的人，他们野心大，知道刘璋手段太软，最后要被刘备、曹操那样的狠角色吞并，所以早早背叛了。但是雒城守军挡住刘备一年多，守将张任是被刘备生擒后坚决不降才被杀的。

刘备进川以后用的人才大多是刘璋之前的手下，刘备担心刘璋在益州不安生，所以把他远远踢到外地去。如果刘璋不得人心，刘备有担心的必要吗？所以刘璋失败的主要原因并不像诸葛亮所说的那样，而是心地太善良，太想在乱世中当个好官了。问题是乱世之中人善被人欺，软弱就会招来别人的屠杀。

刘璋的失败是因为他生不逢时，生错了时代。如果生在承平时代，他可能会成为一个伟人。宋代的叶适说："刘璋虽暗懦，然国富民盛，守之以恩，无所得罪也。"在那个乱世，刘璋厚黑学这门功课的成绩太差，脸皮不够厚，心肺不够黑，不懂阴谋诡计，太讲诚信，因而失败。

刘璋之败让刘备占据了益州这块他做梦都想得到的地盘，从此，刘备的事业进入了快车道。

入主成都

刘璋还是很得人心的，如果要取代他的位置掌控益州，就必须要更得人心。所以刘备就开始"太公分猪肉"了，把钱拿出来分给大家，这意思是他才进城就和各位分红了，让大家务必要一心一意地拥护他。刘备撒完钱就开始进行权力分配。

第一个要任命的当然是自己，自领益州牧。当然，这也算不上什么提拔，刘备之前就先后当过徐州牧和豫州牧，只不过只是一个称号，现在不同，整个益州都在他手里了，益州牧是实实在在的。

接着，刘备开始任命属下，比如诸葛亮由军师中郎将晋升为军师将军，马超被封为平西将军。

封了马超这个官，远在荆州的关羽不乐意了，他动笔写了一封信给诸葛亮，问：“超人才谁可比类？”诸葛亮洞若观火，他早就知道关羽很有本事，但也有致命缺点，就是骄傲自大。刘备集团除了刘备、张飞、诸葛亮、赵云等人，谁都入不了他的法眼。诸葛亮明白关羽非常爱面子，为了满足他的虚荣心，非常巧妙地回了一封信，说马超确实文武双全，厉害到可以和当年汉高祖手下的彭越等人相提并论的地步，拿到现在相比和张飞他们处于同一个档次。但是请放心，马超再厉害，也远远不及您潇洒飘逸。

这番话既捧了马超，也夸奖了张飞，更是把关羽捧到了一个相当高的位置。这等于说关羽明显比马超、张飞强。诸葛亮说关羽不是强在武艺，而是强在潇洒飘逸。果然，这封信送到荆州以后，一向目中无人的关羽看了以后笑逐颜开，心情大好。史书说是“省书大悦，以示宾客”。

马超加盟刘备阵营后，刘备和诸葛亮都非常器重他。刘备当汉中王后，把以前的左将军称号给了马超。刘备称帝以后还封马超为骠骑将军。考虑到马超在西凉的影响力，刘备后来又特意给他一个凉州牧的头衔。当然这个头衔是虚的，但有了这个头衔，马超就可以到西北笼络少数民族兄弟了。刘备对马超这么好，一方面是因为马超确实有本事，另一方面也是因为这两人挺对胃口，相似的地方不少。

刘备被撵得满世界乱跑的时候，也把老婆孩子全扔了。马超也是这样，在冀城的时候马超为了对付杨阜，出城以后把老婆孩子留在了城里，结果导致妻子儿女通通被杀。马超离开张鲁投奔刘备时，又没有及时把第二个妻子董氏和儿子马秋带走。后来曹操征张鲁，张鲁被打败后，董氏和马秋就落在曹操手里，曹操下令把董氏赏给了阎圃，把马超的儿子马秋转送给了张鲁，被张鲁干掉了。

除了马超，其他旧臣也应该得到封赏。听说老领导得了根据地，其他人纷纷紧随领导的步伐，望风而来。刘备对那些不离不弃一直跟随自己的老朋友绝对不亏待。比如糜竺，当年在徐州变卖家财为他充当军资，还把妹妹许配给他。这种恩能忘吗？糜竺被提拔为安汉将军，北海的孙乾升为秉忠将军。和平解决成都问题的首席功臣简雍更要赏了，直接从从事郎中提拔为昭德将军。

简雍这个人，史书上记载很少，大体属于磨嘴皮子跑龙套的角色。他凭劝降刘璋这个亮点一跃成为超级龙套，光荣地被载入史册。

简雍为人幽默，不拘小节，不重视个人形象。根据史书记载，刘备设宴犒劳百官，个个在席间正襟危坐，唯独简雍坐没坐相吃没吃相，完全不注意个人影响。如果诸葛亮在，简雍还会收敛一点。一旦诸葛亮离席了，简雍就干脆躺着说话了，姿态相当潇洒，完全不注意正式宴会的场合。好在刘备跟简雍是发小，也不跟他计较。其他人一方面看刘备的面子，另一方面也有点看不起简雍，觉得和他计较跌份儿，干脆睁只眼闭只眼。简雍这一点有些类似东方朔，虽然为人很嬉皮，实际上心里如明镜一般。